有兩個故鄉的人

周賢君——著

目次

▌前言

　　台中清泉崗戰車營出生的我，就如一般小娃娃一樣，吃得多、跑得快，想要快快長大，對未來有著美好的願景。

　　少青年時期，眼光卻變得狹小、志向變得不再高大，對未來更是一籌莫展，對人生沒了概念，我們那個時代「榜上無名、名落孫山」的考試壓力是多麼、多麼的大。

　　完成學業進入職場後，幸運地搭上台灣「四小龍」經濟奇蹟的順風車，見證台灣產業外移及大陸紅色供應鏈崛起，發現世界變得太快，對未來又開始充滿徬徨不確定。

　　幸好，一路走來還算順利。

　　移民北歐過著安定的生活已是二十年，當季節一到，還是會如侯鳥般一定回到我的生身故鄉台灣。親友消遣，地球的這一頭或那一頭，飛來飛去變成是常態，儼然就是一個地球人。我知道，我不是「地球人」，我是一位「有兩個故鄉的人」。

　　在將要邁入六字頭年齡之際，我追求安定舒適生活的腳步放慢了，站在歐洲人面前，接受他們讚揚中國五千年歷史文化的優越。其實我常常恐慌，我真不知道如何簡單扼要地去介紹中華歷史文化，也感傷自己對中華歷史文化何等的膚淺認識，慢慢我變得飢渴想去尋找父輩世世代代的傳承故事，把小時候聽過的故事，不管是正面或負面，如果都能記錄下來，那就是好事、那就是傳承。

　　一次的台灣環島旅行，我與夫婿參觀台南的延平郡王祠，該博物館主要介紹國姓爺鄭成功驅逐荷蘭人建立以台灣為反清復明為根

據地的歷史沿革。我在郡王祠展覽廳內讀到一句話：「率水軍兩萬五千人渡台灣海峽」，這一句話深刻震撼了我，改變了我後來的休閒生活，讓我放棄所有雜事，全心專注於收集、記錄老兵的故事。

我發覺整個延平郡王祠內鉅細靡遺的介紹鄭氏父子鄭芝龍、鄭成功等生平功績及歷史地位，但我找不到任何文獻資料敘述那兩萬五千人水軍隨鄭成功渡台後的下場，可見歷史自古以來只記錄達官顯要，鄭成功在台灣的歷史上當然有他重要的地位，如果沒有兩萬五千人水軍跟隨他來台，那他的歷史定位又會是如何？鄭成功以台灣為根據地意欲反清復明的這段歷史，幾乎與蔣介石總統帶領六十萬國軍以台灣為反共復國基地的歷史如出一輒，且不論蔣總統反共未竟事業，單就看歷史不斷重演，身為國軍子女的我們，怎能忍受隨蔣來台的六十萬國軍在將來歷史搜尋中只是一片空白，如同隨鄭氏兩萬五千水軍遷台後下落已是查無可考？有了這個概念後，收集記錄榮民老兵故事變成是我生活的最重要重心。

在過去十幾年記錄老兵如何在台灣落地生根時，我碰到幾個案例感觸特別深刻，一定要說出來，例如台北市和平東路大我新村的老兵宿舍內有一位老人，他曾是空軍飛行員，在他七十五歲時中風，他沒有住進榮民療養院，取而代之的是他在成都的孫女來台照顧這一位老飛行員，孫女來台照顧爺爺一晃至今已是二十有年，如今這一位孫女也已達中年婦人階段，她犧牲她自己的婚姻及人生黃金歲月來台照顧親人，居住在台灣長達二十年並沒有取得台灣的居留權，讓我懷疑她將來再回到大陸成都是否能適應大陸的環境？而她的犧牲卻是中國曾經內戰後造成兩岸分治、人民骨肉分離的痛苦延續，她也是一位「有兩個故鄉的人」。

有一位榮民老伯，他是我父親的老鄉，他的家鄉村子就在徐州觀音機場的省道旁，老伯十六歲時因內戰逃難，結果被國軍抓壯丁，戰爭時部隊打散後，他又被八路軍抓俘虜，民國三十八年十月他隨中共軍隊參加古寧頭戰役，可說是幸運也是不幸，在戰場上受傷被俘虜，槍傷治癒後歸隊又變成國軍，老伯在古寧頭戰役中受的

槍傷，他是躺在乒乓球桌上手術取出彈殼的，老伯告訴我，年紀十六、七歲參與國共內戰，他們單純的就像「一張白紙」，長官發號施令往東就不敢往西跑，生命往往是頃刻間就沒了，他們的命運就是「砲灰」，不值錢的砲灰一桶一桶的往戰場倒，那時哪敢奢想明天或未來。

另一位榮民老伯曾參加過遼瀋會戰及古寧頭戰役，他同時也是民國四十年五月十八日草嶺潭潰堤的倖存者之一，這個事件奪走七十四名國軍官兵生命，為紀念國軍常山部隊工兵營第三連犧牲之官兵，梅山公園建立「草嶺潭官兵殉難紀念碑」。

另外值得一提的是，這位榮民是幼年兵，他才十三歲就被國軍抓壯丁，十三歲哪！都還沒長大成人。老伯給我一份他保留多年的簡報，是民國三十九年十一月三十日刊登於經濟日報有關「兵工建設實施辦法草案」，老伯很詳細地跟我講述國民政府遷台初期，如何利用國軍開墾荒地，增加可耕用農地面積，為了推動土地改革、耕者有其田政策，當時國軍除了要保家衛國，還要擔任建設台灣的任務，依據的就是「兵工建設實施辦法」為法源基礎，結果榮民老伯工兵任務建設台灣二十幾年，包括開墾荒地十多年，他的戰士授田證補償金只領得台幣五萬元，老伯苦笑著說，領到的錢買不起他雙腳下踩著的一塊小地，而他篳路藍縷、雙手開荒僻地，清理的荒地變農地何止是一畝三分地，卻輪不到分配給他去耕耘。

老伯查閱的數據資料，當時國軍工兵拓荒增加五十八％耕用農地，雖然這一個數據沒有確切索引依據，但我認為對於研究國軍建設台灣項目及台灣土地改革政策，這是一項值得研究的題材。另外，其他榮民老伯給我許多國軍工兵架橋、開路、自來水管鋪設工程等照片，究竟有多少比例全台灣省的自來水管是國軍工兵鋪設的？其法源基礎是什麼？依照這「兵工建設實施辦法草案」，日薪「按工給價、暫定普通工五元、技術工六元」，榮民老兵該等到何年何月才能領到這一份微薄的薪水呢？

我可以很肯定的說，現在的政府是不可能去補發國軍建設台灣

的薪水了，不過我們後代子孫去肯定國軍老兵對台灣保家衛國建設的付出，絕對是再遲都不晚，深挖歷史檔案國軍開墾荒地增加多少耕地面積？國軍鋪設多少自來水管道？這兩個議題應該是研究生論文很好的主題。

　　台灣這一塊土地繼承了中華文化的精髓及中華民族五千年的重要塊寶，台灣人的族群融合是中華民族的驕傲。在中華大地上，唯獨台灣最先達到自由、民主、法治等普世價值。回朔寶島的歷史就是一部移民史，現代台灣人的祖先都是同文同種的中華民族，唯一差別僅是先到與後到，三百多年前隨鄭氏來台的兩萬五千人水軍都是現代台灣人的祖先，但他們如何為這塊土地打拼的故事卻沒留下一頁篇章，這樣的事不會再重複發生在我們的榮民老兵身上了，因為六十萬老兵的血、汗、骨灰遍撒台、澎、金、馬，大陸八零年代經濟改革開放後，六十萬老兵又是第一批進入大陸的尖兵，那兒雖是他們曾經的故鄉，儘管山河變色，這些國軍脫下軍服變成返鄉探親老兵，其實老兵是台商在大陸投資設廠前的最重要開路先鋒者。

　　只有六十萬老兵的子女最懂得、最了解他們這一代「有兩個故鄉的人」的心路歷程。

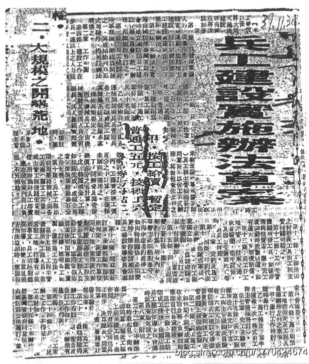

兵工建設實施辦法草案

一
我的父親在大陸老家有個衣冠塚

父親

　　二〇〇六年，父親去世，他的骨灰罈安奉在台中豐原的觀音山上。

　　八個年頭來，我持續不斷地鼓動策畫大陸的夢月哥來台。終於，皇天不負苦心人，我的心願「八」字有了一撇，即將美夢成真了。

　　二〇〇八年，馬英九上任中華民國第十二任總統後，兩岸開啟更進一步的接觸，有了直航，有了對等的落地簽證，兩岸民間的接觸變得非常頻繁。更多更多的大陸同胞第一個旅遊目的地莫不選擇台灣，為的是一揭台灣神祕面紗，圓卻終身期待及一生夢想。

　　多年過去，大陸同胞來台灣旅遊探親的人數早已超過幾百千萬，我們卻還在等待夢月哥敲定來台的日期。

　　啊！我的夢月哥終於可以來台灣了！更棒的是，夢月哥計畫帶著大嫂一起來！

　　夢月哥說，他們台灣十天自由行的全部時間，只想待在我豐原老家的合作新村，陪伴我的媽媽過過簡簡單單的生活。真是有心人！

　　回想二〇〇六年父親病重，父親在短暫清醒的片刻連續喊了

幾聲：「不行了！」「不行了」！表達希望再見到夢月哥一次。於是，弟弟緊急安排申請大陸親友探親手續。

　　無奈，那幾年台灣執政者囿於政治意識形態之故，與大陸當局間的互動不大活絡，連帶地也阻滯了夢月哥來台探親奔喪的安排。夢月哥為此人生再增一個終身遺憾——無法為等待四十年才相認的父親送終！

　　回想父親生病期間，家人已經看出這是父親的最後時期了，因此我們有共識，父親的告別儀式，一切聽從媽媽的安排。當時還不是佛教徒的母親為父親準備的是道教送終儀式，並在豐原的觀音山上買了一個夫妻合葬靈骨塔位，為的是將來媽媽百年後仍可以回到父親身邊重聚。

　　媽媽特別交代，不要使用「棺材」這種難聽的字眼，因此我們都跟著媽媽用「爸爸的大房子」來稱呼父親安寢的棺槨。我自己則信仰基督教，出於私心，在封棺前，我悄悄地在父親的枕頭下放了一本聖經。然而，我也留意到媽媽為父親戴上佛珠手環，希望父親的魂魄能隨「南無阿彌陀佛」的助唸聲之引領，前往西方極樂世界。

　　當時我有些心虛，在未經母親的同意下，我私自放了一本聖經在父親的大房子內，這樣會不會破壞母親的一切安排，而讓父親的魂魄迷失在西方極樂世界與基督徒期待的天堂之間……？可堪安慰的是，最後父親的送終過程很自然，一切盡隨人意。媽媽其實是知道我私下放入聖經一事的，但媽媽什麼都沒說。

　　在父親的喪禮完成後，已經在福建成家的二弟該回去大陸繼續過日子。我準備了父親的一套西裝，讓二弟手提帶回大陸，再從福建包裹郵寄去給夢月哥。我本想那一套西裝還蠻新的，或許夢月哥可以自己穿用或留下紀念。我自己與妹妹兩人也各自留了一件父親使用過的毛衣做紀念。

　　沒想到在後來的電話聯繫中，夢月哥告知，他選了一個黃道吉日，買一口特大號的「大房子」，幫父親鄭重辦了一個落葉歸根的喪禮。夢月哥辦的是衣冠塚喪禮，父親的衣冠塚內放的正是我準備的那一套西裝。值得一提的是，父親的衣冠塚與我大娘的墳塋相鄰。聽說，大娘是在一九六一年的飢荒時期早逝。如今藉著這個衣冠塚，父親算是與大娘相聚了。

　　在父親去世不久後，台灣的媽媽很密集地為父親舉辦各種超渡法會，為父親消除前世、今生的業障。我都不敢告訴媽媽，我的父親在大陸另有一個衣冠塚，而且就陪在大娘身旁。我不知道如果把此一訊息告訴媽媽，她會不會想太多而陷入痛苦。

　　父親去世後不久，媽媽說自己能感受到父親已經抵達西方極樂世界，受佛祖照顧了。但是，一年後的某次電話裡，我提及曾在夢境中，看到父親開著部隊的吉普車到學校去接我放學……。想不到我敘述夢境還未完了，媽媽的反應卻是異常激烈，她說：「妳爸該已是去西方世界了，怎麼還放不下，跑回來?!」媽媽生著爸爸的氣。

　　結果，我的母親陸續又安排了幾場超渡法會。在這件事後，我就更加確定自己不會也不該告訴母親，我的父親在大陸有個衣冠塚。

🎞 夢月哥

　　我的夢月哥是個鄉村莊稼漢，牧幾隻小羊，養兩頭母豬，種一畝三分田農地過活。夢月哥家的門口堆滿曬乾的樹根，我知道那是怎麼一回事——現在大陸經濟發達，許多林木採伐下來都用作商業建材，剩下的樹根沒人要挖掘剷除，那是困難度很高的勞作，太費力費工了。

　　去年，丹麥家的花園，丈夫鋸掉一棵四十年的老蘋果樹，其樹身頗大，相當一般成年壯男子的腰圍粗細。我們決定在原地種下

一棵蘋果苗，因此老樹頭必須挖掉。想不到鋸掉一棵大樹用不到一個小時，而挖掉一個老樹頭，丈夫卻搞了五個鐘頭！而且，為避免傷及腰身，還配合使用了各種電動工具。參與過那次的挖樹根樹頭的大工程後，我對於夢月哥家門口十來個曬乾的樹頭的工作量就有個概念了。夢月哥在沒有任何電動工具的支援下，僅憑著簡易工具──榔頭、斧頭什麼的，利用牧羊吃草的時段，趁機去挖老樹頭，真是不簡單！曬乾的樹頭樹根都是給大嫂用作炊烹所需的柴火，夢月哥的日子就是這麼過的。

大嫂也一樣老了許多。她年輕時期參加人民公社的工作大隊，蓋水壩、挑石塊，過度勞作，以致年紀大了之後，膝關節韌帶不時因磨損而陣陣痠疼。再加上一輩子幹農活姿勢不良，老來腰椎變形疼痛，痛苦難言。

二〇一四年四月，我返回徐州探親時，發現原本姪女的房間，也是我之前睡過的房間，在姪女出閣後用作米糧倉庫，之後又變成一個昏天暗地、烏漆墨黑的廚房。大哥堅持不讓我進入那屋子，那屋子現在就是一個「黑」字了得。全因嫂子年紀大了，無法冬天繼續在屋外受風寒、受凍做飯，再加上大哥大嫂兩人的農收沒有那麼多，不需要那一間倉庫了，因此改成廚房。大嫂燒開水、做飯、炒菜的地方，連一個所謂的「流理台」或「灶台」都沒有，也沒有排煙管，炒菜鍋就簡單架在五六塊磚頭上，非常原始，廚房內滿堆著高高的乾柴垛。

父親去世後，我告訴夢月哥，台灣的生活消費水平比大陸高出許多，父親遺留下來有限的積蓄全部當作我媽媽的養老金，因此子女沒有所謂的「分家產」。這個安排，夢月哥當然是諒解的。我又告訴夢月哥，兩個弟弟的負擔都還挺大，因此無法在經濟上幫忙夢月哥脫貧解困。我與妹妹也已嫁作他人婦，對於娘家的事只能「關心多，實際行動少」。這些困難和無奈，夢月哥都表示能理解；而且說他們生活得很好，有手有腳還能幹活，不需要我們操心。

　　然而，夢月哥說他有一個心願：就是希望有一天能真正到父親靈前上香祭拜。我不敢正面回答他。我心想，父親在賀樓老家不是有個衣冠塚嗎？或許夢月哥內心裡還是認為，父親是葬在台灣的。

　　回憶起二〇〇〇年，在我結婚前夕，我們說服了父親去醫院取得「假的」重症證明，以辦理夢月哥來台探親探病的手續。那一年，夢月哥來到台灣，與父親同住了三個月。往後幾年，從夢月哥的談話中，我發現許多我原本未上心的父親的生活習慣，對夢月哥而言卻是別有意義；那些我原本嗤之以鼻的父親的老生常談，夢月哥卻大表深以為然。

　　夢月哥講過最多次的，就是老爸爸帶他去醫院看皮膚科這件事，每每談及，無限懷念和傷感。其實，也就一點點腳氣病，不打緊的小毛病。但想想人生何其苦短，許多經驗的累積本該是父子之間傳承和延續；成長過程中的家教，都是父輩為子女人生將來的挑戰點點滴滴做準備；父親對子女的諄諄教誨、提攜扶持，多少溫馨的天倫之樂，無法一一詳述。然而，歷史無情，戰爭導致的骨肉離散，使得孩子本該擁有的，與慈父甚或嚴父相處的美好童年時光，夢月哥都沒能享受到。可知，老爸爸帶著來台探親的夢月哥去醫院看一個小病，對他倆而言，是多麼值得珍惜的回憶！

　　每當夢月哥聊及此事，我就聯想到「慈祥的父親帶著小男孩去看病」這個美麗畫面，不禁悲從中來。啊！是多麼無奈殘酷的因素，讓他們父子倆，延遲了那麼多年，才得以共同描繪出此一天倫之樂的場景，而且是變成了一個七十多歲的老父親帶著一個快六十歲的老兒子去看病……

　　夢月哥還提到過來台三個月和父親相處的許多生活日常點滴，他記得那麼清楚，彷彿是用雕刻刀深深刻在心版上一樣：父親走在巷口，拎著塑膠袋去倒垃圾的背影；夢月哥陪老爸爸打麻將，一起談笑的時刻；以及老爸爸帶他去住家附近早餐店吃燒餅油條和豆漿，夢月哥說：「那個美味啊……家鄉的就是比不上！」

我似乎慢慢懂得了，夢月哥帶著我的大嫂去台灣時，是懷抱著怎樣的心情。

　　我那位吃苦耐勞的大嫂，忠貞地陪伴著夢月哥一生一世。在那鬥爭肅殺的年代，她是擁有最純正血統的無產階級貧下農，而且具備共產黨員資格，在共和國建國初期，在那樣奇特的政治氛圍之下，她是如何有勇氣去嫁給一位無父無母「壞份子」我的夢月哥的呢？當時她又遭受了多少艱辛難堪的待遇？這些種種，都教我感到又好奇又佩服！

　　我似乎慢慢懂得了，夢月哥去台灣的目的，既非為了向鄰里好友誇口去過日月潭或阿里山，也不是為了嚐嚐台灣的特色美食，其實僅僅單純想再一次，或許是最後一次，去走走踩踩台中豐原的合作新村，我父親大半生居住的那個小巷。總之，夢月哥僅僅想再次回味，包括老父親習慣吃的燒餅油條早餐在內的，所有記憶中父親生活方式的一切。他想帶著自己親愛的妻子一起去體驗一回，因為夢月哥一輩子最感謝的就是我的大嫂啊，是那位沒出過遠門、沒搭過火車和飛機的大嫂。

　　夢月哥想要的真的不多，我與我的先生也絕對願意配合他們的行程，而調整我們自己的回台行程。而且，我也向先生請了幾天假，待在娘家，好好陪陪我的親哥哥、親哥嫂。

　　某日，我把這篇文章唸給夢月哥聽，得到他關於一些事情的解釋。夢月哥與他舅老爺的關係幾十年來一直很好，過年過節總要到舅老爺家走走看看，問候問候老人家。舅老爺感嘆自己的姊妹——夢月哥的娘——嫁來周家，一輩子真是冤枉！於是堅持為我父親辦一個衣冠塚儀式，算是對夢月哥的娘最後的交代……

　　夢月哥的回答解開了我多年來的困惑。我們互相約定，衣冠塚之事還是不要讓我台灣的媽媽知道為好。

二
轉世投胎的娘親

▓◣一九六一年春天的悲

一截麻繩取走夢月哥的娘、我的大娘的命，痛苦飢餓的命，正值風華年齡、三十六歲的命。

飢餓痛苦的大娘，沒有歸屬於她的葬禮，沒有歸屬於她的忌日。因為在那個年代，大陸全國上下，大家都飢餓；其十七歲的兒子——夢月哥，也飢餓。就這樣，她被草草地掩埋了。

「沒辦法呀，當時誰也沒辦法保護誰，誰也顧不得誰。」夢月哥嘆氣道。

「夢月哥，再多想想嘛！記得大娘什麼時候去世的嗎？」

他回答說：「一九六一年，這是肯定的。」

「夢月哥，你記得是哪個季節嗎？春夏秋冬，哪個季節？」

他想著想著，說：「湖裡的冰化了，應該是春天。是春天。」

大娘的忌日是一九六一年春天，春天的某一天。真是感傷，那該是春暖花開的季節，一年當中最快樂的季節，大娘卻孤獨絕望地跌入她人生的深淵，走了。

▓◣一九六一年春天的喜

以前，我寫過一篇短文：〈老爸老媽的婚緣〉。老爸和老媽是一九六一年三月十二日在台灣結的婚。那篇文章寫的我自己父母喜

悅的佳事，撰筆前的準備工作，卻是要淨空心中的困擾、道德規範的矛盾。因為，我發現，大娘的忌日與父親在台灣的婚禮「撞期」了。發生在同一個時期，一九六一年的春天，忌日與婚禮「撞期」了。我如何去寫那一篇啊……

　　從此，一番不是滋味的痛苦，盤據在我的內心深處。〈老爸老媽的婚緣〉這一篇文章，查證工作做了兩年，包括找到完整的當時拍的婚禮照片，以及相關口述資料。我跟著母親一起憶往：婚禮上，戰車營營長證婚的細節；也訪問了當時的伴郎——父親裝甲兵的同袍戰友，後來變成了我的姨丈。

　　姨丈說：「那個時期啊，來台國軍士氣低迷，開放結婚不啻是一劑強心劑，阿兵哥終於有了期待，有了喜悅。」

　　我懂了，阿兵哥放棄舊有的期待，也就是回老家的期待，與家人團聚的期待。國民黨政府解除軍人婚姻限令，從此，阿兵哥有了新的期待，有了新的喜悅，日子才過得下去啊。

　　但是，大娘忌日與父親婚禮「撞期」是事實喔！我有了痛苦的掙扎。

　　沉澱許久，試著拋開層層疊加的愧疚感，拋開大娘在春天「走了」的想法，拋開父親是個無奈的負心漢的事實，拋開代父良心受譴責的矛盾，拋開紛紛擾擾的雜思，我一次又一次，跟著時空飛翔，回到一九六一年春天，來到台中清泉崗，戰車營大禮堂，我的父母的結婚禮堂。回顧父親再婚的場景，那是一個喜悅的日子，我以歡樂幽默的口吻，完成了那篇〈老爸老媽的婚緣〉文章。大大舒了一口氣，我終於完成了這一篇，原本我不確定該不該繼續撰寫完的一篇文章。

夢境中的小女孩

　　電話中，我問：「夢月哥，告訴我那一年發生的事好嗎？」

　　哥說：「都過去了，就讓它過去了吧！……」

　　「夢月哥，吃飽了吧！想要聽一篇昨個兒，我完成的文章嗎？」

　　「好欸，等等嘎，搬個板凳來坐嘎，好欸。」

　　就這樣，夢月哥在電話那頭傾聽著，無聲無息地聽著老爸在台灣結婚的故事。隨著我唸的稿子，我不知道呈現在他腦海裡的結婚畫面，是中國傳統「吹嗩吶、大花轎婚禮」？或是大哥自己的「共產主義特色婚禮」？抑或者是如我文中所描繪在台灣盛行的美式白紗喜宴婚禮？夢月哥聽讀這一篇文章時，是在他吃飽喝足晚飯後，正在看電視呢，可以感覺到他當時的心情很好。

　　夢月哥是我每一篇文章的首位讀者，哥哥對於我寫父親再婚這件事，套句他的話說，是「無有負面感覺」。也就是說，夢月哥是以喜悅的心情來分享我這一篇文章，他不覺得父親的「再婚」很奇

怪，也就是說，他也認為父親再度結婚是正確的。

掛了電話，我忍不住再一次打過去，問：「夢月哥，那一篇文章，你覺得……？？？」
「挺好的啊！」
「寫得很順的啊！」
我話還沒說完，夢月哥便連聲搶著回答。不再如過去，老是說他自己「沒有文化水平啦」，「沒有資格評論啦」，等等，總是客氣推託的語氣。
「夢月哥，我好不容易完成了這篇〈老爸老媽的婚緣〉，昨晚卻是沒睡好。」
「昨晚，頭把我給疼死了。」
「好像被雷打到的感覺。」
我在電話中描述著自己的睡眠品質，雖是輕描淡寫，實際上卻是極其難熬的一夜。丈夫搖醒了我多次，中斷我的睡眠，因為我又在「咬牙」了。這樣很不好，丈夫說，不應該繼續咬牙。
依稀記得昨晚的夢境，依稀記得我童年歡樂的時光，依稀記得父親握著我的小手學寫字，寫自己的名字。小女孩才四歲，小孩子都是要咬牙的。爸爸、媽媽說：「小孩子都是要咬牙的，沒有關係。」
依稀記得夢境中我一遍又一遍地校稿。文章裡關於大娘忌日與父親婚禮撞期，那一句，該怎麼去寫啊？寫得很不順，我一校再校……。依稀記得父親教完我寫字後，我繼續聽著家鄉的故事，爺爺叫周家相，哥哥叫周夢月。依稀記得夢境中有一個微弱的聲音，不確定的聲音，想像的聲音，夾雜著小雨的聲音……。夜很深了，雨停了。那個聲音，給了答案，一個我「半生半載」尋找的答案。
那一年的春天，大娘投胎轉世變成小女孩。大娘喜愛抓蝴蝶，小女孩喜愛放風箏，我們都喜歡飛，飛啊飛，好自由。大娘與父親互相許諾「千秋萬世，永不離棄」，夢境中出現的句子，夢境中尋

得了答案，我心安了，我知道了，我不是原來的我。

「夢月哥欸，你還在聽我講話嗎？……」

夢月哥無語了。

再問一次夢月哥：「告訴我那一年發生的事好嗎？」

哥不再「就讓它過去吧……」地拒絕我，不再轉移話題。

夢月哥說：「今個兒，很晚了。讓我想想十八歲當乞丐流浪的事兒，該怎麼個起頭喔？很痛苦啊……」

我的夢月哥願意跟我口述他前段人生的故事了，就是那段中藥鋪櫃子似的人生。好不容易清空抽屜的苦藥，抽屜櫃子裝著苦藥的人生。

那晚，夢月哥把我的夢境，大娘轉世投胎的夢境，一五一十地轉述給夢月嫂聽，我那位話不多、講話我聽不懂的、無產階級的黨員嫂子。

備註：筆者1962年出生，從小就喜歡聽父親聊家鄉的故事，自覺是大娘的靈魂投胎轉世。

三
夢月哥中藥鋪櫃子似的前半生

兩岸迷瓊瑤

我在十五歲左右，正是情竇初開的時期，電視電影中俊男美女的所有動作，都會觸動我們那根還沒有成熟的神經，而變得很敏銳，又很容易感動，我們都是跟著瓊瑤小說和電影電視劇長大的。

一九七五年，老蔣總統去世後，台灣慢慢有了新的大陸政策，也就是把「反攻大陸」的目標拋諸腦後，取而代之的是追求經濟、追求物質的時代來臨。心目中原本的精神領袖蔣公的影像慢慢淡化掉，新的精神偶像變成了浪漫愛情影劇裡的明星。一九八〇年代，記憶中的浪漫偶像就是雙秦雙林，也就是秦漢、秦祥林、林青霞、林鳳嬌等四人，而創造這許多愛情故事的母親為「瓊瑤」女士。

在我的成長過程中，曾經有個時期，瓊瑤的小說是校園內的禁書。每個週一早上全校師生舉行週會，學生待在操場上聽講，導師則趁此時機跑去教室內搜書包。隔天，我們在朝會上就會聽到訓導主任公布搜書包的結果，包括搜到多少本瓊瑤小說、幾封愛情信件、幾件違禁物品等，然後那些物品的主人就乖乖等著受懲處記過啦。

坦白講，阿拉我（一個時期在台灣，我們稱呼自己為「阿拉」，與宗教無關，應該是寧波話和上海話），阿拉我沒讀過半本瓊瑤小說，最主要原因是沒時間讀、沒機會借到、沒多餘的零用錢去買瓊瑤的小說。瓊瑤的電影倒是看過很多部，印象比較深的是女

主角劉雪華主演的電視集《啞妻》，劇情內容差不多全忘了，但女主角水汪汪、淚盈盈的深情眼神沒忘記。那個時期早已看過多部瓊瑤電影，經過學校幾番嚴格管理教訓後，少男少女的我們反而產生了更強烈的好奇心，有哪些「痛徹心扉」的愛情電影新上市，莫不急著一睹為快。然而，課業壓力實在很重，沒時間讀小說。幸好媽媽與鄰居阿姨們都是瓊瑤迷，電影票又不貴，因此都是媽媽帶著我們小蘿蔔頭去看瓊瑤電影的。看完了以後，媽媽交代，在老師面前閉嘴就對了，省得產生無謂的困擾。今日回想，那個時代誰不看瓊瑤的戲？都嘛是愛看得要死。

　　事實上，在我高中、大學時期，瓊瑤小說普遍受到教育界排斥。師長說，瓊瑤小說強調畸形戀愛，容易蠱惑青少年，導致心智不建全，因此必須禁止。

　　後來又有一個時期，就是在一九九〇年代，瓊瑤小說好像被台灣政治界給圍堵了，聽說瓊瑤女士是親中親共的，怎麼個親法不得而知。

　　一九八九年九月，第一次返鄉探親，親身體驗到瓊瑤小說在大陸普及的情況，簡直是大吃一驚。即使是我們待的鄉下地方，許多村子小姑娘都好奇地問：「瓊瑤小說在台灣受歡迎嗎？她的電影電視劇影響人們的生活嗎？」我回答說：「瓊瑤小說在我讀書的時期算是禁書，查到要受罰的。」聽得小姑娘們瞠目結舌，滿臉不解的神情。想必她們心裡正納悶著：「啊，來自台灣的瓊瑤，大陸都不禁了，台灣為何要禁？」

從《星星知我心》比較兩岸

　　不說瓊瑤了，說說彩電。

　　我們帶了三部彩色電視回大陸，其中一部送給夢月哥的彩電是我親自安裝的。這是為啥？沒人有能力安裝電視嗎？說穿了，村子內之所以沒人敢安裝電視，是因為如果誰裝壞了，誰就要賠一部

電視。

等了幾天，沒辦法啦，父親就說：「賢君，妳試試吧！大家等著看彩電哪。」

為了安裝這部彩電，還得進徐州市百貨大樓去買收訊的天線及訊號線，前前後後折騰了兩天，才把電視給裝配好。主要原因是，從香港買的韓國彩電沒有附中文裝配說明；第二個原因是，我根本沒有概念如何搜尋訊號；第三個原因是，白天有空，村子內卻不供電，等到晚上有電了，所有親友都圍城似地等著，希望電視趕緊裝好，教人倍感壓力。

終於，電視機裝好了，立即和夢月哥一家人喜孜孜地一起看電視。我在大陸鄉下看到的第一部電視劇，竟然是台灣拍攝的《星星知我心》。這部片子，我早十年在我青少年時期就看過了，算是一部台灣的過時片。侄女告訴我，台灣的瓊瑤小說她全看遍了，而看《星星知我心》則是每集必哭、手帕必備。侄女把《星星知我心》誤當作瓊瑤小說系列作品了。

從我安裝好這部彩電，然後跟著大夥看《星星知我心》，當下我的心思並不在於回顧該劇的內容。因為那時更加吸引我注意力的，卻是伯母、嫂嫂、侄女眾姑娘們，她們癡情、專注的眼神。

記得當時大家關於台灣的戲劇給了不少佳評，不外乎說故事內容動人、演員演技精湛，等等。然而，他們所有的讚美都不如夢月哥說的話，讓我印象深刻。

夢月哥說：「台灣人天天都穿著花彩衣服的嗎？？？」

「眼淚怎麼有顏色呢？」

我記得當時的反應是：「這個土包子夢月哥，在台灣，人人都穿得花花綠綠，很新潮很時尚啊。是你們太土了，只穿黑白灰綠四種單調顏色，在台灣我們稱為列寧裝。」

至於夢月哥的第二個問題「有顏色的眼淚」及第三個問題「台灣人怎麼都比較漂亮美麗」，我的回答是：「都嘛是化得很重的妝啊。」他卻聽不懂。

　　我只好舉例說：「就像平劇裡的大花臉、花旦啊，他們不都是化了很厚的妝嗎？」

　　我的夢月哥回答得更妙了，他說：「平劇裡的演員，都不會真正掉淚的。看不到眼淚的顏色。」

　　也對，平劇主要以手勢、聲調或面部表情來表達悲傷哭泣，的確戲裡是沒有眼淚的。我用平劇來舉例，似乎是給自己找麻煩，引喻失當了。自從夢月哥指出了此一問題，日後我在觀看平劇時，都會更加留意演員們掉不掉淚。

　　我的夢月哥一剛有彩電時，即從《星星知我心》的劇情背景，去比較台灣與大陸生活水平的差別。戲裡，父親早逝，母親罹患癌症，不久於人世，五個子女行將成為孤兒，勾起夢月哥角色認同之餘的無限感傷……。劇情所呈現的那些人物之間的善良和親情關係，絲絲入扣，賺人熱淚。夢月哥說，他的前段人生和戲裡孤兒的命運似乎同樣可憐，卻又大不相同。所以，每看《星》劇，他的感觸都很深、很痛苦。然而，他又說：「不看又不行，看上癮了，不看日子過不下去呀！」

　　從那部彩電，聽到夢月哥有意思的提問後，讓我開始思考「色彩」對夢月哥的意義。表面上，他從台灣的電視劇裡尋找台灣的生活方式，彷彿尋找離散四十年父親在台灣的生活方式，但為何他沒有問：「這就是台灣的生活方式嗎？」為何他的問題竟然是「彩色的衣著」、「色香味的食物」，以及「情緒變化的眼淚」？夢月哥對彩色電視中色彩的定義，異於常人。

清空苦藥抽屜

　　二〇〇八年四月，我的丹麥籍夫婿隨同我返鄉回大陸探親，距離我上一次返鄉探親，竟是一渣眼過了十二個年頭。在大哥的屋子內，我又看到那部似曾相識的彩電。這部彩電整整服役了二十年，開機後溫機半個小時才能看到全螢幕的畫面。因此，我決定幫哥哥

汰舊換新，買一部新電視。哥哥有些捨不得，說那是父親返鄉探親帶來的東西，對他來說是個「寶」。我則試著問他，還記得那些奇怪的問題嗎？彩色衣著？彩色眼淚？似乎夢月哥已經不記得那一部台灣戲劇了。

至於論到夢月哥的人生是否能以色彩去形容和比較，夢月哥給我的回答是：

「往事不堪回首。」

「認親前的人生有如中藥鋪的櫃子，隨便抽拉，哪個抽屜都是苦藥。」

「現在的生活，就是喝稀飯都香，沒有牽掛了。」

夢月哥的前段人生有如中藥鋪的櫃子，抽屜內裝的都是藥材，很苦的藥材。他比喻人生的方式，讓我印象極為深刻。

本以為夢月哥的前段人生有如黑白電視劇集，而我曾想用某個角度去挖掘那一段黑白的人生。夢月哥卻不認同我的黑白電視劇理論，他說：「好不容易清空了藥櫃罐子，寧願空著那些抽屜，空著也是很好的啊，讓它過去了吧。」

四
老兵夢遊雲龍山

老父親的夢

父親去世前一年，家裡電話曾出現異常，電話帳單上出現多筆國際電話打到大陸、日本、帛琉等不應該出現的話費。家裡人分析異常原因，認為都是國際碼相近，父親亂撥。後來我們通知電信局封鎖國際電話撥出功能，家裡的那支電話至今再沒出現異常電話費了。

二〇〇八年回大陸探親時聽了侄兒祥豹敘述，他與爺爺最後一通電話的對談，我差一點無法控制情緒，跑到外面去緩和心情，拭去眼角的淚。

在父親失智期間，侄子接過多次電話，最後的一次電話對談內容深刻我心。父親雖失智，忘記回家的路，忘記吃藥，忘記孩子姓名，但是他沒有忘記想再一次回賀樓老家。他想家想得那麼強烈，那麼可憐，那麼無助，沒有任何人可以再幫他一次去回老家。最後的一次電話，父親半夜兩點左右醒過來，從台灣的家裡打一通電話給徐州賀樓我的侄子：「祥豹啊！爺爺到了雲龍山了，快來接我啊……」「祥豹啊，你知道雲龍山嘆？……」

我的侄子安撫台灣的爺爺：「爺爺，我知道雲龍山耶。爺爺你現在再去睡一會兒。早上醒來我再去接你……」「去睡哦。」「去睡哦。」侄子說了多遍，催了多遍，安撫了多

遍，才放下電話收了線。

　　大哥聽聞後哭泣：「毀了，毀了，我老爸爸傻了。……我老爸爸這一次是真的傻了！……」

　　父親最後一次的電話內容，夢月哥及侄兒祥豹都跟我說過很多次。

　　上文是一段舊文章，起伏的情緒停留在電腦字幕上「雲龍山」三個字，淚水潸然滑落……

爺倆共話故鄉人事物

　　曾有一段時間，我問姨父謝玉春徐州裝甲兵舊址在哪裡，我問姨父朱更戌徐州戰車營舊址在哪裡，我也問伯父周昇雲同樣的問題。一個簡單的問題，父親生前我不去問，父親去世後再問已後悔莫及，因為耄耋之年的長輩們都給不出答案了。其他同是裝甲兵戰車營的姨父是「十萬青年十萬軍」從軍的，有從湖南長沙來的，有從江蘇無錫來的，有從安徽碭山來的，唯獨伯父周昇雲夥同父親一起加入徐州裝甲兵學校，他一定是知道答案的。但是，一個九十二歲的老人家，往事渺渺如煙，事事都用打太極的方式回答，伯父長期處於軍事機密敏感、莫要談政治那種心態，因此我那個無關緊要的「徐州裝甲兵學校舊址」一直沒下落。

　　二〇一五年十月二十九日，我領著夢月哥搭捷運去拜訪周昇雲伯父。

　　夢月哥見到伯父後幾乎當場就跪下了，他說：「二大爺，夢月來見你哪！」

　　「二大爺呦！」

　　他爺倆臉上表情酸甜苦辣，不是哭也不是笑，不是樂也不是悲。幾十年沒見面，能用什麼字去形容？怎麼也寫不出……。爺倆沒有聊特定主題，他爺倆把賀樓村共同認識的人物、地名全部遛一

遍，有些特殊的人物甚至重複提兩次、提三次。什麼二愣子沒文化
卻是開印刷社，什麼保東大爺被亂棍打死，什麼四爺守夜凍死在柴
房，什麼嬸婆瘋了還出去放羊，……也不曉得諸如此類家鄉的回
憶重不重要，怎麼伯父對賀樓村的記憶，我夢月哥都對得上嘴？

　　想想也對，伯父二十四歲離家，夢月哥都三歲了，夢月哥除了
饑荒年外出乞討一陣子，可算是一輩子生活在賀樓村，見證了伯父
記憶中親友的人生故事。他爺倆聊話中穿插的一句「徐州裝甲兵學
校」，夢月哥說：「八八醫院，駱駝山那會兒……」我見伯父沒有
特別的反應，就當作夢月哥是隨便說說，一邊心裡想著：「徐州有
駱駝山？駱駝山有駱駝嗎？」

何須再找徐州裝甲兵學校舊址

　　這兩年，在網路上與許多朋友交流，每遇徐州老鄉，我就抓住
機會去問徐州裝甲兵學校舊址。

　　幾天前電子信箱捎來一則訊息，徐州的朋友說：「確定了，解
放前蔣緯國的裝甲兵學校就在雲龍山。」

　　看到螢幕上「雲龍山」三個字，我心如刀割，眼淚潸然流下，
無法思考。尋找多年裝甲兵學校舊址，這一次我真的很願意相信找
到了，有感應找到了。

　　我的思緒隨著再次閱讀舊作而起伏。

　　　「父親半夜兩點左右醒過來，從台灣的家裡打一通電話給徐
　　　州賀樓我的姪子：『祥豹啊！爺爺到了雲龍山了，快來接我
　　　啊……』『祥豹啊，你知道雲龍山嘆？……』」

父親魂牽夢縈尋找回家的路，他夢遊走到了雲龍山？
那一條國際電話線帶著我的父親夢遊走去雲龍山？
那一條國際電話線是父親回家的聯絡線？

那一條國際電話線，連上父親懂的徐州方言？……

而我，而我們，而子女們，竟然安排國際電話上鎖，斷線。

思前想後，我止不住地哭泣……

何須再找徐州裝甲兵學校舊址？父親不早就給了答案嘛！只是妳無知，妳還無知地把那一條短得不可再短的電話線掐斷！

那條電話線是等待四十年才接通的一條聲音線，一條希望線，一條給癡呆老兵的夢遊電話線啊。

那條電話線，使父親與故鄉的聯繫變得雖遙卻可即，使得兩岸間的黑水溝似乎變得淺淺而可涉啊。

而妳，卻硬生生地把這條電話線掐斷了！

我哭，我止不住地哭泣……

父親，我想父親，女兒想父親。

五
一九四九年解放前的家書及照片

不期然的驚喜

一九八九年九月隨父親首次返鄉探親，直到今年二〇一六，我曾多次聽家鄉親人敘說，有一張父親剛抵達台灣、穿著短褲、黑巴巴的一張照片。一張一九四九年從台灣寄回徐州老家的家書及照片。

快速瀏覽厚厚的一疊老相簿時，我看到了一張很不顯眼、小小的、模糊的兩人合照，其中一人穿著短褲、英挺地站立著，我心下立刻明白這就是那張傳說中的照片。我完全沒預想能有這麼一天，我竟然發現了我不曾指望能看到，也不曾刻意去尋找的，這張照片。

自從父親二〇〇六年去世後，一種由思親之情而發的使命感，催促我動筆寫老兵故事。多次電話中問伯父有否保存早期部隊的照片，遺憾的是，我從沒有得到正面的答覆。這幾年雖然完成了兩本有關老兵故事的出版品，見到伯父時我還是不放棄任何希望，繼續問他同一個問題。

「黑白的？」伯父慣性地回答我，「照片都搞丟了。」

我說伯父的回答是一種慣性，也就是說，這是一種標準用語的回答，不假思索的回答。雖是沒有什麼惡意的，對我而言卻是毫無建設性。

二〇一六年四月七日在伯父家，大家輕鬆地閒聊。

我一個臨時起意轉而問伯母：「家裡有沒有早期軍人的黑白照片？」

　　「有啊！都收得好好的呢！」

　　伯母說完，立馬轉身回房，不必翻箱倒櫃，很快地便從房裡抱出一本大相簿。我則控制好激動的情緒，一頁一頁地去開啟一九五〇那風雲動盪而顛沛流離的年代，傳聞中「穿短褲的父親」的那張黑白相片，不想就夾藏在相簿中。

　　父親周昇雷，隸屬徐州裝甲兵戰車營先遣部隊，搭「中鼎號」軍艦於一九四八年十二月二十六日抵台。隔年元月，伯父周昇雲隨同戰車營大隊一千多人也相繼抵台。照片中穿短褲的是父親，穿長褲的是伯父周昇雲。照片拍攝於一九四九年春天。

2016年4月7日突然在伯父家
找到這張傳說中的照片

　　早期伯父曾經講過一句話：「班長說，兩岸間的商船快要停航了，抓緊各自寄信吧。」

　　就是因著伯父的這一句話，我曾採訪過許多老兵，問他們：「是否在國共分裂前寄過家書？是否在兩岸郵政局中斷通郵前寄過

信回老家？」得到的答案都是肯定的。我的姨父謝玉春先生寄的最後一封信是在一九四九年六月。

家書抵萬金

一張一九四九年春天拍攝的照片，在二〇一六年春天才出現，一共延滯了六十七個年頭。照片中的兩人，分別寄了一封信給他們摯愛的親人。伯父寄給他在大陸的髮妻許秀榮，我父親則是寄給賀樓的三伯父。我所知道看過這張照片的人有：伯父的髮妻及女兒，我自己的爺爺、奶奶及全家大小包括現存的小姑姑。

伯父周昇雲的髮妻許秀榮在丈夫生死未卜情況下，孤兒寡母在賀樓周家的生活陷入困難，因此在一九五〇年代初期帶著幼女回焦作娘家依親。聽說那一張照片於文革爆發後銷毀，伯父在焦作的女兒，就是我的堂姊，清楚地記得，她的母親指著相片中穿長褲的男子，告訴堂姊那是她的生身父親。堂姊至今還記得母親輕撫相片中夫婿哭泣的影像。

我父親寄回賀樓的這張照片，則不知由誰保管，也不知在哪一年銷毀，以致夢月哥在成長過程中不曾看過自己父親的相貌。

一九八九年探親後，我聽小姑姑描述說：「大夥兒在稻穀場打稻，傳聞老五的信來了。」姑姑說的「大夥兒」是指爺爺、奶奶及夢月哥的娘。姑姑清楚地記得，父親寄來的收信者是三伯父，發信地址是台灣八卦廟（應是指台灣彰化八卦山）。父親信的大概內容為：「……我在天涯海角回不去了，望三哥代為照顧妻子及小兒夢月……再也不能孝敬父母了……」姑姑說我的奶奶收信後接連著大哭數次，擔心著么兒，就是我的父親，流落異鄉吃苦受累，永世再也見不到么兒了！

其實，我能理解父親這樣做的原因。一來，他從小就屁顛屁顛地跟在三伯身邊一起長大，兄弟倆感情非常親密；二來，我的大娘周孟氏是文盲，沒有文化。因此，解放前父親的這一封家書不是寄

給妻兒，而是寄給我的三伯父。

彌留之際的遺憾

今日把翻拍的這張照片寄給我的小姑姑。

小姑姑周鳳英，一九三八年生。她在大陸解放前收到我父親最後一封家書時，年僅十二歲。小姑姑對那張相片至今記憶猶新。她說，照片裡五哥穿著短褲，非常英俊挺拔。至於所謂「黑巴巴的」、「折磨受苦的」形容云云，猜想應該是留在小姑姑腦海中、當時奶奶邊哭邊說過的哭泣語言吧。

爺爺周家相熬過一九六〇年代「三年飢荒」，只知他老人家於文革前去世，具體哪一年卻沒人記得了。

小姑姑說，爺爺在彌留之際最後一次睜開眼睛環視身旁的親人，默然留下眼淚。看來，他當時已沒有體力說話。

於是，奶奶對爺爺說：「你是想老五了吧？」

爺爺勉強奮力地點點頭，然後就不再呼氣了。

爺爺最後一口氣，遍尋兒孫，獨少一人——么兒周昇雷。

六
探親金子的故事

　　父親返鄉探親二十餘載，那曾經以為是奢望而遙不可及的歸鄉夢，父親的夢最終圓了。

　　夢月哥與我們相認二十餘載，那曾經是寤寐思服而不可得的親情夢，夢月哥的夢最終圓了。

　　夢是被編織出來的，就如無言的蜘蛛織網一般，默默地，分分秒秒地，用了四十年的時間去築夢，又用了二十年的時間去圓夢。在這個浩大的追夢工程中，有許多許多扣人心弦、可歌可泣的故事，但直到這兩年，我才有能力把故事化為文字寫出來。

　　父親走了，我日夜思索著：父親返鄉探親二十餘載後，還留下哪些故事……

　　走在賀樓村的大小巷弄間，雖說沒有一處房舍父親曾經壘過磚，雖說沒有一棵樹父親曾經栽下苗……，誰說「船過水無痕」？凡走過，必留足跡。我要把故事問出來，我要把故事寫下來。

金戒指：媽媽的四十歲生日禮物

　　早先聽說父親返鄉探親時給夢月嫂的金戒指不在了，這麼多年卻一直不敢過問原因何在。猜想應該是為了應急，情不得已，變賣了吧?!……但具體細節又是如何呢？不得而知。

　　過了好些年，我心裡仍然懸掛著這個疑問：夢月嫂的金戒指究竟是在什麼情況下不見了？

那個戒指其實是父母婚後經濟條件改善了，父親補送給媽媽的婚戒。金子重約三錢，鑲有一粒紅色寶石，是屬於媽媽的四十歲生日禮物。

　　因為父親的家族頗龐大，一九八九年父親的探親旅費總共花了台幣四十萬元，約美金一萬六千元，是台灣全家人五年辛苦攢存的積蓄。記得那時我們在合作新村住的房舍也才值美金六萬元。那一趟，我們買了三部二十吋彩電；還為全村子買了四輛大農機；我們為一位長輩預先買下棺材，免去無人送終的煩惱；我們也多準備美金現鈔幫忙親友還清債務、解決親友貧困的境況及家鄉孩童的學費問題；我們也盡可能多準備一些黃金，讓大家分享團聚重逢的喜悅。媽媽也把她私人的金子全部交出，讓父親湊足他想要帶的份量。

　　原屬於母親的那些金飾都有各自的小故事，對母親而言，它們也都能令她生發「睹物思人」的感情，因此決定集中送給夢月哥、夢月嫂。然而，我們從未告訴他們兩人，這是來自媽媽的金子。「金子嘛！是來應急的，是來逃難的。」父親老是這麼說。因為如果太強調金子的其他意義，使用分寸時機就不好拿捏。

　　二〇一四年春天，再次回到賀樓探親，我準備了一個傳統的「福壽」金戒指補送給夢月嫂。當我在夢月嫂房裡把戒指交給她時，又引來了她一陣哭泣。父親給的金戒指沒了，戒指救了侄兒一條命，我聆聽嫂子說給我聽的故事，這故事我等了很多年……

金戒指：侄兒祥虎的救命禮

　　一九九一年秋天，侄兒祥虎十五歲，生了一場大病，進出徐州市各大醫院無數次，花光夢月哥所有積蓄，約人民幣五百元，他當時月工資才六十元啊！醫師宣判侄兒無藥可醫，轉送精神病院。夢月哥不放棄侄兒，改以傳統中醫治療，接受老中醫先做驅妖降魔法術後，再以鵝毛管抽痰解除侄兒胸腔累積的穢物。老中醫診斷侄兒

的病因是：一有妖氣；二因「長期受涼，涼久生痰，痰壓神經，變成神經病」。治療月餘，病情好轉，夢月哥買了十斤糖、水果、大匾額刻上「華陀再世」，送到老中醫家，且在他家門口大放鞭炮宣傳感謝。老中醫收下所有的禮品，後言：「病只有治好六成，還沒收尾，還沒痊癒，如果要全部治好，得拿那部從台灣帶來的彩電當謝禮。」

老中醫講的細節不是重點，夢月哥無法給彩電，彩電已預留給女兒當嫁妝，遠近皆知，因此就犧牲了夢月嫂的戒指，給了那位老中醫，救了侄兒一條命。

另外，我還記得一九八九年的探親，另外一只戒指送給堂嫂——夢麟嫂。夢麟嫂是個農村婦女，懷著「戴上金戒指」的喜悅到農田去除草施肥，戒指失落在田地裡，全家扒土翻找一天一夜沒找著，來到老爸跟前哭訴怎麼辦。老爸感嘆，夢麟嫂「只有戴三天金子的命」……

一九九一年侄兒生的這場大病，夢月哥沒有藉機寫信去台灣要錢，讓我們兄弟姊妹四人在一九九二年探親的時候打從心裡接受我們這一位有骨氣的大哥。我夢月哥從不知道，因他從沒寫信向老爸爸要錢，讓我們衷心敬重夢月哥。我們自己眼睛看、耳朵聽，深刻瞭解到夢月哥生活條件之困苦，於是自動自發繼續幫助他改善生活。

雖然戒指原本屬於母親，戒指沒了，我們其實一點都不怪夢月嫂，而我只想聽聽戒指帶來的故事。

流傳在家族的金子是有故事的，我該把故事寫下來。

七
祭三伯父天國書

解放前後的徐州警察局照片（老徐
州鄉土文獻陳列館提供）

　　有件事一直困擾著我：因為就在一九八九年九月某日的那一
夜，看到我的父親——您的么弟在您房內，跪在您床頭哭泣，我偷
偷聽到了你們的對談——我知道了父親賣壯丁的來龍去脈，因而我
對您有了怨恨。

　　自此我不願到您院子去吃飯，自此我不願陪您一起喝茶，自
此我不願走過您家院門口，自此我避免與您照面。因為我心中有疙

瘩，我心中有不解，我心中有怨恨。我不解為什麼是您，是您的雙手送走我父親，把他送到一個無親無故遙遠的地方，讓他飽嘗四十年想家的痛苦……

我心中對您有怨恨。

有件事一直困擾著我：因為就在一九九二年二月某日的那一夜，看見您讀了父親給您的親筆信，您無言掉淚了。為什麼您掉淚？

我兄弟四人返鄉探親，為的就是認祖歸宗，吃年夜團圓飯您卻不在場。為什麼您缺席？

探親假期結束，四人離去前，眾親友聚集在村口互道珍重，就缺您一隻揮別的手。為什麼您沒現身？

一九九七年九月，我從南京買給父親吃的漢堡，父親接過後轉頭就要您嚐嚐，這讓我很生氣。去山東孔廟旅遊，買的孜然烤羊腿打包帶回來，我是很不情願地看著父親趕緊包一隻給您。因此，羊肉大骨湯我就堅持留著，不給任何人，尤其不給您。

二〇〇二年三月，您走了，我再也沒藉口生您的氣。

有一張走過一甲子的珍貴照片，豎著國旗杆的那棟建築物，「徐州警察局」五個字要用放大鏡才看得清楚。解放前您在那兒工作，您在那兒值勤，您在那兒絞盡心力想辦法多掙得一塊大洋，養活周家一大口人。您在那兒管教父親，因為他參軍後，看不對勁就往後跑。您在那兒張羅逃兵的父親該躲那兒，您在那兒找關係託人情，把父親送去「輕鬆的單位」──徐州裝甲兵學校。最後，您在那兒煮了一碗羊肉湯麵，與父親共享、話家常；您又囑咐父親，過幾天學習課餘後還要再來，您在那兒守著一鍋羊肉湯等著。

您等著……，但父親沒有依約前來。

您在那兒等著……，煩惱著該如何向我爺爺、我奶奶交代，該如何向我大娘交代……

您開始了不解的煎熬，您開始承受了家人的責罵，父親的失蹤導因於您的安排，四十年的煎熬，四十年的等待。

　　三伯父，原諒我，原諒賢君！
　　父親賣壯丁的十二塊現大洋，我腦海裡充滿您拿去買十包大米又轉賣賺錢的畫面。
　　父親賣壯丁的十二塊現大洋，我腦海裡充滿您拿去買一雙皮鞋，皮鞋捨不得穿而掛在胸前的畫面。
　　為了那十二塊現大洋，那十包大米，那一雙皮鞋，我恨你。我無法諒解您怎可對百依百順的我的父親——您的么弟做出這種事。我不解父親為何一輩子總是口口聲聲「我三哥、我三哥……」地提起您。我不解為何父親老是提您最後那一碗羊肉湯麵喝起來是那麼鮮、那麼香、那麼無可取代……

　　三伯父，原諒我，原諒賢君！
　　那一天在曲阜專為我父親買的羊肉湯，我天真地以為可以取待您一九四八年在徐州警察局內為我父親料理的那一碗羊肉湯麵。
　　我私心，我失敗，我錯了，我錯得太離譜。
　　您煮的那一碗羊肉湯，是兄弟離別前共享的最後一碗湯。
　　您煮的那一碗羊肉湯，是兄弟分離四十載相思的依據。
　　您煮的那一碗羊肉湯，讓父親終身在台灣不願碰羊肉湯。
　　而我，以前一直想不通其所以然，不知其背後的故事和哀傷……

　　三伯父，原諒我，原諒賢君！
　　在天國的您，也喝茶、散步嗎？也打麻將摸八圈嗎？也打盹聽平劇嗎？我知道父親就在您身旁。他從小就是您的小跟班，他打架鬧事是您來擺平，他娶媳婦是您來張羅。他失蹤去了台灣，是您照顧我大娘和我夢月哥，是您照顧我爺爺、奶奶，是您頂著、撐著我

們周家，我們一大口周家。

　　三伯父，原諒我，原諒賢君！
　　今天我才懂，父親虧欠您！今天我才懂，為何父親要向您下
跪！今天我才懂，父親的心中羊肉湯才一碗，無可取代。

　　三伯父，原諒我，原諒賢君！
　　我想回過頭來聽您說故事，我們家鄉的事，我爺爺的事，我大
奶奶的事，我二奶奶的事，我父親小時候的事，我大媽的事，我夢
月哥的事。
　　我什麼都想聽，我什麼都想知道……
　　那一天，您與父親在村裡閒聊散步，指畫著巷弄裡這處那處，
一起回憶著過往歲月裡的點點滴滴。我多麼後悔沒跟著！

任賢君　二○一四年六月十日

八
當年的劃分成分

「惡霸地主」不惡霸

再追著夢月哥問：「當年土改時殺掉的那個『惡霸地主』余興科，後來他們家怎麼了？他怎麼個惡霸法？怎麼個剝削老百姓？」

夢月哥直白地回答：「他又不是皇親國戚，沒那麼偉大，也不是剝削不剝削的問題。余興科啊，他就是不得人緣，太招搖了。」

夢月哥告訴我，一九四九年徐州解放前，往前推幾個年頭是國民黨統治。這部分我懂，父親就是一九四七年從軍後去台灣的。夢月哥說，在父親離開前，共產黨曾經短暫占領過徐州。這部分歷史我就真的無所聞，不敢亂發表意見了。問題出在，國民黨趕走了共軍後的那個年頭，余興科為了巴結國民黨，出鋒頭，在賀樓村（當時村名為賀家樓）請戲班子盛大演出「還願戲」，歡天喜地歡迎國民黨回來。那場戲還特地命之以「還願戲」，也就是說，在共產黨占領徐州時期，他老兄時時刻刻燒香拜佛許願讓國民黨回來，而國民黨終於攻回來了，他當然要還願謝神。余興科招待村民看戲還不夠，還打賞──特地蒸了五大籠白麵饃饃，招待村子眾人看戲吃饃饃。

「那時候的五大籠白麵饃饃是不得了的啊！」夢月哥這麼說。

夢月哥說的這段故事：解放前，余興科以請戲班子演出來表達他與國民黨關係處得好。我還是不懂，一個農村人家需要在這方面炫耀嗎？

　　夢月哥說：「欸！這妳就不懂。」

　　「我們沒有門道，哪知道他算盤怎麼打？」

　　「光宗耀祖，炫耀嘛！今天的人不也如此！」

　　「就算是他賭博下注下錯了方，誰叫他倒楣該死！」

　　夢月哥的徐州土話我還真不知道該如何轉化成現代語言。他的大意是：

　　余興科不得人緣，他的土地也不是很多——不算什麼「惡霸地主」，只是沒算計好，改朝換代了還不知道去給幹部拜碼頭，送魚送肉送什麼的。再加上全村的老百姓都記得他曾經高調宣揚國民黨的好，還演什麼「還願戲」。改朝換代了還繼續說大話，繼續觀望。結果，農會的土改名冊上那個「地主」欄位該填誰？當然是填上不支持農會土改政策的頑固份子囉，當然硬是填上「余興科」這個倒楣蛋囉。而且給他戴上了「惡霸地主」的高帽子，開的什麼簡易法庭，他連伸冤辯駁的機會都沒有，就給槍斃了。雖然他擁有的土地不多，但誰叫他愛說大話呢！

咱周家的成分

　　那咱爺爺六十多畝地怎麼個算法？夢月哥說，咱家人口多又團結，村長、保長對咱爺爺都敬畏三分。咱家又沒有長工，也沒有剝削。雖然四大爺內戰中犧牲了，老五我父親去了台灣，爺爺跟農會的關係搞得好，說不定失蹤的兒孫不久就回來了，就看農會幹部換個角度去算咱家的人口數，分家分下來，爺爺就劃為中農了。村子裡另一家還有更多土地的，也是給幹部送肉吃，也一樣沒事。

　　夢月哥又說，雖說咱家團結，爺爺在文革前去世，實際上他並沒受多少苦，甚至在三年飢荒時期，爺爺都還有稀飯喝，終究他還是周家的主樑骨嘛。風水輪流轉，文革一爆發咱家就慘了，就輪到咱家倒大楣了，那時候什麼親戚不親戚，就更是六親不認了。雖然村長、保長都是咱姓周的，幾十年累積的恩恩怨怨，好的忘光

光，壞的加油添醋亂栽贓。大伯早死，二伯、三伯被批鬥、被鞭打、跪板凳、開飛機……什麼狗屁倒灶整人的辦法招數都有。

「欸！甭提了！」說到文革，夢月哥感慨往事不堪回首，「那些個帽子都是等到文革後才摘掉。」

我夢月哥的成分是什麼?!黑五類?!壞份子?!白天去農活，晚上去開壞蛋會被批鬥。

呵呵，幸好都過去了。

九
四個子女認祖歸宗

臨行前的好奇與擔心

　　一九八九年九月，跟著父親第一次返鄉探親，回台灣後，當然父親是一提再提家鄉如何如何好，從我口裡吐出來的卻是如何如何糟，而我的媽媽的說法則是一切都很新鮮、很不可思議。在這樣各說各話，而且是南轅北轍的情況下，兩個弟弟及已經嫁人的妹妹，也開始有了返鄉渴望，對賀樓老家產生好奇，期待一睹究竟，他們也想回去大陸探親。

　　四個子女開始計畫，第二梯次返鄉探親輪到我們，兩老留在家裡看孩子。父親心裡樂得很，雖然口頭宣稱經濟拮据，卻又頻頻點頭說：「周家子女，回老家認祖歸宗，這是應當的。」總之，父親絕對支持。

　　我們生長在新世代，母親是孤女，父親是流難台灣的老兵，家裡沒有供奉祖先牌位，早年父親也避談家鄉的一切，我們早已失去「家鄉」及「傳承」的概念。因此，弟弟、妹妹一聽到認祖歸宗，直覺上聯想到我們這群做錯事的叛離份子及其後代，該是時候回家了，讓老家等候四十年變成一種罪過；加上所有老兵長輩都警告及交代回大陸要謹言慎行，不可亂問，不可亂說，我們心中不由得籠罩著一層模糊不確定的陰影。此外，我們也將父親口中說的「認祖歸宗」，想像成家鄉長輩肯定會安排家廟祭典儀式，隆重地接受我們這些海外遊子回來，好得到祖先的庇蔭護佑。

然而，我們對祖先卻是很陌生，也有許多畏懼。因為我們早期受的教育讓我們分不清，逝去的祖先究竟是時代的受害者抑或加害者？我們心中深根柢固的成見，對共產黨的形象與祖先的魂魄已經混雜地攪在一起。因此，關於回老家去「認祖歸宗」，我們擔心著是否要掏心掏肺地去「承諾」什麼？是否要去「坦白」什麼？四個子女約定好，回家鄉探親一切見機行事，在眾人面前，應對進退要互相提醒，不扯後腿，一切商量都以「台語」進行，因為我們對家鄉親人有戒心。

誤會造成距離

　　一九九二年二月，我們手足四人一起回老家過農曆年，父母留在家裡照顧兩個孫子，條件是父親資助旅費十五萬元。那一次探親費用總共花掉台幣三十萬，大約美金一萬二千元。開支這麼高，是因為父親交代「這個長輩要給紅包多少美元」，「那個長輩要給多少美元」，還要帶一部彩電給這位當嫁妝，還要帶多少金子準備給誰討老婆……。一個很高昂的旅費被父親事先安排的重要事項占據了大部分，所剩無幾。四個人對於剩餘不多的經費，就變得更錙銖必較，因為我們自己想做的事情也很多。

　　回到家鄉過年過節，難免要發紅包。當時夢月哥當民工，挑磚拉糞一個月才掙八十元人民幣。我們手中發出去給長輩的都是美金紅包，給小輩的紅包則是人民幣二十塊錢，夢月哥則躲在一旁心酸。當時我們誤以為這個同父異母的哥哥就是嫉妒，就是小心眼，就是想控制我們口袋裡的一點鈔票，我們就偏偏不受他控制。

　　夢月哥在我們面前，臉上就是擠不出笑容，老是愁眉苦臉一副倒楣樣，看起來很弱勢；當我們轉身離去，卻聽到他到處吆喝著他的子女去幹活，又聽不懂他用家鄉話都在嚷嚷著什麼，看起來很強勢。我們摸不清他的個性，開始懷疑他是不是兩面人，因此姊弟四人都與他保持著距離。

🎞️ 圍牆倒了，誤會解開了

　　某日下午，四人在院子內玩捉迷藏，我們嘻鬧玩耍得太興奮，沒料到院子的土泥巴牆竟瞬間垮了下來。說是土泥巴牆，其實是用石塊壘起來的圍牆。在台灣我們的認知，圍牆該是用磚塊以水泥去壘，而家鄉人竟然用土泥巴去壘牆！結果，風吹雨打，泥巴日漸吹蝕剝落，再加上暖冬融化的雪水濕透了那些土泥巴，造成地基鬆軟，風一吹，我們這些大人、孩子一吆喝，院牆就垮下來了。我們四個台灣來的小鬼在院子內發野似地玩耍，造成了院牆倒塌，難免揣著驚嚇後的愧疚感，我們急著要承擔責任，急著要賠償以示負責。

　　從圍牆倒塌事件起，我們開始嘲笑他們怎麼那麼笨，不用水泥而用土泥巴。後來慢慢發現，原來村子內家家戶戶都是用土泥巴築牆造屋，才知農村人都窮，買不起水泥⋯⋯。

　　多住幾天後，開始聽到一些事，化解了我們心中的成見和誤會。諸如：聽說夢月哥為了張羅我們的探親跟人家借了幾床被子；聽說侄子生病發癲差點死去，是赤腳郎中醫好的，代價就是夢月哥的積蓄及老爸給的金子；還從外人那兒知道了我的夢月哥其實還欠人家多少錢多少錢⋯⋯

　　聽到這些耳語似的閒話，讓我們開始自覺得有些丟臉，我們這四個台灣生的孩子，在父親故鄉這塊土地上跩什麼跩?!

　　慢慢我們釐清了一個事實：我們的夢月哥不像一般台灣人口中所形容的「大陸鄉親」那樣，他並沒有那種「認親有目的、探親死要錢」的醜姿態。真的，一點都沒有。

　　我的父親排行老五，少年時期直至入伍從軍，最聽我三伯父的話。一九八九年開放探親後，父親跟夢月哥直言，雖然父親對夢月哥的虧欠很多，但父親的平輩兄妹感情他無法割捨，因此對於夢月哥生活條件的改善慢慢來，來日方長，父親重點就先照顧救濟他平

輩的兄弟。事實上，夢月哥因從小失去父親，大娘又在三年飢荒時期懸樑自盡，夢月哥是依附著家族夾縫生存長大的，在家族裡是沒有地位的。父親探親帶回家鄉的美金、彩電、拖拉機或其他禮品，都是家族長輩討論分配，輪不到夢月哥提啥意見，他只能站在牆角瑟縮著脖子隱藏他的痛苦。

瞭解事情背後的真相後，我們手足四人開始有了「大義護親」的概念，義憤著：為什麼夢月哥的生活沒因為認了台灣爸爸而改善?!

從那次手足四人連袂探親後，我們才恍然大悟：為何夢月哥從不寫信跟我們要錢，就連侄子生病那樣的難關，他都沒有寫信去台灣。他自己啥都不說，反倒是我們自己從外人似羨慕又似調侃的一句話──「投胎在台灣很幸運」，開始去思考：我們都是同一個父親生的孩子，而夢月哥怎麼那麼不幸？夢月哥又是怎麼熬過那些艱辛歲月的？

兩盒刮鬍刀刀片表親情

這麼多年了，不知道幾次，兄弟姊妹之間的聊天，我們之間互相笑問：「為何我們跟夢月哥的感情這麼好？」一致的回答都是：從一開頭，夢月哥就不覬覦我們的金錢，有了這層信任基礎後，我們兄弟姊妹每個人都各自使勁想為他多做些什麼。

上個月聽夢月哥說，他收到大弟弟寄的一個小郵包，裡面就是兩盒刮鬍刀刀片，是弟弟收拾父親去世後遺留的物品。那個刮鬍刀片可能有二十年了，這類物品都是我們探親時，帶去大陸絕不再帶回台灣的小東西。外人可能不懂得、不理解，為何要浪費精神去寄這些無關緊要的東西，然而，我的夢月哥卻一看就懂：兩盒刮鬍刀片是父親的遺物，是「睹物思人」的慰藉。弟弟與夢月哥分享父親曾經用過的物品，夢月哥懂得台灣的弟弟妹妹對親情的表達方式。

返鄉探親「認祖歸宗」對我們的意義，不是去家廟的一個祭拜

儀式，況且我們的賀樓老家，爺爺、奶奶、大娘的祖墳都是在一片美麗的麥田上，我們是沒有祖墳可以祭拜的。「認祖歸宗」對我們的意義，是我們對那一塊土地的認同，我們對老家親人的認同。

　　父親所說的「認祖歸宗」，花了我們三十年時間才真正懂得。

十
返鄉認親差一點吃憶苦思甜飯

　　翻閱一九九二年的探親照片，三十六張照片中只出現一張台灣來的四個兄弟姊妹與夢月哥的大合照。我必須很坦白地說，這是一九八八年開放探親後，唯一拍出的一張五人合照，其他三十多張底片都浪費在農村雪地的風情照。

blog.sina.com.cn/u/3770424674

老兵養家多艱辛

　　繼一九八九年九月父親的返鄉探親後，我們台灣的小家繼續努力工作存錢，於一九九二年就有了第二次的探親旅程。那一次不是父親返鄉探親，而是我們四個兄弟姊妹返鄉去認大哥，一個兩岸隔絕四十多年才見面的哥哥。

　　我的父母一九六一年結婚，接下來五年生四個子女。那時台灣也有家庭計畫生育，生育口號是：「一個數來寶，兩個恰恰好，三個不嫌多，四個衛國好。」呵呵，那時台灣還有反攻大陸政策，老蔣總統需要人民增產報國，因此當時的家庭普遍多產。這樣鼓勵的結果，台灣從一九四九年的人口數約八百萬人，到一九六二年我出生的年代終於達到一千三百萬人。等到我懂事，稍微瞭解大陸也有計畫生育政策，其人口數竟然突破十億人口。

　　我的老爸就曾說過：「國共內戰，國軍輸在人海戰術。」

　　「台灣那麼小，大陸同胞人人吐一口口水，就夠淹死台灣了。」

　　其實，這世代的年輕台灣人，沒人懂得何謂人海戰術，戰爭太恐怖了啊。

　　父親一九六八年從軍中退伍，服役二十二年，一次性退伍金得台幣兩萬五千元，買一部二手老爺車在台中地區開出租車。因父親成長的年代正是抗戰時期，父親受私塾教育，後來又陸續在徐州中學讀幾年書，因戰爭而教育中輟，沒有領到畢業證書。這對於父親一生影響頗大，他因為沒有畢業證書而無法證明學歷，讓他在軍中服役二十二年長期的兵階只能到頂──「士官長」。

　　在台灣，他們這批從大陸來的軍人，有的甚至服役高達四十年，也都還是老士官長、老光棍一個，乃因國軍體系很重視學歷及戰功。父親從未參加過第一線戰鬥，無戰功可言。過去我就曾歧視過父親，沒參加過戰鬥，算什麼軍人？我自己及時下許多年輕人不瞭解，「養兵千日，用於一時」，以「戰功」去論軍人對國家的貢

獻其實是很荒謬的事。現在已經明白，父執輩的這一代人出生於戰爭動亂年代，他們一輩子的苦實在是難以言喻。

　　父親之所以在一九六八年退伍，主要因為父親的微薄軍餉根本養不起一個家。他當時軍人薪餉才台幣一百五十元，母親打兩份工大約能賺二百五十元。後來，父親退伍跑出租車，收入大約台幣四百元，才算勉強能提供基本溫飽。四個孩子正在長高、長大，吃得多，吃得快，一家六口的生活費很是驚人。

兩次意外事件

　　一九九〇年代，台灣變成四小龍外銷王國。在早此一二十年前，我們成長的過程中，我們四個孩子都需要跟著媽媽去工廠做工。原本一個小康家庭，因兩場意外造成全家陰影，也是父母親一輩子的愧疚。

　　第一次意外事件是：大弟於十歲時，右手無名指被機械絞掉。第二次意外事件也發生在大弟弟身上：他十五歲時左手掌被機械剁掉了。意外的原因，皆是因課餘參加勞動賺錢，而當時的加工廠對於機械設計安全指數要求不高，又不尊重孩童，讓孩童操作危險機械所造成的意外。自從大弟變成殘障後，父親對任何事都須優先考量如何安置弟弟的未來。因為父親是大陸來的外省軍人，身無分文。

　　父親常說：「如果有土地，只要肯下田是永遠不用怕餓死的。但我們是外省軍人子女，家無恆產，無法靠天地吃飯。讀好書當公務人員去，不讀書就當兵或做工去。」

　　當時大弟弟正處於叛逆時期，沒讀好書，而且因殘障也無法去當兵，更因為殘障一輩子就業困難，終身打雜工。

　　一九八四年，大弟弟二十二歲，父親第一優先為弟弟置產，為他將來討老婆做準備。父親為弟弟置的房產是在豐原市小社區的小巷子內，一個六十平方米（約十八坪）地基的透天小樓房；當時總價台幣一百三十五萬元，其中五十萬元是標會預借款，後來用了三

年時間才還清標會款。一九八四年也是我的人生轉折點，這一年我經過父母同意，放棄郵局的低薪工作，跑去台北念大學。父親開出了他的要求和條件：他是退伍軍人，家有殘障兒，父親養不起一個大學生，如果我執意要讀大學，就必須半工半讀、自食其力。這也就是為何我選擇五年制的夜間部大學，白天工作賺錢供養自己的學費和生活費，晚上去念書。

令人難堪的無理舉動

一九八九年大學畢業，我跟隨父親返鄉探親，那趟探親花費台幣四十萬，大約美金一萬六千元。第二次的探親是發生在一九九二年二月，當時我才工作兩年多，大弟結婚不久故沒什麼積蓄，妹妹也是婚後剛育有一子，二弟從軍中退伍，工作還不穩定，我們四人湊出台幣十五萬，父親贊助十五萬，探親總經費台幣三十萬，大約美金一萬兩千元。那一趟我們四個兄弟姊妹的返鄉探親之旅，父親給的定義是回家鄉認祖歸宗。然而，真正回到家鄉後，卻發覺家鄉人對於我們回來幹嘛的認知很模糊。

我們兄弟姊妹原以為海峽可以隔絕聯繫但不會隔絕親情，原以為錯誤的制度可以使百姓貧窮但不會讓百姓失去傳統文明。我們原以為自己是老兵子女，父親隻身來台，我們期望中的大家族、家族傳統盛況還一直存在於大陸農村中。我們一輩子聽父親講家鄉故事，等到我們終於回來了，想要去感受身屬大家族一份子的溫馨氛圍，那是我們在台灣一輩子渴求而不可及的願望。因此，我們四個兄弟姊妹都非常期待一九九二年的探親之旅，我們特地挑選那一年一月底至二月中旬期間返鄉過年，我們要回家鄉過傳統習俗的農曆年。

一九九二年一月底，我們四兄弟姊妹抵達徐州賀樓村的第一個小時就發生了不愉快的事情：在眾人面前，長輩無預警地舉起大弟的左手，脫掉他的手套，問他痛不痛。這突如其來的舉動，讓弟弟既驚訝又羞愧，一時無法應對，此事記得一輩子。

父親在一九八九年探親時就對家鄉人說過意外事件，然而，這麼不禮貌地舉起弟弟的手這樣的情況，從沒在我們台灣的家發生過。因為人都是有自尊的，就連我母親需要幫忙洗弟弟的毛巾都是偷偷地做。因為弟弟無法雙手擰乾毛巾，他的毛巾常有異味，其他生活不便的細節就更多，我們都是預先設想不讓尷尬事發生，為的就是考慮弟弟的尊嚴。

　　那一趟回大陸，太多親友跑來看弟弟殘障的手。我們一再解釋，是因為要賺錢貼補家用而發生的意外。不過，似乎家鄉親人聽不懂。家鄉親人老是說台灣人就是有錢。親人老是繞著一個話題打轉：說什麼蔣介石帶走很多黃金、白銀去台灣啦，說什麼台灣都是因為那些黃金而致富的啦，等等。我們則反駁說：台灣是因為成為外銷王國而富裕的。在辯論的同時，我們發現家鄉親人對於台灣如何富裕問題早有成見，幾乎都是以「一九四九年帶走的黃金」為開場白，他們根本拒絕相信台灣人也是要工作才有錢，錢不會從天上掉下來。還有大陸解放軍的待遇很好，家鄉親人也就直接認定台灣的國軍待遇一定更好，甚至說我的老兵父親服役那麼多年都應該是大將軍了吧！怎麼在大陸人人要拚命地吹牛才顯得你偉大，而我們探親要拚命地解釋自己很渺小，卻沒人要相信?!

沒有圍爐守夜的中國年

　　那一年待在農村短短幾天的農曆年，幾乎沒有感受到想像的中國傳統濃郁的過節氣氛。父親在我們行前就曾警告不可以要求吃香喝辣，人家準備什麼我們就吃什麼。我們看到夢月哥在很窘迫原始的生活條件下為我們的到來準備大魚大肉，真的很感動。不過，大魚大肉並不是我們想要的，我們其實更想要體驗想像中大家族五代同堂圍爐守夜的歡樂氣氛，那是逃難去台灣的爸爸無法提供給我們的，我們也想知道爺爺奶奶在世時如何過的年。結果在家鄉看到的現象，沒有圍爐，沒有拜年，沒有祭祖，沒有慎終追遠，沒有大家

族人口興旺，沒有兄弟團結的氣氛，只有一頓又一頓的大魚大肉。

　　另一方面，我們想要體驗夢月哥早期獨立時如何過的年。結果跟夢月哥混熟了，他帶我們去豬圈處指著豬槽的餿水，說早期的年夜飯吃「憶苦思甜飯」就是那個餿水。我們兄弟姊妹以為夢月哥開玩笑，於是就回嗆他說：「那餿水，如果你吃，我們就跟著吃。」夢月哥說饑荒年代，連餿水都沒得吃。當時我們無法想像中國地大物博為何有饑荒，也無法想像不鬧饑荒，為何公社要命令百姓年夜飯吃餿水。我們以為這就是所謂「黑五類」吃的東西，我們不相信，也聽不懂。後來又多問才知道，當時的百姓過節時都得吃「憶苦思甜飯」也就是野菜煮米糠之類的糊糊，當時的目的是要老百姓記住「舊社會的苦」，這個「舊社會」是指蔣介石總統統治大陸的民國時期，所以中共在文革時期要求老百姓吃「憶苦飯」來感恩中共解放大陸後老百姓可以享受的「甜飯」。

　　幸好夢月哥沒當真，沒弄「憶苦思甜飯」給我們吃。

　　兩岸探親交往多年，許多台灣同胞不瞭解也失去興趣去關懷我們自己在大陸的親人及家鄉的故事，如同家鄉親人對我們台灣這邊的小家有許多誤解，甚至沒興趣去解開誤解。家鄉親人嘲諷說：「怎麼去了台灣沒有混出個名堂？」家鄉親人又如何瞭解一個離鄉四十年的老父親，一個老軍人，傾盡後半生能力及財力返鄉探親，對自己極度苛刻，連上徐州吃一餐飯也沒有?!事實上，家鄉親人的窮困難題有如無底坑洞，父親憑一己之力怎能填得滿呢！而且父親還要照顧台灣這個家，弟弟少年時就因參加工作而變成殘障，那是父親一輩子的愧疚和負擔啊。

　　也因為夢月哥從未對父親要求金錢援助，我們四個兄弟姊妹用自己的眼去看、自己的心去感受，回到家鄉去認識從來不認識卻又存在已久的老哥哥，我們四個子女包括我的母親打從一開始就接受夢月哥，因此有了這三十年的交往。

十一
等著看打老婆

🎞️ 十七歲新郎

　　小時候很多次問父親：「大媽媽叫什麼名字？大媽媽長相怎樣？」得到的答案都是：「舊社會，農村婦女沒有名字。」而大媽媽的長相，父親也答不出個所以然，感覺父親可能是對那位結婚兩三載就離開的婦女用情不深，才會應付式地唬弄我。

　　曾經問過父親，對大媽媽最深的記憶是什麼，得到的答案是：「深冬的夜晚，妳的大媽媽啊，用兩個溫軟的奶子幫我把冰冷的大腳溫熱。」這是什麼答案……？那個我要叫爸爸的男人太色了，不聽、不聽，不想聽。然而，這樣的答案一輩子卻是聽過很多次。每一次聽到父親這麼說，直覺認為肯定是父親的大男人主義作怪，他太瞧不起女人了，他那臭香港腳，沒有任何女人頭殼壞掉會這麼做。我年輕時候就是這麼想的。

　　父親說過，大媽媽年紀比他長三歲，如同姊姊般照顧他。原本想說父親有大男人主義，但又覺得父親有姊弟戀情結。新世代的戀愛方式，一般來說應該是男兒的年紀要長過女孩兒，這樣男兒才有足夠經驗和能力去挑起家庭責任的大樑。真不知道十七歲就娶親的父親，當時能挑起什麼大樑？十七歲還是個大男孩耶。

對抗寒冷有祕方

一九九二年正月，我姊弟妹四人返鄉探親。要知道喔！我們來自亞熱帶台灣，一輩子生長於四季如春的寶島，沒看過雪景，當時很期盼那一趟大陸之旅及體驗家鄉的冬天生活，於是欣然答應父親的安排，四個子女回家鄉認祖歸宗，全程旅費父親資助一半。

賀樓村，大冬天室外溫度攝氏零下十度，室內溫度零下九度。夜裡，我抱著妹妹就寢，全身穿著雪衣、雪褲、雪襪，兩人捲在被窩裡動都不敢動，深怕一轉身冷空氣馬上鑽進棉被裡。姊妹倆一邊捱著冷，一邊抱怨著床那麼小，被子那麼多，睡的空間實在是很小。我與妹妹用了兩條墊背，各自一條蓋被，兩條小蓋被之上再蓋一條大棉被。所以，我與妹妹總共使用了五條被子。而我兩個弟弟自成人後從不同床共寢，這會兒卻冷得沒辦法，不得不抱著一起睡，他兩人也用了四條被子。真不知我夢月哥如何張羅那麼多被子給我們使用？

侄兒教我們對抗寒冷的方法：兩人頭腳相對著睡，且衣服不需要穿太多，這樣睡得比較舒服。那一剎那，我第一次相信父親說過的話：「大媽媽用兩個溫軟的奶子幫父親把冰冷的大腳溫熱。」想來那時父親十七八歲，應該是沒有香港腳。

丈夫管教老婆的方式

我們聽小姑姑說，在家鄉丈夫管教老婆的方式就是一個字：「打」！「你爸爸也打人。」她說大媽媽很怕我父親。想不到從小姑姑那兒聽聞這樣的事實：我們的父親竟然會打老婆！舊社會真是如此嗎？對我來說很不可思議，無法想像父親的打人模樣呢。

一九八九年九月，在等待四十一年後，台灣政府終於開放老兵得以返鄉探親。初期申請人數過多，而且我們申請的是父親、母

親與我共三人的出境申請，那時台灣剛解除戒嚴，不知何種考慮因素，政府沒有簽發人民護照，只發給我們單次的單張出境許可證及入境許可證。也就是說，可以單次出入台灣一次，其他國家哪兒也去不了。此外，台灣與大陸間尚未進入互信狀態，我們需要先取得香港簽證，再去香港的中華旅行社申請進入大陸的台胞證。當時想要離開台灣的話手續很麻煩，進入大陸手續則更麻煩，與現在相比真是不可同日而語。我們一直等到一九八九年夏天才拿到台灣的出境許可證，那時我剛大學畢業，不用擔心工不工作或請假的問題，於是欣然答應與父母親一同返鄉探親。

第一次返鄉探親，我們除了要面對氣候的不適應、食物不合胃口、生活作息不習慣，最重要的是語言的溝通不良。本以為聽不懂老一輩講的徐州話，可以麻煩年輕一輩的幫忙翻譯，想不到反而引來更多的笑話。年輕一輩的，喜歡我的普通話講話方式，叫我就不用去學徐州地方話了。農村人多嘴雜，講話又是大嗓門，每句話重音落點與台語、台式普通話甚或英語都截然不同，大家聚在一起聊天，我常需要觀察大家的臉色，好判斷當時的談話狀況，究竟是在開玩笑呢還是在吵架。反正有聽沒有懂就是了。

某日下午，侄女領著我去逛市集。從市場回來後，媽媽告訴我，我夢月哥及夢月嫂從外地哭著回來，看起來事態頗嚴重。聽說夢月哥還跑到大媽媽墓地去哭泣訴苦。到底啥事這麼嚴重，能鬧到此地步？後來，侄女幫我問出了一切細節和緣由。原來只是夢月哥當時還不懂父親的肢體語言，沒能讀懂為何父親不讓夢月哥跟著他一起去和村里大隊公社吃午飯。

原來不僅我或媽媽聽不懂徐州話，連我夢月哥也聽不懂我老爸的徐州話。這真是教人費猜疑，會不會是因為老爸所講的不再是徐州話？既然夢月哥有委屈，媽媽就替他撐腰，兩手插著腰，挽起衣袖等著爸爸回來。

稍晚，父親喝了一點酒回來了。一聽夢月哥跑去祖宗跟前告狀，他老大爺臉色大變，拉開嗓門作勢就要開罵。這時，母親以更

高壓的姿勢立馬阻止了父親的下一個行動。當時二伯父、二伯母，以及三伯父、三伯母，和諸多眾親友都在場，大家等著看熱鬧，等著看台灣版本的夫妻吵架。

　　更糟的是，幾位伯父也都喝了酒，嗨得很，一邊鼓噪慫恿，吆喝著喊：

　　「打！打！台灣來的也照打！」

　　「不成個樣！打！」

　　我的爸爸雖然微醉，心裡頭其實頗清醒，他老爺明白台灣的老婆絕對打不得。

　　結果，我的父親向大家求饒說：「打不得！打不得！你們不要害我吧！」

　　在眾多親友面前，我媽媽微揚著下巴帶著淺笑，看得出來她很得志。

　　幾年後，我聽得懂更多夢月哥的徐州話了。我們兄妹倆追憶起此事，夢月哥連聲說：「乖！乖！」他當時好怕父母兩人真的就打起來了呢。

十二
說服媽媽去大陸養老

與丹麥家庭醫師談媽媽的骨頭

　　我的丹麥家庭醫師人很好，有關各種健康的問題都可以跟他討論；討論的內容不僅止於生理病痛，也包括心理疾病小疙瘩；討論的範圍不僅止於我們丹麥這一個小家夫妻倆，也包括我在台灣的娘家爸爸及媽媽。

　　有一次請教醫師，我的問題是：「自從父親中風去世後，居住在台灣的媽媽決定吃素，這樣做是明智之舉嗎？」

　　醫師回答我：「只要均衡飲食，吃葷吃素都沒有關係！」

　　就這樣，我看著媽媽的體重從以前的七十公斤掉到五十公斤，而且還繼續往下掉，最低甚至到四十三公斤。她的身高從一百五十五公分慢慢變短，後來終於變成矮冬瓜。在台灣，人們稱這個現象為「老倒縮」。台語的「老倒縮」，聽似人老了，理所當然會縮水變矮，甚至認為人老了變成神仙也都是自然規律。然而，我認為快速變矮是一種疾病。我的猜測，媽媽的身高快速變矮，所消失的部分應該都是軟組織筋骨，也就是俗稱的「軟骨」。媽媽的全身軀幹軟骨組織快速消失後，會變成硬骨碰硬骨，肯定會產生嚴重的疼痛。我不敢想像骨頭碰撞的疼痛有多麼痛苦。

　　拖了五六年，我還是與丹麥醫師討論，媽媽堅持繼續吃素，而且她的吃法絕對未能達到「均衡飲食」的標準。因為她有時一餐只吃一盤素菜，懶得煮飯就光吃餅乾配冰紅茶。更誇張的是，她吃素

還挑食。人家說多吃豆腐、菇菌會痛風，結果媽媽把素食中最重要的植物蛋白質排除掉了；人家說有些保健品膠囊是牛皮提煉的，結果我買給媽媽的保健品「維骨力」，整盒原封不動放在櫃子內；人家說吃素可以保護地球，因為全世界的牛放屁很多，影響地球二氧化碳排放量。聽到媽媽這樣自圓其說，我心裡很著急，簡直快要被她打敗。

這時候，媽媽的筋骨開始有了痠痛。

在老兵爸爸去世後，媽媽進入另一階段的人生學習，她藉由參加社團組織去排解孤單、無聊、無趣味的生活，母親開始誦經修道。

坦白說，我們這些世俗兒女與媽媽的人生歷練很不同，不懂得誦經修道的真諦，我們只知道這件事情對媽媽很重要，媽媽從修道中得到很大的解脫。但是，自從她開始吃素後，產生的身體變化很明顯走下坡，讓我們很擔心。

媽媽的筋骨開始痠痛，這時我還是與家庭醫師討論。或許家庭醫師不耐煩，或許我會錯意，醫師竟說：「妳媽媽的問題，台灣的家庭醫師可以解決。」

他還說：「等到妳媽媽痛得受不了，她就會去就醫。」

言下之意，生活在丹麥的女兒不用煩惱生活在台灣的媽媽。從此我再也不跟他討論我媽媽的筋骨痠痛問題了。

那個時期，我聽到媽媽修道時會唱誦一首佛教歌曲，我不知道歌名，只知道旋律，是一首看淡人生、萬事皆空的歌。歌詞內容提到有關夢境、塵土、輪迴，和無常。媽媽說，那首歌會引領她，讓她在睡夢中與爸爸相會，讓她在沒有病痛中睡著。我知道當時媽媽的病痛已經很嚴重，她白天常常血糖低暈眩，晚上睡夢中腿部不時會抽筋。媽媽多半是帶著淚水睡著的，這些我都知道。

放下一切去廈門

用了兩年的時間，設計各種藉口，一次又一次讓妹妹領著媽媽去廈門，去廈門給在那兒定居的弟弟探親，同時對弟弟做漫長的遊說工作，對媽媽做漫長的勸告工作。

媽媽是老傳統的人，受的是養兒防老的觀念，媽媽生四個子女（老兵爸爸有五個子女），照理說，給母親養老送終是子女的責任。但是，媽媽生活在二十一世紀的台灣，又接受新觀念──什麼享受老有所用的生活，什麼減輕子女的負擔，什麼要活就要動、做到不能動……。在父親去世後，媽媽堅持不跟兒女一起住，不增加兒女負擔，她要獨居。同時，受社會風氣影響，媽媽變成垃圾婆婆，靠資源回收自食其力。另一種說法是，台灣的退休老人在保護地球資源，讓地球永續經營。我的看法卻是：媽媽可能患了所謂的「懷舊囤積症」。也就是說，爸爸遺留下的所有東西，包括早期物品，都不可以丟，甚至要保持原來的位置。後來，連別人家的破舊物品，媽媽也全部拖回來、堆積在家裡。是否，媽媽已分不清哪些是屬於爸爸的舊物品？哪些是垃圾？

二〇一四至二〇一五年兩年，媽媽精神極度衰弱，她常常哭泣，肢體各部位出現無止盡的痠痛，後來還對止痛藥上癮，終至於崩潰。

媽媽生病期間，我沒有辦法隨侍在側，只能頻繁打電話去盯著。

我告訴媽媽：「放下一切吧，明天就讓妹妹帶妳去廈門，試試看。直到有一天妳很確定願意定居廈門，才通知我們，把合作新村的老房子租出去。」

原先媽媽有點顧忌，她希望將來在老房子自己的家裡嚥下最後一口氣，那兒有許多對爸爸的回憶。我保證，如果她在廈門住不習慣，就回來台灣。我知道，讓老人適應一個新環境，是多麼困難。但是，我也看出，再不幫媽媽安排新環境，媽媽的生命很快就會到

盡頭。

　　就這樣，媽媽在廈門定居至今，媽媽的心情終於開朗了。她通知我們，房子可以出租出去了。她也要求我們，把放在老家衣櫃內的壽衣帶去廈門給她。我們聽了很高興，就又改口保證，將來媽媽天年後，一定把骨灰罈帶回去台灣，去與老兵爸爸團圓。在那兒，在台中豐原觀音山上，媽媽早已安排好雙人份的夫妻骨灰罈櫃。在那兒，爸爸一直耐心地等著呢。

龜鹿仙丹妙藥

　　移居去廈門住的第二年，媽媽的痠痛更加嚴重，正如我所害怕的，到了骨頭碰骨頭的狀況。媽媽的脖子骨碰撞脖子骨，痠痛得都撐不住頭顱的重量，媽媽使用的止痛藥劑量越來越重。

　　一天，廈門的家裡來了一位中醫神仙，也是台灣人，他所製作的龜鹿仙丹混合二十幾種珍貴中藥材，媽媽說願意吃，我們就狠狠地一口氣買三公斤，花費六千元人民幣，相當於台幣三萬元。中醫師說，再好的仙丹仙丸也需要「藥引」，要混著鰻魚、鱸魚或烏骨雞才有用。中醫師跟媽媽說，在他眼裡那些東西不是葷食，那些都是重要的「藥引」，是藥補配方全套的，可以打通全身筋骨脈絡，那些藥引可以讓流失的筋骨肌肉長回來。

　　自從媽媽聽了神仙的話後，三餐飯後配仙丹吃，仙丹仙丸配藥引吃。弟弟為媽媽長期的營養不良花費許多精神，他常常拍照「微信」給我看，看看當日他所熬煮的鱉湯、烏骨雞湯、鰻魚湯或鴨骨湯等藥引。弟弟感性地留言給我，他把準備好的湯放在桌上，假裝走去外面講電話，其實是偷偷觀察母親在喝湯。弟弟說，看到母親一口一口地喝，他都高興得快哭了，那個高興比餵小孩的高興還更有成就感。

　　就這樣，現在住在廈門的媽媽，黑黑壯壯的，體重回升到五十公斤，而且長高了三公分，不再病痛那麼多。媽媽還養了雞鴨鵝不

計其數，那些雞鴨鵝都是陪伴媽媽過田園生活很重要的精神支柱。聽說，鴨鴨曾經因天雨路滑跑太快而跌倒了，走路一拐一拐的，媽媽也餵鴨寶寶「仙丹」呢。

　　媽媽說，她會繼續留在廈門守護弟弟。

十三
媽媽的寶貝雞鴨鵝

土霸王「大聲公」

　　媽媽養了一大群家禽，有雞，有鴨，也有鵝，牠們都是媽媽的寶貝。另外，還有家畜：兩隻大狼狗。狼狗是養來保護媽媽的家園。我想，狗也算「畜生」的一種吧。

　　媽媽的一大群雞有百來隻，牠們統稱「咕咕雞」。每當媽媽大聲喊叫著「咕咕雞」，一邊手撒玉米飼料時，那些躲在四面八方的「咕咕雞」就會「咕咕」、「咕咕」地衝回家，回家吃飯。不過，個別的「咕咕雞」還另有專名，有一隻叫做「三代同堂」，一隻叫做「歪脖子」，另外一隻叫做「三八花」。

　　媽媽的一大群鴨約莫五十隻，鴨鴨的集體名字叫做「鴨寶寶」。同樣，媽媽也給個別的鴨鴨取名字，一隻叫做「白鬍子」，一隻叫做「石頭」，另外一隻名字很奇怪，叫做「竹竿」。

　　媽媽還有五隻帝王鵝，牠們的集體名字叫做「鵝寶寶」。這五隻鵝是特別配對的，也就是有一隻公的配四隻母的。這樣的配對，目的是希望牠們能多蛋多子多孫，鵝禽興旺。看來，媽媽夢想著要經營一個帝王鵝農場呢。

　　媽媽的鵝寶寶，公的那隻叫做「大聲公」。關於這隻公鵝，我在上次去媽媽的農場小住三天時，得到一個痛苦的親身體驗，那就是：「公鵝真是有夠吵，受夠了！」

　　每天早上五點鐘不到，公雞還沒啼，那隻大公鵝就「哽噶，

「哽噶」地亂叫，其聲有如固執的驢子，正在心不甘情不願地抗議。公鵝把百來隻雞都喚醒，把半百隻鴨也都喚醒，所有的雞鴨亂叫一通，就連四隻母的帝王鵝也都拚命叫。然後那隻公鵝再用更大聲、更高音貝的「哽噶，哽噶」壓過牠所管轄的所有家禽。媽媽說，那隻公鵝實在太霸道，因此外號叫做「大聲公」。我看牠應該叫做「土霸王」。

蘿蔔絲蚯蚓

　　一天下午，電話打過去，一聽就知道媽媽笑著接電話。當然，我是看不見媽媽怎麼個笑法，也不知道她在高興些什麼。

　　電話一接上，聽到媽媽說：「嘻嘻，賢君妳好！」

　　我問道：「怎麼知道是我？」

　　媽媽回答說：「這個時間一定是妳嘛！」

　　再問：「那麼高興，有什麼『好康』的？」

　　媽媽才跟我說，剛剛餵雞，看到那一群雞搶著吃真好玩。我就好奇啦！一群雞搶著吃飼料，竟然也能逗得媽媽心花怒放，說來聽聽，我也想分享。

　　媽媽已經習慣我的國際電話一打就是半個小時，有時候唸文章給媽媽聽或講垃圾話，也可以哈拉一個小時。

　　媽媽說，她自己種的白蘿蔔太老了，不能給人吃了，就用削皮刀把蘿蔔削成條條狀，混上米糠拌給雞吃。結果，那隻「三代同堂」叼一大口蘿蔔絲，其他的雞想要搶，「三代同堂」就跑，其他的雞就追……。媽媽說著說著就又笑得掉假牙，講話漏風。媽媽說，討厭用假牙黏著劑。媽媽說那隻老母雞「三代同堂」讓大家跑著追，嘴巴叼的蘿蔔絲「叮咚甩」。電話中，媽媽的笨女兒還是聽不懂，不知道這樣有什麼好笑！也好奇為什麼一群雞要追著老母雞跑！

　　媽媽說：「妳聽不懂嗎？那些雞以為『三代同堂』啄到蚯蚓

吃，牠們要去搶來吃呀！」

　　哦，女兒終於懂了，原來全部的雞都以為「叮咚甩」的蘿蔔絲是蚯蚓啊！媽媽說，她為了繼續製造鬧劇，就天天花心思削蘿蔔絲，天天觀察這一群雞跑來跑去。原來媽媽一點也不無聊。

母雞孵出帝王鵝

　　媽媽的鵝寶寶開始下蛋了。對於下蛋的母鵝，當然是特別得到媽媽的嘉獎囉，那是特別品種的帝王鵝喔，台灣沒有喔。媽媽說，開始當「女人」的母鵝，名字叫「寶貝」。「寶貝」還沒下蛋前特別煩躁，而且一直搖尾椎、扭屁股。媽媽看到「寶貝」開始去啄乾草帶回家，就想：「這麼大的一隻鵝，比隔壁家的火雞都要大，那得要啄多少乾草才能編織成一個特大號的鵝巢？」

　　媽媽說，她還看到了一個有趣畫面：「寶貝」把乾草啄過來，其他的鴨鴨再把乾草偷過去，啄去牠們自己的角落。媽媽就想，這樣要搞到什麼時候才築巢下蛋呢？而且聽說帝王鵝鵝蛋超級大一顆，得要孵一個月，媽媽很想盡快看到鵝蛋孵成鵝寶寶。

　　媽媽的對策就是，請親家公載過來一小貨車曬乾的稻草梗，園子內就有用不完的乾草啦。媽媽折一大把乾草鋪在小孫女淘汰的塑膠洗澡盆內，媽媽跟「寶貝」說：「這個就是妳的鵝巢、妳的床。」媽媽說完，抱起「寶貝」到床上。原先「寶貝」很抗拒，兩天後媽媽發現，「寶貝」蹲在洗澡盆內動也不動，真的是有蛋了。

　　「寶貝」生的蛋都被媽媽收集起來，高高地放在櫃子內。每顆蛋媽媽都寫上日期，這樣好控制時間。媽媽說等到湊足十顆蛋，才把蛋放回去給「寶貝」孵，這樣才能控制同一批蛋在同一個時間孵出來。

　　某個晚上，其中一隻鵝寶寶呱呱叫了一整晚，媽媽於是拿著手電筒去看怎麼回事，心想：是不是有老鼠來咬鵝？結果發現原來是「寶貝」在哭，「寶貝」的下腹部羽毛染有血跡。於是就把「寶

貝」帶回客廳，把「寶貝」抱在懷裡跟牠說話。媽媽看到「寶貝」流眼淚，「寶貝」痛痛哭哭。「母女倆」抱在一起，坐在客廳，等到早上七點鐘，媽媽才打電話給獸醫朋友。

獸醫朋友過來看診後，跟媽媽說明情況：母鵝的骨盆腔太小，脫腸了。聽到這裡，我當然希望知道故事的結局。

故事的結局是，媽媽打一通電話給親家母，要她下午三點以前來殺鵝。

我隨即問道：「為什麼是下午三點前？」

媽媽才幽幽地說，她已經跟「寶貝」交代好：「天還沒暗，快快上路去，佛祖會安排好，投好胎。」

你一定會問，那「寶貝」已經生的幾顆鵝蛋怎麼辦？

當然，媽媽沒忘記對「寶貝」的承諾，她把孵帝王鵝蛋的重責大任交給母雞去孵。那隻母雞後來真的孵出了小鵝，而且一天到晚帶著小鵝寶寶在菜園啄食菜籽吃呢。從此，那隻母雞得到令人尊敬的外號：「三代同堂」。媽媽說，母雞的姊妹會歪著脖子看著這些小鵝寶寶。牠就那樣歪著看，歪著看，滿心納悶，摸不著頭緒的樣子。牠可能心裡想著：「怎麼會這樣？」呵呵，媽媽說這一隻叫「歪脖子」。

雞鴨鵝與媽媽的故事還很多，下次再聊囉。

十四
徐州哥哥飛廈門探望台灣媽媽

🎞️ 媽媽的祖譜

　　老父親於二〇〇六年去世，考量四個兒女都各自有家庭，母親堅持獨居，她自己可以應付料理新的生活方式。幾年下來，母親對於獨居生活的結果是，嚴重的不適應，演變為精神壓力疾病，患上「懷舊囤積症」，我們的老家變得「亂七八糟」，大家都很痛苦。

　　二〇一五年九月二十二日，我們半哄半騙，把媽媽安排去福建，與定居在漳州漳浦的二弟弟一起過生活。剛開始，媽媽動不動就吵著要回台灣，動不動就鬧彆扭說那兒不是她的地盤。直到有一天，被我找到一份文件，我把重要的部分拍照，再以「微信」傳過去給二弟弟轉給媽媽看。

　　我安慰媽媽說：「從今以後，如果再有任何人對妳嗆話下馬威，說妳是外來人，妳就光明正大地嗆回去。妳自己的族譜可以回溯十六世，始遷祖是明末清初福建漳州府漳浦人。」

　　「大聲地反問對方，回來與兒子住有什麼錯？回到祖先的地方有什麼錯？」

　　從此，媽媽不再鬧了；再來，她住得很安心，住得「理所當然」。現在她在漳浦的一個小山頭裡種些小菜，養些小雞鴨鵝，還有兩隻大狼狗。

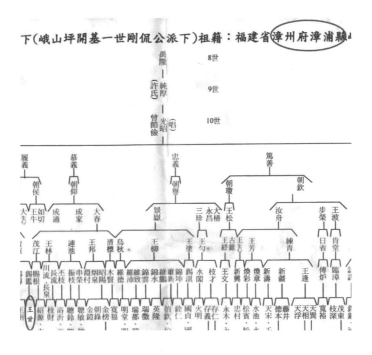

後話補充，二〇一八年四月，我與台灣的舅舅王木村等五人來廈門探親，這趟行程我們完成了一件神聖的任務。一日下午，我們憑著衛星定位儀導航找到福建省漳浦縣峨山坪的王家村落，媽媽行前有預先準備香品、紙錢等原本是打算在當地的土地公廟拜拜，沒想找到了「峨山坪」這個山頭後，發現這兒一共才「一大戶」人家，全部都姓王，而且這兒已經有一大棟嶄新的王家家廟祠堂是前兩年一位從台灣日月潭的退休老師捐獻兩百萬人民幣所建造的。幾經推敲認證後，我們確定找到媽媽王家始遷祖在明末清初時期的祖居地。

舅舅及媽媽都在王家家廟前對祖宗叩謝敬拜及認祖歸宗。雖說是衛星定位儀幫我們找到漳浦峨山坪的王家祖居地，但我們更相信這是王家祖先僻佑引領帶的路。

　　我們展示媽媽的族譜名冊給管理家廟的鄉人看，當然也就希望看到王家世世代代祖先在這塊小山頭的文字記錄，想像台灣王家族譜到我媽這一世（十六世）在台灣散枝落葉繁衍幾千人，名冊已是厚厚的一疊，那當然始遷祖的原生地家族應該更是龐大的人口數，史料紀錄應該是更多且更詳盡?!

　　鄉人悵然回答，這塊土地近百年戰亂多，祖先的文獻記錄都燒掉不可考了。

＆、夢月哥買機票

　　一日，台灣的妹妹做了一個夢，夢見去世多年的老爸爸跑回來與媽媽聊天，聊什麼話題不得而知。結果，隔天一大早，妹妹掛了一通國際電話給徐州的夢月哥。電話一通，她劈頭就罵：「老爸託夢，媽媽定居漳州那麼久了，老爸說，你這個不肖子，連去看一看都沒有半撇子，你是什麼意思？」夢月哥接了那一通被罵得狗血淋頭的電話後，馬上掛電話給侄子侄女。想也知道，難聽的字眼讓侄女招架不住，不然怎麼我一大早起床後就收到微信「求救兵」的訊號！侄女要我快快去安撫夢月哥，夢月哥發飆到讓侄女受不了啦。

　　對於妹妹搞的花招，我當然「了然於胸，心裡有數」。

　　在打給夢月哥電話之前，我先上網查徐州來回廈門的飛機票價。得到概念：人民幣一千八百元。

　　電話中，夢月哥向我哭訴冤枉，他不是不肖子，沒有不肖的意思。又說他已經緊急命令，動員家族兒子女兒幫他梳理梳理去廈門的行程，怎麼的坐公交車去徐州，怎麼的去買鐵路預售票，徐州可能還要耽誤一宿。搭火車去廈門，中途可能在上海、杭州或福州要轉車。

　　其實，那一個徐州去廈門的行程，我料理過好幾次，也就是飛行兩小時，前後總共五小時搞定，就能抵達目的地的一個行程。最

主要是徐州的觀音機場就在夢月哥家賀樓村附近五華里遠，很方便的。

　　一聽夢月哥的複雜行程，估計要一天一夜還得提早一天買預售票，額外加上徐州住宿費。總共來回費用多少，夢月哥沒有概念，我也沒有概念。

　　反問夢月哥：「怎麼不搭飛機去呢？」

　　夢月哥說不出口，回答得扭扭捏捏。原來他害怕單獨搭飛機，不知道怎麼去「闖關搶位置」。言下之意，如果搭公交車或搭火車，他比較有概念如何闖關找月台、擠進車廂搶位置。被他一說，我馬上聯想「春晚春運」搭火車，擠沙丁魚的概念。

　　花了半個小時，終於聽完夢月哥的牢騷詞，拉里拉雜，這個兒子不會這個，那個女兒不會那個，全部的孫子女都沒有空幫他忙。

　　我要夢月哥靜下心，不要慌，不要忙，不要怕，聽我說。

　　我告訴夢月哥：「明天你自己騎電動車進去觀音機場。勇敢些，不要怕，帶著身分證件及兩千元人民幣，走去服務台問哪裡可以買飛去廈門的機票。再走去賣廈門機票的地方，只說一句話：『買一張來回廈門，最最最便宜的機票，不限日期。』重點是不限日期。」

　　我再跟夢月哥說：「繼續跟賣票的拉～，你是老農民工，你超過七十歲，你要去廈門看望老媽媽～有沒有折扣？」

　　我幫夢月哥加油打氣：「不要怕，買張票，錢在你自己口袋，如果那個機票錢不符合你心意，馬上掉頭走人，什麼都沒有損失。」

　　夢月哥問：「搭飛機，那多貴啊？得多少錢？」

　　我回答他：「台灣香港飛一個半小時，來回機票要兩千四百元人民幣，而徐州廈門飛行兩個小時，照理票價應該更貴，不過你就大膽地去碰碰運氣，去聽一聽票價，我隔天再打電話過來商量討論，我們再做決定。」

　　第二天一早，我的微信又有侄女留言，夢月哥等著我的電話

呢！我如約打過去，夢月哥彷彿中了頭彩，聲音宏亮、心情愉快。

「我的大姑奶奶呦！妳太厲害了，買到去廈門的機票，去五百五十，回六百二十，來回不到一千二百元。」

「我跟櫃檯的『小姐』一直說謝謝，說好聽的話。」

夢月哥繼續滔滔不絕地說：「騎電動車去，大嫂一塊上觀音機場，讓大嫂在外頭看著車子。」

說著說著，夢月哥脫節的話都溜了出來：「他奶奶地，買機票沒那麼難嘛！誰說要滑那個手機？那個什麼互聯網？那個什麼實名假名制？那個什麼撥款付款，奶奶地，聽了頭殼發脹……」

「奶奶地，求這個沒空，求那個人也沒空……」

「耶～機票買到了，妳說怎麼著？他們突然都有空了，互聯網一查，票價，一千六百元。」

「我的妹妹啊，我太高興了。」

我回答夢月哥：「就是嘛！求人不如求己，這下那些小輩沒話說了吧！」

十五
徐州大哥給台灣媽媽的大紅包

　　很久很久以前，我與徐州夢月哥約定，我們講話聊天不拐彎抹角，用詞不須講究文明特色，不為對方說錯話而猜疑，即使說錯話也不互相生悶氣，也就是「有話快說，有屁快放」。夢月大哥是我認識家鄉家族人事物的窗口，同理，我是夢月哥認識老爸、老媽及有關台灣生活萬象的管道。

賣掉七頭豬飛廈門

　　二〇一六年四月初，我與夫婿兩人去探望定居在廈門的媽媽。行程前，夢月哥說他也想去廈門看看媽媽。然而，我不附議他的想法。

　　我的考量是，我們一個小小的家庭，妹妹與大弟弟住台灣，媽媽與二弟弟住廈門，夢月哥住徐州，我又遠嫁丹麥。就曾有外人說，我們這些子女應該抓住機會，熱熱鬧鬧地在廈門大團聚，讓老人家高興。我沒對外人說，我只是心裡想著：「讓老人家高興那麼一兩天！剩下不熱鬧的三百六十天，你叫老人家如何去熬日子？」我在考量媽媽經過九年獨居生活後，生了心理疾病的結果，就開始有概念，向弟弟妹妹及夢月哥解釋，我們應該避免一窩蜂的家庭團聚，從今後，我們改成分梯次搭飛機去廈門探望媽媽。

　　那一年六月中旬，妹妹才剛從中華科技大學畢業，我的妹妹已是五十二歲，在此給她嘉獎一下。因為如果換做我在這個年紀，可

能就沒有耐心去讀完這個大學。妹妹一畢業，就馬上飛去陪媽媽兩星期。

　　當夢月哥提出他急切地想去廈門看望媽媽，他說賣掉七頭豬，得了三千五百元人民幣，他真的有錢不用我擔心。我知道這是大哥與大嫂兩人的生活費，而且那是他倆一整個年度的生活費。雖然他倆每個月還可以領到百來塊錢農民津貼，雖然他倆不用再繳農作物收成稅，也就是「不用上繳」──我也不知道原先要繳多少，算一算他倆每個月的生活費才那麼區區的兩三百元。然而，最近村子內的紅包白帖特別多，嫂嫂三天兩頭就要去醫療院所「掛點滴、沖鹽水」⋯⋯。聽他談及諸多生活細節後，我沉思了好一會兒。考慮著：該怎麼做更正確？該不該讓夢月哥去這一趟廈門？出門是要花錢的。

　　聽夢月哥繼續說，他去年與大嫂的台灣行（二〇一五年），媽媽已然被我們「架」去廈門定居，他未能見著媽媽，心中有些許愧疚。他上次見媽媽，還是前年中秋節，媽媽一行七個人飛去徐州的那一趟。

　　夢月哥反覆地說明解釋他必須成行的原因，再加上妹妹的鼓噪耍小把戲，我才改變心意，好吧，讓夢月哥去一趟廈門。

　　夢月哥的來回機票日期是九月二日去，九月九日回，徐州廈門間最便宜的機票是落在星期五。想當然耳，夢月哥調查了隔壁旅客的飛機票價，夢月哥心裡暗自爽快，別人花雙倍的人民幣，還不是搭同樣的飛機，得到相同的服務。我告訴夢月哥，關鍵是他們「指定日期」搭飛機，他們可能是「老子有錢，錢不是問題，指定搭星期五的飛機」，而夢月哥買機票的前提是「日期無所謂，便宜就好」，我教夢月哥這個撇步，還真讓夢月哥買到便宜機票，讓他心裡暗自爽快。夢月哥說，憋著不說出去，做人太委屈。夢月哥說，現在全賀樓村都知道該如何買便宜的機票了。呵呵。

　　夢月哥出發前，他說，準備帶個五斤蜜棗、一打散子（即饊子，一種年節油炸食品小吃）、三十個饅頭、五斤的麻油。

一聽到麻油，我驚恐地馬上出聲阻止：「別、別、別、別帶麻油。」

告訴他：「前年媽媽回徐州探親，你們給準備的麻油瓶，栓頭沒拴緊，回到家後發現行李箱根本沒打開，就有很重的麻油香味散發出來，最後的結局是整箱衣物包括行李箱都丟棄掉了。」

夢月哥一聽，馬上說：「那妳當時怎麼不說？」

我回答他：「都發生過了，說幹嘛？說了，好讓你們再安排一瓶麻油來壞事嗎？廈門有賣麻油，你就不要再找自己麻煩了。」

說著說著，我也把他想帶的蜜棗、散子等都取消掉，只允許夢月哥帶幾十個白饅頭去廈門探望媽媽。後來夢月哥說他還多買了幾雙布鞋去。

其實，我的觀念是，讓夢月哥行李簡單，不要無謂的花費，伴手禮「白饅頭」大家都歡迎。自從媽媽嫁給軍人爸爸後，就是一輩子跟著啃饅頭，媽媽也非常喜歡吃饅頭，因此我才交代夢月哥，其他東西都無所謂，饅頭最重要，而且是要老家的饅頭。

紅包的心意

在我不知情的情況下，夢月哥抵達廈門後的第一件事，就是包兩個大紅包送給媽媽，一個是夢月哥賣豬得來的錢，人民幣一千元；一個是侄子祥豹準備的四百元。

夢月哥在廈門，一樣，也是接到妹妹從台灣打去關心的電話，說著說著，妹妹的電話就罵人：「怎麼可以包給媽媽這麼不吉祥的數字」。

接完妹妹罵人的電話，夢月哥的耳根子還在疼痛、心裡還很不是滋味，我的電話就到了。

夢月哥說：「妳們姊妹是不是串通好，怎麼那麼會算時間。」

夢月哥再把紅包的事，前因後果報告一次。他還強調他特地「避凶趨吉」，「雙雙和和」，挑個雙數字，包個一千元大紅包及

四百元小紅包。我呢！靜靜地聽，慢慢地等，等他把委屈說完。

我反問大哥說：「夢月哥，假若政府單位給你發的電動車～車牌號是4444，你得不得？」

我大聲地把那數字唸成「死了很多次」給夢月哥聽，夢月哥驚慌地直說：「不得、不得！」

「毀了、毀了，確實很不吉利，那該怎麼辦？」

我就教夢月哥，再補二十元破那個局，求老媽媽一定要收下來。就跟媽媽講，接了兩通妹妹的電話，被罵成臭頭，媽媽一定會收下那個尾數錢，把紅包湊成數420。

夢月哥賣豬後得的錢，包了個大紅包給住在廈門的媽媽，還有後續故事。

一個星期後，二弟弟把夢月哥送到廈門機場，在完成所有劃位程序及行李托運後，夢月哥臨入通關前，二弟塞給一個一千五百元的紅包給夢月哥，硬是塞進他口袋的。這一個紅包讓夢月哥一路上感慨萬分，二弟弟太大方、太大器了；但是，夢月哥卻又開始擔心，二弟的經濟壓力那麼高，孩子小，老婆年輕，還要養老媽，外加房貸要繳，這樣怎麼的好？夢月哥老老實實告訴我，他對二弟弟的擔心。

聽到夢月哥收回一個大紅包以及他所擔心的事，我則告訴夢月哥一個真實的小故事。

二十年前，妹妹的女兒被發現心跳有雜音，天生「心臟瓣膜閉鎖不全」，需要盡快開刀。幸好當時台灣已經開辦全民健保，不然這項大手術費用不是妹妹這類小家庭可以承擔的。面對把心愛的孩子送入手術房做心臟大手術，對家長來說不啻是個重大折磨。妹夫在手術前包一個大紅包給主治大夫，大夫收下了。等到六七個小時手術結束後，小病患直接送去「無菌室加護病房」，家屬能透過隔離玻璃看到全身插滿管子的小女孩。主治大夫走出開刀房跟家屬報平安說，手術很成功，無須擔心，接著再說，護士有些細節須交代家屬，他就走了。跟在他身後的護士接著跟我們家屬講話，除了告

知我們探病須知細節外，最重要的是護士退回我們一個信封袋。

護士說：「Ｘ醫師是基督徒，醫師從不收家屬紅包，保管幾天的這個紅包只是讓家屬安心，現在手術完成了，家屬應該安心了。」

小侄女開刀一事，多年來妹妹感念在心，偉大的醫師堅持不收紅包，妹夫為表達感激心意，在回診檢查時，硬塞了一瓶酒，最後醫師客氣勉強地收下。

我告訴夢月哥，他在機場收到的紅包是媽媽退回的，媽媽在廈門過的日子深居簡出，用不到錢。媽媽知道夢月哥的錢是辛苦錢，講這些話時，我發覺在電話那頭的夢月哥已是啜泣流淚不能言語。我簡短地安慰他，我們全家及媽媽都能瞭解他的心意。

掛完電話，夢月哥傷心的情緒不免讓我去思考，我們言談中的哪個觸點讓他哭泣——是傷心的淚水還是喜悅的感動？也許是某個我不知道的細節，勾喚起夢月哥對他自己母親的思念？（我的大娘在夢月哥十六七歲時自殺）或者原因其實很單純，就是夢月哥被我們這個台灣媽媽的處事態度所感動？抑或者，夢月哥對於平日親友往來，開始有了比較，而心有戚戚焉？

十六
徐州大哥與台灣媽媽的母子關係

第一印象

一九八九年，我及母親跟著父親，共三人，返鄉探親。那時母親五十歲，夢月哥四十四歲。

我們初抵南京機場，聽到夢月哥的「第一句」聲音，他輕輕地叫一聲「大～大～」，也就是稱呼「爸爸」的意思。我的父親愣一下，沒反應過來。「大大」是何意？我們在台灣沒聽過這一句國語。

夢月哥很害羞地叫了我的母親「媽媽」，然後很害羞地對我微笑一下。

很久以來就想寫一篇「夢月哥與台灣媽媽的母子關係」，因此，在與夢月哥閒話家常中，我會仔細地去推敲、去聆聽、去抽絲剝繭……去探索夢月哥心目中對台灣母親的見解。

我留意到，他對於一九八九年第一次返鄉的記憶，都是圍繞在「父親」的一切舉止上打轉，鮮少提到他自己與我母親的互動。那一年母親五十歲，正是人生閱歷成熟的年紀，母親落落大方、高高興興地隨著父親返鄉大陸，我們共同去認識等待四十年才認親的家鄉。

夢月哥說，對於三十年前媽媽的記憶，幾乎空白，他僅僅記得一個概念，那是父親在台灣成立的新家庭，「媽媽很年輕、妹妹是大學生」的一個概念。

我不是說了嗎，夢月哥說的某些話，我需要分析推敲，為何他對他人生中最重要的一件事：「父親返鄉探親」，對於「我的母親」的部分幾乎沒有記憶？他對父親的記憶卻是那麼地深？我現在的理解是，當時夢月哥的心理世界的空間「很有限」，那個三十年前的夢月哥的心智不自由、不寬廣，且受頗大束縛，他只能達到對「父親」的記憶的能力，他只能達到關注「父親」的能力，他無暇且無能力，再多加心力去關注母親與我，我們母女。

父親往水杯望一眼，夢月哥就急著去注滿開水；父親褲頭提一下，夢月哥就往外走，趕緊去檢查茅坑乾不乾淨，親自打掃茅坑，直到他自己滿意後才領著父親上茅坑；以及其他諸多生活細節，數都數不完。

夢月哥還要張羅所有訪客的吃飯問題、洗臉問題、睡覺問題，訪客來到家裡沾喜氣聽故事，大嫂都會奉上毛巾及熱水讓訪客先洗臉洗手，訪客也會留下來過夜。

那時候天天有我不認識的長輩訪客，時時地圍繞在父親身旁，他們都想知道：兩岸隔絕四十年的發展，台灣與大陸有何差別？台灣又是如何從「水深火熱」蛻變成亞洲四小龍的？

我對於第一次返鄉探親，圍繞在父親身旁的記憶，確實也是沒有太多夢月哥的影子，他多半忙著張羅各種雜事，也還要去田裡工作。而夢月嫂，幾乎從早到晚忙碌著——蹲在火爐前做早餐、燒熱水；做午餐、燒熱水；做晚餐、燒熱水……。嫂子燒的熱水不夠應付台灣來的三個人洗澡、洗頭所需，造成我及母親頭幾天沒適度清潔梳理而感到彆扭難受。記得侄女帶我去河裡洗澡，那是當時村子人的洗澡方式，而我卻反應過度，驚慌落跑。我的意思是，記憶中夢月嫂整天整夜蹲在火爐前忙，我還記得完全聽不懂嫂嫂的徐州方言，現在也只能懂得一兩句。

妳有幾個孩子啊？

　　我結婚於西元兩千年千禧年，我安排夢月哥去台灣探親三個月，那是我婚前送給父親的一樣禮物。當時我認為，安排夢月哥去台灣與父母親過一段小日子，是一件有意義的好事。我想的就是很單純，就真的排除萬難安排夢月哥去台灣與父母親短期相聚。從那三個月的生活體驗裡，夢月哥親眼見識台灣爸爸的真實生活，也開始體會老兵在台扎根的心路歷程，知道父親在台安家是從零開始，一切都是得來不易。

　　二〇〇六年父親去世後，電話中夢月哥問，台灣的親人還認他嗎？他還可以把我的台灣媽媽當作媽媽嗎？我永遠記得夢月哥無法來台參加父親喪禮的哀傷語氣。可恨哪，都是萬惡政治的阻隔。

　　多年來，徐州老家賀樓村村民讚揚我的媽媽，不愧「大家庭的女兒」、「大家閨秀」、「舉止大方」、「大氣度」等等，很多個「大」字的讚美。

　　聽夢月哥說，村莊內老姨婆「考驗」媽媽，問道：「妳有幾個孩子啊？」

　　媽媽回答：「我有五個孩子，四個生在台灣，一個在大陸。」

　　那意思就是說，我媽媽認定夢月哥也是她的子女。姨婆把這一段對話說給全村子人聽，媽媽得了一個好評，台灣人「受過教育」。自從媽媽通過村民的考驗後，媽媽說過的話，媽媽的一舉一動，在賀樓村都成為村民家長裡短的話題。

　　前幾年夢月哥告訴我，在村子內曾流傳的閒話。

　　父親一走，就有村民去勸夢月哥，父親人走了，與台灣的關係就斷了！我就想，這是村民現實的想法？原來村民眼中對台灣的這一個家，是這種觀點？聽了真是讓人不舒服。

媽媽，我生病了……

二〇一六年九月初，夢月哥去廈門探望媽媽一個星期。在廈門的第二個晚上，夢月哥出現發燒、頭痛、流鼻水的現象。第三天媽媽帶著夢月哥去診所看病，服用藥物兩天後症狀緩解。

夢月哥初抵廈門的頭兩天，我與台灣妹妹打去關心的電話比較多，電話中夢月哥跟我敘說他生病的事，我還清楚記得夢月哥與媽媽，「他母子倆」之間對談的字字句句。

夢月哥說：「媽媽，我生病了……」

夢月哥的聲音帶有一點沙啞、一點點磁性、一點點可憐，讓我聯想到很久以前的畫面：我老爸跟老婆撒嬌：「阿甘啊，我生病了……」父親叫媽媽都是叫「阿甘」，老爸的晚年都是老媽服侍，都是老媽在張羅跑醫院拿藥等大小事。現在，竟然又聽到重複而且一模一樣「我生病了……」的聲音，是夢月哥的聲音，也是我老爸的聲音。

夢月哥來訪的那一個星期，夢月哥幫媽媽做很多雜事，包括幫菜園除草、清洗鴨寮、修理雞舍、家禽餵食等等，有的沒的。

我都是固定在晚間八點鐘前後去電話，那時媽媽通常已經躺在床上休息。媽媽的電話機就放在她的床頭。

我問：「夢月哥在幹嘛？」

媽媽回答：「就在客廳打盹。」

媽媽壓低聲音地說，夢月哥打盹的神情，簡直與我老爸爸一模一樣。媽媽又說夢月哥說話的方式、說話的聲音也跟老爸一模一樣。其實，我與妹妹早就這麼討論過，夢月哥簡直是我老爸中年時期的翻版。妹妹就曾語出驚人地說：「搞不好，咱奶奶與夢月哥的娘，長相差不多？」我想，妹妹的這種推敲，腦筋也算是靈活，我們這類台灣老兵子女沒見過爺爺、奶奶及家鄉風情，這就是我們的悲哀。

　　總之，我發覺，我的媽媽對夢月哥也是看在眼裡，觀察在心裡。

　　夢月哥回徐州的班機是早上九點鐘，清晨四點半鐘媽媽就喚醒他起床，看到他將帶回徐州的行李弄得亂七八糟、亂塞一通，媽媽責備說：「怎麼那麼笨！這樣亂塞硬擠，好東西都不值錢了。」媽媽就騰空行李，重新疊好所有衣物，幫忙夢月哥整理好一個像樣的行李箱。

　　八十歲的台灣媽媽與七十四歲的徐州哥哥，在傳統倫理上是母子關係，但在我長期的觀察中，母親與夢月哥相處的模式是不是也有一點像姊弟關係呢?!

十七
兩岸同胞的深層交流

侄女的「微店」

　　二〇〇六年三月父親去世，那時正值「阿扁執政」，兩岸關係再度陷入「冰火五重天」。生活在大陸的夢月哥無法取得入台奔喪簽證，造成夢月哥的人生多一件終身遺憾事。至今，我還是想不通，政治人物依據什麼法令，去限制人民為父親送葬的權利？子女為父親送終，何錯之有？

　　我答應夢月哥，總有一天，他能來台灣，到父親靈前去磕一個響頭。二〇一五年十月，夢月哥嫂兩人在女兒的陪同下，來台十三天自由行。其實，夢月哥來台的時機僅如曇花一現，徐州地區的自由行是在二〇一五年四月開放，隔年二〇一六年五月蔡英文上台後，大陸對台的旅遊大門又關閉了。幸好，我們當時把握住天時、地利、人和，最重要的是，他們來台的時機，也配合上我十月回台的行程，他們三人當下就立刻決定來台探親旅遊十三天。

　　在台北的幾天，白天行程都排得滿滿的，晚上吃完飯後，全部的人都會陪著先生觀看一兩個小時外語電視節目。幸而我的外籍先生看的多半是大自然奇觀或動物頻道，語言不通也不會影響夢月哥等人的興致。等到晚上十點左右，先生回房休息，我就去窩在客房內與哥嫂及侄女聊天。每天我們都聊到一兩點，大家都是硬撐著，累了就閉著眼繼續說話。我們都在交流，都在拉呱，都在講心事，也都在分享珍惜這得來不易的相聚。

　　在台北小公寓的屋內，因為屋子小，我與侄女都是躺在地板上，夢月哥嫂躺在床上聽我們講話。聊著聊著，我們聊「微店」賣菜，也就是侄女順應時代潮流利用智能手機「微信」平台去賣菜。侄女在她住的小都社區內經營一個小店鋪，販賣些青菜蔬果及生鮮禽肉，五花八門，什麼都有。侄女也透過網路平台打廣告，小社區客人就可以透過網路看當日蔬果行情，利用網路下單。因此，侄女的那個小菜攤同時是傳統菜市場的實體店面，也是時下最夯的網路虛擬店面。

　　我對如何增加賣菜業績沒興趣，只是想，那些住在小社區的婆婆媽媽真的那麼先進前衛嗎？真的會去使用「微信」平台買青菜嗎？經過侄女的解釋，重點是「服務至上，送貨至府」，在天雨路滑或冬寒下雪的日子，住在樓房公寓內的老人不便出門，侄女的「微訂單」生意就會特別好。而且客人知道到府服務要有基本訂購量，或許愛面子吧，客戶使用微信下單時，反而總量買得比平日多。

　　我對侄女的賣菜生意實在沒興趣，聽她賣豆芽菜還須配幾根韭菜調味，賣雪裡紅還須附送一對辣椒添紅彩，侄女細細地說這是抓住老客人忠誠度的竅門。中國人喜愛的就是傳統市場的購物方式，你吆我喝、討價還價，這樣氣氛多好，要的就是那個氣氛、那個人情味啊。只不過改革開放前吃大鍋飯的年代，老百姓幾千年的生活方式都給破壞了，那時候呦，小資本主是萬惡要殺頭的，賣菜要殺頭的……那個時代生活真是苦。其實，侄女並不是在最苦的年代出生，她跟我說的事都是聽來的，都是早期的。

◉↘兩岸城市發展

　　把話題拉回來，問問侄女對台灣的感想。她說，台灣人穿著超乎她想像的簡單。她原以為簡單樸素的襯衫配短褲或休閒鞋是屬於戶外活動的穿著，想不到這樣的穿著普遍出現在大街小巷，在101

大樓購物中心或夜市，在國父紀念館或建國花市，在台北市、在台中市甚至在日月潭。

　　佟女下結論說：「台灣人的穿著方式與徐州人很不一樣。在徐州，妳上單位辦事情，上餐廳，上百貨大樓，都要頭髮焗油，雙手焗指甲油，腳穿高跟鞋，手拎潮牌包，胭脂塗得厚厚的，眉毛畫得黑黑的，唇膏擦得紅紅的，這叫做現代禮儀！因為國家進步了嘛，人民生活富足了嘛。」

　　佟女接著說：「去市場買菜，去幼兒園接送小孩，去村莊走親戚，甚至家庭旅遊爬黃山，爬長城，也看到人人穿高跟鞋，拎包包，穿著金光閃閃的亮片衣服。」

　　佟女總結說：現在的大陸人以「資產階級的身分」為驕傲。

　　此外，佟女很驚訝，台北怎麼這麼不現代化，摩天大樓比她想像中的少，中正紀念堂或總統府前廣場比她想像的小，沒有光彩輝煌令人驚艷的感覺。其實，在不同場合，我也曾多次聽過其他大陸人士評論台北的落後。當我聽到這類言論時，也聯想到我所居住的哥本哈根，相較於台北，甚至更不摩登呢。我是不會去跟任何人辯論的，我心裡有數，城市規劃雖然要有前瞻性，更重要的是，是否效率達標及符合人性化設計，成為適合人類居住的住商混居快樂城市。反之，一味地追求建築高樓大廈，而造成大量閒置空屋或危樓，其實是很危險的事——這正是我在大陸看到的現象之一。

　　佟女說，在台灣任一角落，走到哪兒，哪兒都很乾淨。相對地，我在大陸所看到的不乾淨，除了空氣汙染、河川汙染我不予置評外，我認為大陸城鄉住宅區的不乾淨多半是「拆遷」遺留的建築廢土。那些隨處可見的廢磚、水泥塊數量堆得比人還高，是典型「自掃門前雪、莫管他人瓦上霜」的自私心理造成的結果。真不知道，一般農村人蓋樓房後剩下的廢磚塊如何處理？城市建築的工程廢土如何處理？我看到的結論就是，政府對工程廢土的管理沒有落實，這或許是社會轉型的矛盾期吧！

關於殘疾與施捨

在台灣旅遊的那幾天，有幾次侄女說她自己太胖、太黑，她開始注意她自己的形象。在我夫妻倆領著夢月哥嫂與侄女等五人在台北市的活動期間，不管是上餐廳館子、去逛百貨大樓食品街，或搭捷運坐在椅子上，我的訪客三人眼睛都不停忙碌地盯著觀看所有身邊的台北市人，看看他們的長相、他們的穿著、他們的行為舉止等。我就跟侄女提醒過，看人要用茫茫然的角度欣賞，不要眼睛死死地盯著人家看，這樣很不禮貌。

一日，我們看到一位媽媽推著輪椅，輪椅上是一位重度腦性麻痺的孩子，他們正很悠閒地在逛花市，小孩子舞弄著無法控制的手足，小小臉頰及脖子都已經嚴重扭曲。夢月哥不忍心看，想聽聽我的觀點。經過解釋，他終於懂得殘障的孩子更需要出來透透氣，媽媽也要出來透透氣，夢月哥也終於懂得「死死盯著看很不禮貌」。在大陸沒受教育的農民工對於生出有殘疾的孩子，他們的直覺反應很可能就是：「祖宗造的孽，早該把小孩給掐死算了。」夢月哥說：「說歸說，真格兒碰到了，能這麼做嗎？」夢月哥及侄女就都好奇，關於這類社會衛生福利問題，台灣政府會怎麼做，丹麥政府又會怎麼做。

我們也碰過乞丐，我讓夢月哥往乞丐的托缽碗裡投入一些零錢。或許我住家附近的地盤是專屬於這位乞丐先生的，因為那一陣子老是看到他。有時我們投入二十元，有時我們投入六十元。夢月哥又問：「二十元對台灣人是小錢，這樣會不會太寒酸、太吝嗇？」我向夢月哥解釋我自己的認知及施捨原則：助人為善是好事，可以是舉手之勞，也可以是隨興而為。如果考慮太多，例如：擔心捐太少不夠乞丐買一餐飯吃丟臉，或是懷疑乞丐可能會在背後罵你小器鬼，甚至研究對方是否為「假乞丐」，或是質疑他好手好腳的怎麼淪落當乞丐，等等，反而使人不敢或不願施捨。我的施捨

原則是投入當時身上的全部銅板，而且不去想心疼的事。這樣的原則行之多年，在台灣，在大陸，或是在歐洲，我都是這麼做。夢月哥及侄女聽聞歐洲也有很多乞丐、流浪漢，都表示十分驚訝。

　　夢月哥自嘲，他年輕時，也就是三年饑荒年，曾落難去河南托缽乞食，想不到今天他可以搭飛機來台灣，有能力在乞丐的小碗中丟入幾個銅板。

　　夢月哥三歲時父親去了台灣，十七歲時母親自我了結痛苦的一生。

　　夢月哥說：「現在，能喝上稀飯都是幸福啊！」

十八
我與嫂子的交流

　　二〇一五年十月二十八日，夢月哥帶著嫂子及侄女來台自由行十三天。由於當時台灣對大陸同胞申請的入台證是有總量控制，控制每日入台人數，因此夢月哥的入台簽證申請直到十月二十六日才拿到手。這時我停留在台灣的旅程已經快要結束，因此只能招待他們四天台北市的旅遊，再來的行程由弟弟妹妹接手接待。

電扶梯與博愛座

　　哥嫂抵達台灣的幾個小時內，我就看出嫂子的體能比我想像中的還要差。原本以為農村婦女身強體壯，走一小段路應該沒問題，後來發現不可自作聰明拉她去搭電扶梯，她根本無法適應，重心抓不穩。來到台灣的頭個晚上，就差點跌倒滾落在電扶梯上。我看到嫂子發抖害怕的那一剎那，那種驚心動魄真的是於心不忍。當下就領悟到，不可挑戰嫂子去做那看似簡單的動作。幸而台灣的公共場所都有升降機，可供老弱殘障朋友使用。問題是嫂子不知道台灣的公共區域都有升降機，她憂慮著我再度強迫她使用電扶梯，於是開始裝病，想免去此種「折磨」，宣稱她在家躺躺就好，不跟我們出去了。

　　結果，來台第二天的行程是搭捷運拜訪住在天母的伯父周昇雲先生，嫂子是晚輩沒藉口缺席，那一天的活動她走路走得很好，上下都是搭升降機，嫂子不再害怕捷運的自動門，不再害怕捷運懸空的月台，而且接受其他乘客讓位給她。我說：「靠近門口的位置是

保留給白頭髮的，妳去坐著，沒事。」嫂子拉著我一起坐，她才坐得安心。這樣練習過一兩次，後來嫂子一上車自己就主動挑老弱婦孺的「博愛座」坐上，我看了都很高興，嫂子對白己有信心了。

淡水一遊

第三天，先生帶著我們去淡水（地名）玩一整天。要是早點知道那是嫂子第一次搭船，第一次看大海，那我就去撈些海水讓嫂嫂嚐嚐，讓她體驗一下所謂的海水是鹹的，怎麼個鹹法。淡水的海天一色就是藍，淡水徐徐清涼的風就是舒坦。先生望著遠方想什麼我也不知道，應該是啥都不想吧，就是純享受。我和夢月哥、夢月嫂及侄女也都望著大海，彼此都有各自想眺望或搜尋的什麼吧，但那會兒我們是「此時無聲勝有聲」，靜默無語。然而，我其實很想知道嫂子當時心裡的感受是什麼。

那天，漁人碼頭上停泊著遊艇，有人在甲板上開啤酒舞會。

我說：「如果這兒有幾棵棕櫚樹，這兒就像夏威夷了，有夏威夷的氣氛。」

嫂子順口問：「棕櫚樹長啥樣？」

我說：「啊，把淡水海邊步道的這幾棵大榕樹換成棕櫚樹，那就可『假裝』去過夏威夷度假了。」

嫂子說：「還是大榕樹好，大榕樹漂亮，怎麼連淡水都有那麼多棵百年的老榕樹啊？」

夢月哥插嘴說：「我還以為台灣的樹都被日本人砍光光了哩！」

我心裡想的卻相反，但最好不要講出來，以免觸她的霉頭，我心裡想的是大陸在瘋狂的一九五八年全民大煉鋼，更是把樹都砍光光。

台北行

第四天的行程對先生而言就比較沒趣味，他識相地放棄說不參

加。這是我求之不得的，這樣我就可以全天講中文了。再加上第五天早上就會把三人送去台中給弟弟照顧，因此第四天的行程是轟炸式的、密集式的安排。吃早餐時侄女已經知道我們將去101大樓及國父紀念館，因此我們外出要有恰當的穿著。忘了提，去淡水那天我們都穿拖鞋，讓他們有踩沙灘的經驗。

出門前，侄女故意開嫂子玩笑，說：「進去國父紀念館時，妳是共產黨員，妳就站在外頭等我們。」

我那老實巴交的嫂子竟然信以為真，搶白道：「俺沒犯錯，不可退黨。」

嫂子的眼神滿是害怕驚慌，我瞧見了，立即制止這個玩笑話，強調：「我們今天穿著不可隨便，當然是大家全部進入國父紀念館，同進同出。」

我們逛完101大樓，再散步走去國父紀念館。可惜晚了一步，剛好錯過儀隊交接。快速掃過國父生平介紹及文物展覽已是下午三點鐘，當下決定搭計程車趕去中正紀念堂，再多增加一個景點也還來得及。

在中正紀念堂內，我發覺對於蔣公的文物介紹，不會因為嫂子是文盲而產生了參觀障礙或認知理解困難。夢月哥及嫂子在蔣公與宋美齡的結婚照前佇立凝視良久。夢月哥說他從沒有看過這張相片，還說蔣總統夫婦很帥很美。那時我想，夢月哥兩人可能想要狠狠地記住那張結婚照片，好更新覆蓋他們腦海裡所有對「蔣光頭」、「蔣匪」、「獨夫民賊」、「人民公敵」、「反動份子的頭頭」等的負面記憶，所有他們一生痛苦的回憶吧。

我們在觀看儀隊交接的時候發現大堂內有特別的花圈，原來十月三十一日這一天是蔣公一百二十九歲誕辰紀念日。在台灣已經沒人去做這類公開儀式紀念，那天卻正巧讓我們碰上而且參與了。

看完儀隊交接，我們也跟著儀隊走出中正紀念堂，這時外頭下著毛毛細雨，儀隊走去幾百公尺外的廣場做另一場「降國旗」的儀

式，侄女也跟著跑。她說這點雨算什麼，她想聽聽中華民國的國旗歌，這可能是她此生的唯一機會呢。這會兒，侄女把剛抵達台灣後首個鐘頭自己關於「一國兩制」的論述也拋諸腦後了，她現在一心只想去做此生可遇而不可求的事。

我呢，就從下午五點鐘開始打電話給先生說「快到家了」，六點又一通「快到家了」，七點又一通「快到家了」。真正想回家了卻攔不到計程車，因為總統府前凱達格蘭大道上正在舉辦學生的星光晚會。學生都坐在地上聊天，快樂自如。關於群眾聚集，夢月哥的反應就是不一樣，他馬上聯想起上海的擠踏事件，火燒火燎地催促著我們：「快快走！快離開！很危險！會被踩死！」

那一天我們玩得很累，走了很多路，很多次嫂嫂跟我講什麼我都聽不懂，侄女為我們姑嫂倆翻譯，卻會亂加自己的意思，我其實心裡明白嫂嫂並沒說那麼多、那麼複雜。

大哥大嫂在晚上睡前都要喝一大杯滾燙的熱開水，我把開水端到床上給舒舒服服躺著的大嫂喝。我問嫂嫂一句話：「我們回大陸好不好？」嫂子回答說：「管。」就是這一個聽得懂的一個字，不須別人來翻譯的回答，我認為與嫂子的溝通，這樣就足夠了。

blog.sina.com.cn/u/3770424874

十九
飄洋過海的山東饅頭

　　我的夢月哥、夢月嫂及侄女共三人終於來了台灣。二〇一五年十月二十八日下午抵達。

　　夢月哥的行李很簡單，三兩件換洗衣褲，就連盥洗用品都免了。因為行前我告知：「牙刷、毛巾等都有準備，你們什麼都不用帶，直接上飛機，快、快、快。」我的夢月哥直到二十六日才拿到入台證，二十七日訂機票，二十八日搭飛機，為什麼這麼趕？因為要趕上見妹妹一面呀。而且，或許這是此生最後一面了。

　　夢月哥從八月初就開始辦理台灣自由行手續，妹妹我也是同步從丹麥買回去台灣的機票，我們相約十月份兄妹倆在台灣碰面。結果，我十月一日抵達台灣，夢月哥的行程卻完全沒有著落。從此，對申辦的大陸旅行社，軟硬兼施、三方壓迫，也就是徐州我的大哥、廈門我的二弟、台灣我自己拚命跟催……。對旅行社低姿勢拜託不成，後來就開罵。十月進入下旬，其實我已不抱希望，因為我自己的旅台行程已進入尾聲，快要離台了。

　　想不到，惡境撥雲見日，夢月哥的手續問題瞬間起了變化，終於在十月二十六日晚間拿到入台證，二十七日訂機票，二十八日就抵達台灣。

　　行前，電話中我叮嚀，請哥嫂放下一切家當，交代子孫如何管理豬羊，什麼都不用帶了，立刻搭飛機。想不到那天桃園機場接機，接到的畫面是：夢月嫂提著不到三公斤的隨身衣物行李，神情新鮮自然；夢月哥卻是揹著六個大塑膠袋，額頭冒著大顆粒、小顆

粒汗珠，總共裝了三十個山東饅頭、五十個家鄉千層餅。呃，害得我不敢去想像，入境台灣，海關人員是否會頭上三條線，心裡納悶著：「台灣沒得吃嗎？」

二十八日，我的夢月哥一大早，天未亮，凌晨四點鐘就開著電動車去張集（地名）趕集買饅頭。前一夜大哥大嫂都興奮異常睡不著，早上八點鐘就到徐州觀音機場報到，搭上十點四十分徐州直飛台灣桃園的飛機。

二十九日下午兩點，我領著夢月哥、夢月嫂搭捷運去北投天母拜見我的伯父周昇雲先生。伯父與父親同是賀樓村同穿開襠褲長大的堂兄弟，成人後一起加入徐州裝甲兵學校，再輾轉來台。我事先準備的伴手禮肉鬆肉乾禮盒讓伯母收下，讓夢月哥親手遞上五個山東饅頭給周昇雲二大爺。我的伯父，夢月哥喊二大爺。

夢月哥說：「二大爺，這是家鄉的水，黃河的水，蒸的饃饃。」

伯父坐在椅子上，身體顫動著……一時腿軟起不來，靜默著，無語良久。

我的姨父謝玉春先生會同來伯父家碰面，我們也同樣準備幾個千層餅及山東饅頭給姨父帶回家慢慢啃。

我將剩下的山東饅頭及千層餅分成幾袋，妹妹、弟弟各一袋，我自己也打包一袋帶回丹麥。

十一月一日星期天，我領著夢月哥、夢月嫂及侄女梅花搭車回豐原老家，才下樓就遇見隔壁大樓老管理員。

管理員馬金友先生是山東濟南人，徐州會戰前後，於一九四八年十一月花了幾天幾夜，從濟南走路抵達青島，加入中國海軍，後來輾轉來台。他一九八七年開放探親後回大陸兩次，卻失去了與大陸親友的聯繫。

見到馬伯伯，我直覺的反應，就是馬上打開包包中的塑膠袋，取出一個冰凍的山東饅頭，簡短地跟夢月哥介紹管理員的身分。

夢月哥馬上熱情地說：「老大爺，這是家鄉的水，黃河的水，蒸的饃饃，您收下吧！」

　　這時，馬伯伯驀然激動不已，雙手顫抖，萬分珍惜地捧著那個冰凍的、臨時找不到塑膠袋裝的山東饅頭，他乾澀的眼眶裡慢慢泛出淚水。我知道，這黃河水蒸的饃饃，蒸出了他久已冷卻的鄉愁……

　　告別馬伯伯，等著搭客運車回豐原老家時，我交代著夢月哥，剩下的四個饅頭，只帶兩個去老爸爸靈前磕頭就夠了，可不要帶四個，數字「四」不吉利。

　　回到丹麥的第三天早上，餾了一個饅頭來吃。開啟電鍋蓋的那一剎那，鼻子的嗅覺告訴自己，這就是那特別的麵香味，是父親一輩子所懷念的味道。撢一小口饅頭慢慢嚼食，腦中出現了想像的畫面。我想像著：咀嚼著山東饅頭時，周昇雲伯父是否憶起賀家樓早期的田耕生活？謝玉春姨父是否憶起蹲在長沙火車站角落，他的父親塞個窩窩頭在他褲腰包的那一個動作？而馬金友伯伯是否憶起母

親縫的布鞋和在他褲腰帶縫上的三個現大洋？

馬伯伯曾向我提及，離開家鄉時，他母親揮揮手叫他：「你趕快走吧！」他還記得母親當時的喊聲。那是民國三十七年十一月某日，當天下著大雪，馬伯伯十九歲。

我一小口一小口地吞嚥下家鄉味的饅頭，老人家們則吞嚥著對家鄉的相思及悔恨。此時，我的內心充滿了無名的矛盾，想著：有必要送上那一顆饅饅，使得這幾位老人家睹物生情，勾起他們無邊的悔恨和痛苦嗎？我知道，這是最後一次了。

備註：馬金友先生，民國十八年次，山東省青州府益都縣城西前營子人。

二十
繞了一大圈辦入台手續

夢月哥的來台行程圓滿結束，可以說，了卻很多人的心願。

◢◥ㄟ一諾千金

二十年前，就在結婚前，我為父親做的一件心願，就是安排夢月哥來台探親，那時我告訴夢月哥，在我嫁作他人婦後，就要聽人家的，如果不把握「這一次妹妹的心意」，將來也就未可知了。我說服父親去醫院開一張假的重症證明，依照當時兩岸的關係，我的夢月哥是以探病的名義來台探親的，一切手續是委任台灣的旅行社「一條龍」包辦，也就是夢月哥自行去廣州報到後，從香港轉機抵達台灣，來回機票含住宿，旅行社全包，探親停留台灣三個月。我記得他出發的日期是二〇〇〇年農曆年初五抵達廣州，初七抵達台灣，那時我人在丹麥剛結婚，結果都沒有新婚的喜悅，也沒有安排度蜜月，反而是一天到晚打國際電話，緊盯夢月哥在台灣的行程，想來真是對不起我的夫婿。

對於想要辦理第二次夢月哥來台探親行程，二〇〇六年初父親病重，我們又委任旅行社緊急辦理第二次探病來台手續，後來轉為奔喪手續，結果當時民進黨執政，兩岸陷入冷對待冷處理，夢月哥的入台申請，我們想方設法就是無法扭動乾坤，父親走後，我與夢月哥不知通了多少次電話，夢月哥的請求，也就是希望有一天到父親靈前磕頭，我是個「一諾千金」的人，而且我一定會記住我的承

諾，但是長期以來我告訴夢月哥，妹妹已是嫁作他人婦，有些事由不得，不過我會記得夢月哥的願望。

一個夢月哥的願望，再加上多年下來我們全家人多次回老家探親，開始有了另一個願望，我認為夢月嫂很偉大，她一輩子辛苦，她也應該來台灣看一看。

因此，我與夢月哥在馬英九政府宣布開放徐州地區直航後，就開始辦理去台灣的手續，夢月哥嫂及侄女共三人一起成行。

從開始辦理就錯得很離譜

好啦，辦理入台手續，也是噩夢的開始。

當我八月初訂好來回機票，行程是十月一日抵達台灣，十一月二日返回歐洲，我期望夢月哥的行程能安排在十月中旬，避開「十一」長假，那時機票可能比較緊張。而且我想自由行可以待十五天，台北我負責，台中讓弟弟妹妹負責。甚至我還預先給先生打了預防針，希望獨自帶領著夢月哥回豐原老家，先生答應不跟班，好讓我們全家兄弟姊妹可以有一次全部講中文的團聚。結果想歸想，一切都不是那麼一回事。

其實，夢月哥繞了一大圈辦入台手續，是因為他聽信很多人的建議，把手續複雜化了。侄女也看了許多旅遊廣告，自以為小事一樁。結果，從八月初開始辦理就錯得很離譜。

八月底電話聯絡去台的手續，夢月哥說：「都辦好嘍！」

「填了單子，拿到本子！」

為了那個本子我打電話到侄女那兒，問：「護照拿到了嗎？」

得來回答：「拿到了，拿到了，馬上辦馬上好。」

說是「徐州市政府便民服務台辦的」。結果，原來卻是拿到粉紅色的「陸胞證」（大陸居民來往台灣通行證）。再來，我就開始想，那去台灣的簽證呢，辦好了嗎？

開始有左右鄰居誰聽說農民窮，台灣不給進。再來有人說，

還要有保人，以免大陸窮人跑去台灣落跑了。因此，侄女的保人是她的丈夫，夢月哥的保人是大兒子，夢月嫂的保人是二兒子，全部一大票人都跑去生產大隊要求開立保人證明。大隊書記說證明要公安開，公安說首先要先確認父子關係，要先做親屬證明。其他人說還要出具對方的邀請函，我們就台灣的兄弟姊妹三個人發出三張邀請函，而且都是以國際快捷郵件寄出。所以，那幾天我夢月哥跑公安、跑郵局，跑得很勤快。

這已經是鬧到九月初了。我開始打電話問北京的朋友、問廣州的朋友，他們的台灣自由行條件，聽起來都很簡單啊，備齊證件、旅行社包辦。

我問朋友：「存款證明得幾萬元？」

都回答：「大約人民幣五萬元，絕不會更多。」

我開始用很嚴肅的態度，緊迫盯人地勸侄女，必須委任旅行社辦理入台手續。結果，她找的旅行社根本不知道如何辦理入台證或是自由行，開始出現「保證金」等字眼，光是旅行社往外求助如何辦理就又浪費好幾天。

有人終於抓狂，那個人就住在丹麥，她最不認同中國人所謂的「計畫趕不上變化」等歪理。這個人就是我打電話給廈門的弟弟，要求他全盤接手，找他配合的廈門旅行社辦理夢月哥三人的入台手續。好啦，第一個難題就是三個人要十五萬元人民幣的存款證明。

我夢月哥急得跳腳，喊說：「那還得了，不去台灣了。」

我就用命令的口氣：「夢月哥，你給我閉嘴！別擔心，存款證明不是保證金，不會被沒收的……」

夢月哥真的就閉嘴了，半信半疑地說：「你們愛怎麼辦怎麼辦，老子不管了！」

侄女順利取得存款證明，把所有證件寄去廈門。這時已是九月二十二日，我再過幾天就搭飛機去台灣了。

🎞 事情總算有了轉機

從九月二十二日開始，才是真正痛苦的等待。沒有拿到入台證，廈門代辦的旅行社根本不敢訂三人的機票。剛開始，我們聽到的藉口是碰上「十一」長假，中國休七天。再來我們聽到台灣放雙十節，也卡了好幾天。最後，我們聽到總量管制，陸客入境台灣每天放行多少個千人，我們排隊排在不知道多少個萬人群中……。

終於，十月十六日接到廈門旅行社的回答：「排到我們了，恭喜，五個工作天就可以拿到入台證了。」

看看日曆，距離我和夫離台僅剩幾天了，我已經做好最壞的心理準備。雖然如此，心裡仍繼續擔著心：萬一審查不過呢？廈門旅行社拿到入台證後，寄去徐州又要浪費幾天？飛機票又不是馬上訂馬上有……，思前想後，哎喲，媽媽咪呀！

這個被折騰了三個月的妹子在十月二十五日晚上，很氣餒地打電話給夢月哥，答案是神馬影子都沒有。不生氣了，希望也沒了。

夢月哥說：「這次是見不到了。」

妹子說：「夢月哥，我把『贊助的機票錢』藏在我房裡的XXXX下面，你這次一定要來，不管我是不是還在台灣，你一定要來……」

出此下策，講出藏錢的事，是因為感覺夢月哥都已經放棄希望了。夢月哥哭，妹子知道。

妹子繼續說：「夢月哥，這次來台灣的意義不是去父親靈前掃墓，而是帶嫂嫂來，你一定要來。」

嫂嫂哭過很多次，嫂嫂從不吵人，因此我想為嫂嫂做一點事。

本以為兄妹倆將會錯身而過，沒能在台灣見上面，誰知事情總算有了轉機。

隔天，撥雲見日……日子又變得美好，而且是以光速進行。

　　夢月哥一行三人，十月二十六日晚上終於拿到入台證，那個入台證還是從廈門的旅行社辦事員透過「微信」傳過來的。原先我很懷疑這種電子文件管用嗎？真的可以入境台灣嗎？我一輩子旅行那麼多國家，入境簽證都是要正本蓋大使官印，因此從電話中聽到用微信傳的「入台證」用彩色列印即可，黑白列印的不管用，我都快要不相信了。硬著頭皮，抱著懷疑態度，死馬當活馬醫，也不好說那個微信傳的入台證是不是有效證件，到時候就知道。

　　隔天中午，也就是二十七日，電話中得知訂到機票了，竟然是二十八日早上十點飛台灣，十一月一日早上六點返回。這是什麼混帳機票？五天四夜？單張票價兩千六百元人民幣，如果參加旅行團團費也才兩千八？計畫幾個月，竟然落得一個來台灣一百個小時的機票。電話中吞下很多很多的怒氣，我只能說：「來了再說，來了再想辦法更改機票。」其實，我心裡也沒個底兒能不能成功。

　　十月二十八日，他們終於抵達台灣桃園機場。立即要辦的大事就是從機場入境大廳，走去出境大廳航空公司服務台更改機票。

　　我問：「機票呢？」

　　竟然沒有機票。機票在侄女大陸的女兒手機上，手機的「微信」上。沒關係，都不罵人，神馬都不怕。我們走去華航服務台，遞出三個人的陸胞證，回程從五天改成十三天，列印出一張新機票，花了大約二十分鐘。

　　夢月哥張著憨厚的、欣喜的笑容，大聲問：「十三天，要加多少錢？」

　　妹子很驕傲地大聲回答：「不用錢，放心！」

　　於是，夢月哥與我們在台北一起過五天，十一月一日我把他們送上車去豐原老家，弟弟妹妹接手照顧。雖然我原先計畫要跟著他們一起回豐原，再一次共築兄弟姊妹團員的夢，不過不可能了，隔天我就與夫婿搭機離開台灣。

　　弟弟妹妹照顧夢月哥的方式也是很精彩，後文待續……

二十一
台灣光復初期的中國鹽業文件

🐌 大樓管理員馬金友伯伯

　　手上有一份大約七十年歷史的文件，是樓下管理員給我的。管理員是一位老兵伯伯，山東省青州府人，民國十八年次，曾服役於中華民國海軍。

　　認識樓下的這位管理員伯伯也有十多年，原先我們並沒有太多交談，只知道他打三份工，也就是單數日子在這一棟大樓當管理員，雙數日子在附近的另一棟大樓當管理員，第三份工就是做兩棟大樓的資源回收。在台灣做資源回收，不管是紙箱啊、鐵器啊、鋁箔罐啊、保特瓶塑膠等等，都可以收集起來賣錢，算是貼補正薪的額外收入。一般而言，從大樓住戶丟出來的垃圾，有八成比例是資源回收品，分類收集後可以秤斤論兩賣錢。在近幾年年輕人就業困難及低薪的時代，我們這位大樓管理員的月薪竟然超過兩位大學畢業生的薪資總和，其關鍵就在，老兵伯伯不在意出身高低，願意屈就低階工作；再來就是，伯伯非常勤勞，在職任大樓管理員工作時，還兼任資源回收的分類整理。

　　在我父親二〇〇六年去世前，我與管理員伯伯的關係僅止步於住戶與管理員的關係，只算點頭之交而已。父親去世前的十個小時，他以一個特別的方式與我告別，父親用他最後僅存殘餘力氣在我臉上搧了一個耳光，從此我發願寫台灣榮民老兵故事。因此，我開始關注並收集身邊所有老兵的故事，當然最先開始就是關注我們

的大樓管理員。

　　要挖掘老兵故事並不難，難的是無法全部辨識老兵的地方語言，無法百分之百記錄老兵的口述歷史；再來，老兵的故事都大同小異，而且他們多已進入年邁記憶失修狀況，表達混亂；還有過去受長期「禁言教育」，影響受採訪的老兵分不清是否該談國家大事或是描述抗戰、內戰等細節，讓我感覺六七十年前脫鉤的歷史更加蒙上神祕色彩。多位老兵勸我說：「女孩子家家，國家大事莫問，以免惹禍上身。」

　　二〇一五年十月，我同父異母的夢月哥來台探親。夢月哥從徐州帶來三十個山東饅頭，那三十個山東饅頭我又分送給住在天母的伯父周昇雲、住中和的姨父謝玉春、住我家郵局附近的老兵丁伯伯，還有住豐原的弟弟妹妹等，當然我自己也留了幾顆。

　　一日，夢月哥離開大樓將搭車去豐原時，我們在大樓樓下巧遇管理員，寒暄兩句後，我讓夢月哥掏出一個冰凍的饅頭送給老兵伯伯。我還記得那個場面，夢月哥的一句話，大陸土話「老大爺，這是家鄉的水，黃河的水，蒸的饃饃！您收下吧！」老兵立馬顯示萬分激動的情緒，伸出顫抖的雙手接下這顆老麵饃饃，這顆山東饅頭，一個從老兵的家鄉捎來的山東饅頭。可知，一九八八年開放返鄉探親後，他才回去兩次，家鄉都沒有親人了。很可能，他來台六七十年間，這是他第一次真正吃到黃河水蒸的磨麵饃饃。我會這麼猜想，是因為我瞄到老管理員的眼眶裡有著淚水打轉著。他的情緒是那麼地激動……那僅僅是一顆小饅頭啊。

維基百科上的台鹽公司歷史

　　老兵馬伯伯就住在大樓的防火巷倉庫，更正確地說應該算是樓梯間。兩棟大樓都有他的休息室，他的休息室房間內堆滿雜物與資源回收品。

　　夢月哥走後沒幾天，伯伯退還我送給他的書《與老爸有約》，

那是我的老兵故事處女作。伯伯說他已閱畢，好書讓更多人分享。除了退還我這本書，伯伯還額外送我一大摞舊文物。伯伯說他已經老了，沒有精神體力再去保留那些東西。

去年秋天回到台灣，伯伯已經被其子孫接回去安養天年，想來他已是快九十歲，什麼事都有可能啊。伯伯給的舊文件依然被我堆積在牆角，當時思緒雜亂得很，根本不知該如何去梳理那一堆文件、去呈現那些舊文件記載的時代故事及其歷史意義。

二〇一七年春天我再度回台，這次特別見證到二二八事件七十週年的後續影響。我認為台灣的問題不是陷入未來何去何從的紛爭，因為沒有人可以給答案。我認為台灣陷入的泥淖是：該感恩曾經建設台灣的日本人嗎？日據時代建設台灣的烏山頭水庫的工程師「八田與一」紀念銅像的頭被砍了，蔣公的頭像也前後被砍了多次，還有近幾年許多官方網站及教育系統，對於台灣過去式主權問題爭議進入白熱化。過去台灣人使用的「日據時代」（一八九五至一九四五年期間），在近幾年紛紛改成「日治時代」。其意義就是「日據時代」乃為日本殖民、日本占據之描述，有被侵略剝奪占領之含義。而「日治時代」表述較為中性，承認台灣曾受日本政府管轄治理。

伯伯給我的一摞文件，其中一部分是關於現今的台鹽實業股份有限公司（簡稱台塩、台鹽公司、台鹽）的歷史。台鹽，原是中華民國經濟部國營事業，生產化合物鹽；二〇〇三年後轉型民營化。上網查維基百科上有關台鹽公司歷史，發現網路上資料有部分遺漏，憑著手上這一份珍貴的老文件所提供的資訊，我主動在維基百科上有關台鹽公司歷史註解加註以下文字：

> 一批早期文件大約一百五十張，文件是大約在一九四八年至一九五一期間，文件上顯示日據時期的「南日本鹽業株式會社」在國民政府時期於一九四八年後的名稱為「中國鹽業股份有限公司台灣分公司」。

　　在我登錄維基百科有關台鹽公司歷史註解補充前，台鹽簡史於一九一九至一九五三年間的敘述，引我特別注意的是：一九四六年，合併台灣製鹽株式會社和南日本鹽業株式會社，設立「台南鹽業公司」。但是，我手上文件呈現的台鹽公司在國民政府接收日本的時期的「南日本鹽業株式會社」後，於一九四八年前後的名稱為「中國鹽業股份有限公司台灣分公司」，並不是網站上顯示的「台南鹽業公司」，這點讓我很困惑。

　　以下為維基百科登陸的台鹽簡史部分內容：

日治時期

　　1919年，「台灣製鹽株式會社」設立。

　　1938年，「南日本鹽業株式會社」設立。

民國時期

　　1946年，合併台灣製鹽株式會社和南日本鹽業株式會社，設立「台南鹽業公司」。

　　1952年，「台灣製鹽總廠」成立，隸屬經濟部鹽業整理委員會。

　　1953年，台灣製鹽總廠改隸財政部鹽務總局。

老文件中的歷史

　　套句檢調人員的說詞：「根據所掌握的證據，做合理推演。」根據這批老文件給我的解讀，國民政府接收日本時期的「南日本鹽業株式會社」，於一九四八年前後的名稱為「中國鹽業股份有限公司台灣分公司」，其意義就是中國鹽業股份有限公司總公司在大陸某地，而台灣這邊是分公司。光是「中國鹽業股份有限公司台灣分公司」這一個名詞本身，就代表著一個政權更替的歷史意義，它代表國民政府從日本殖民台灣五十年後，接收回台灣，但不幸卻又發生一場不應該發生的國共內戰，讓國民政府痛失大陸領土統治管轄

權，「中國鹽業股份有限公司」不再隸屬中華民國政府的國有企業。在中共一九四九年十月建政後，國民政府在台灣的鹽業台灣分公司勢必更換名稱，以脫離與大陸地區「中國鹽業股份有限公司」的臍帶關係。

這一小疊「台鹽」老文件，都是民國三十七至四十年期間的支付憑證，額外還有七張文件是民國六十八年的支付憑證，所有一百多張文件都是「台鹽」的消費付款證明單，購買品項如裝卸粗鹽的麻袋、草繩；辦公室用品如雞毛毯子、香菸、茶葉等，最多的是領薪單。

有一疊民國三十七年十月份，「中國鹽業股份有限公司台灣分公司」四十人的領薪單，薪水最高者台幣二十萬五千九百元，最低者台幣九萬六千五百六十元整，薪餉金額看似很高，然而這時期正是國共內戰惡性通貨膨脹時期，一袋錢買不起一斗米啊。

再從一份民國三十九年五月份支付給張淑良的薪資單，共計「新台幣」二百七十七元七角七分整，這顯示通貨膨脹已得到有效

控制，薪資標準又回到當時的計算水平，而且有了新的貨幣啟用，貨幣上多一個字「新」，貨幣名稱為「新台幣」。

　　更特別的是，同一份支付給張淑良的薪資單的附件是「扣收款項計算單」，時間是中華民國三十九年五月，那一年那一個月不就是部分國軍還在中國海南島浴血奮戰，就是所謂的「海南島戰役」（一九五〇年三月五日至五月一日），那一個時期中共政權不也在大陸全面抓捕所謂的「反革命份子」就地槍決，他們可都是國軍官兵，有參加北伐統一中國、有參加抗日免中國落入倭奴蹂躪、有參加國共內戰為三民主義而奮鬥，他們都被以「反革命份子」就地槍決？都被下放勞改？這樣的國軍人數有多少？幾十萬？幾百萬？中共軍史家簡單說「消滅了！」三個字。支付給張淑良的薪資單的附件「扣收款項計算單」上面載明應扣新台幣九元二角六分錢是為「救濟大陸災胞捐款」，災胞就是指尚流落在中國南方奮鬥的國軍及難民。

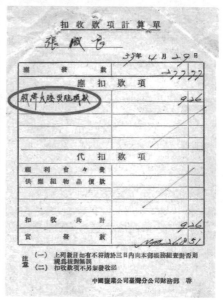

走筆至此，我已潸然淚下……

這一份七十年前的文件，不就是在向世人哭泣訴說，當時大陸江山已然易手，中華民國正面臨國破家亡的未來……未來不可知啊。

周賢君二〇一七年五月於哥本哈根

二十二
兩岸親人各有其敏感問題

三個敏感問題

　　二〇一五年十月底，夢月哥、夢月嫂與侄女共三人來台自由行。他們抵達桃園國際機場最優先處理的事是，由機場入境大廳走去出境大廳，找到中華航空公司的票務櫃檯，把來回飛機票從五天展延成十三天，因此在桃園機場我們多耽擱了一個小時。

　　在這一個小時內，我的侄女，一個快五十歲的中年婦人，手持著「陸胞證」及「台灣出入境許可證」，我記得她粗糙的手，指著許可證上的中華民國國旗，很嗆人地問我：「不是一國兩制了嗎？，怎麼用不一樣的國旗？」當下，我只能哈哈大笑，心想：我這個侄女什麼時候開始突然地政治敏感了？後來才知道，打從鄧小平提出「一國兩制」的觀點後，侄女就以為兩岸早已實施「一國兩制」的政策。

　　大陸親友一趟十三天的訪台行程，前五天由我招待，後段他們搭巴士回豐原老家由弟弟妹妹招待。侄女與我相處的幾天，一共問了我三個敏感問題，其他好玩的怪問題也很多，有些還讓人哭笑不得。在這兒，就提嚴肅的敏感問題，其他難登大雅之堂的笑話，不一一贅述。

　　第一個就是一國兩制的問題，我回答她：只有香港及澳門因回歸中國，而實施「一國兩制」，台灣沒有。

　　第二個問題：「一九六〇年代的饑荒，在中國死了多少人？」

侄女問這問題，我想是因為我夢月哥的娘就是死於這一場災難。一個過去禁忌的話題，或許侄女認為台灣的姑姑知道答案。我停頓一刻，沒有以具體言詞去回答她。對於死於飢餓的人數，我認為使用中國官方發表的文獻記錄比較好。因此，我打開電腦，請侄女自己去百度找答案。

半個小時後，我想侄女已找到了答案，只見她自言自語地叨唸著：「上海的人全部死光光也還不夠，那是個什麼概念？兩千萬人耶？」

侄女問的第三個問題：「釣魚島在哪裡？釣魚島有多大？為什麼台灣人不抗議日本？」台灣人對於釣魚島的正式稱呼為「釣魚臺」，日本人稱呼為「尖閣列島」。對於侄女的這一個問題，我也是用電腦來回答。我使用谷歌地圖，讓侄女認識釣魚臺在東亞的地理位置，再隨著衛星照片看釣魚臺的島嶼面積及實際大小。

侄女是一個粗枝大葉、經營小攤販的女子，在她看過衛星地圖及照片後，很爽朗地大笑，搶著說：「弄半天，一顆鼻屎粒的無人島有什麼好爭的？中國在蘇聯邊境失的土地才多呢！太浪費時間了……」

這就是侄女來台期間問我的三個敏感問題。

買或不買國旗布包包

在我們參觀國父紀念館的紀念品店時，侄女看中意一個國旗布包包，台幣一千兩百元，相當於人民幣兩百五十元，不貴也不便宜。

我說：「妳要揹我才願意買。」

侄女保證她喜愛極了，花色很漂亮，她強調，現在大陸很自由很開放。

我想了一下，決定不買。那當下，我回憶起一個小故事：一九九二年，住台灣中和的伯父回焦作探親，他跟著孫子去礦工醫院

的公共澡堂洗澡，許多人在更衣室看到伯父的內衣上印刷的國民黨青天白日圖騰，頓時引起一部分騷動及驚恐。

　　逛完中正紀念堂，接著是下午五點的降國旗典禮。儀式就在中正紀念堂的自由廣場上舉行，離紀念大廳約兩三百公尺遠，侄女很正經地執意要去參觀降旗典禮。因為夢月哥及夢月嫂兩人都有膝蓋痛的問題，我陪著哥嫂兩人站在中正紀念堂大廳上等她。侄女說，這一輩子可能就只有這麼一次機會，可以去親臨台灣的降國旗儀式，她一定要參加。那一天，二〇一五年十月三十一日，其實是蔣公一百二十九歲的誕辰紀念日，台灣人對這個日子多半沒有概念了。看到侄女興沖沖地去參觀中正紀念堂的展出文物，我心裡稍有感傷，隱忍沒有表達出來；看到她像個小孩子興高采烈地跑去參加降旗典禮，那一刻，我多麼強烈地想去買那個她喜歡的布包包送給她……

　　這種包包其實到處都有賣，中正紀念堂的藝品店也有，但我知道不應該開這種政治性玩笑。終究我是比侄女多見識的，以目前中國大陸「依法治國」的行事準則，普通老百姓使用來台購買的國旗布包包應該不算是觸法，因為該商品據說是大陸同胞爭相購買的紀念品之一。我最後考量不去碰觸此議題的原因在於，許多大陸民間的執法人員還是習慣以「人治」精神來處理雞毛蒜皮的小事，台灣買的國旗布包包，在有心人士挑弄之下，也可以無限上綱變成滔天大罪，是我的侄女所無法應付的。

政治宣傳的烙印

　　發生在侄女身上的問題也曾經發生在我身上。

　　我成長的教育告訴我們，中國大陸在一九四九年被「共匪」竊據，國民政府因國共內戰失利撤退來台。小時候，我對政黨沒有概念，只知道大陸的國土被類似「強盜及土匪」給搶奪霸占，那時候不知道有「共產黨」這個名詞，竊占大陸的人叫做「共匪」。我

還記得當時的宣傳品，說共匪讓四億億同胞生活在水深火熱中，大陸同胞吃的是「挖草根，啃樹皮」，穿的是「新三年，舊三年，縫縫補補又三年」；說台灣面臨大陸的核彈威脅——「寧願核子，不要褲子」；說中國孩子「不要爸爸，不要媽媽，只要毛主席」；國軍要「反共抗俄」，要「殺朱拔毛」（小孩子以為口號為「殺豬拔毛」）⋯⋯。口號很多，無法一一列舉。

　　我出生於一九六二年，文革照片及口號的出現，正是我喜歡彩色圖畫的年紀，許多誇張的圖畫吸引小孩子的眼球。我記憶中，發生在大陸所有匪夷所思的「政治運動」並沒有編進小學生的學習課本內，學校教職員或地方村里辦公室會製作大型海報畫冊讓學生及村民參觀，這類參觀活動都算是課外活動。由於當時我們太小，我想多半同學應該是沒有概念，在大陸發生了什麼事。例如：關於「反共抗俄」這個口號，我當時很納悶：中國的「內憂外患」，不就是共匪及日本軍閥嗎，為什麼還扯到蘇聯呢？另一個不解的口號是「殺朱拔毛」的所指，我大約到四十歲才知道「朱」指的是朱德先生。

　　小時候另一段很荒唐的記憶，就是看到一幅大陸在全民「大煉鋼」的海報，我也滿腹狐疑：煉鋼是好事啊，可以增產報國，變成先進國家，為什麼台灣不煉鋼？還看過大煉鋼的黑白紀錄片，台灣方面宣傳用語說，大陸把全中國的樹木砍光光來燒柴煉鋼，造成自然生態失衡。這一個煉鋼而砍光樹木的宣傳用語，非常強烈地烙印在我的腦海裡，直到一九八九年九月，陪同父親第一次返鄉探親，當我們在南京浦口搭渡輪過江時，父親看到咖啡色澄澄的江水，臉色難過又難看地說：「這個不應該是長江的水啊？記得離開時，顏色是清澈碧綠。」我自作聰明，馬上接著父親的話，大嘴巴地說：「大煉鋼把樹都砍光了，水土流失，都沖刷到江河裡了。」其實，我們海外遊子沒有經歷大煉鋼運動，應該是沒有資格去評斷那一場運動的結果，在這兒闡述的，僅止是一個小孩子以井觀天的記憶。

　　直至我的國中、高中、大學時期，我都還不知道一九四九年十

月中共建政後的中國國名為「中華人民共和國」，也不知道其國旗旗幟模樣。因為台灣的媒體電視畫面會把大陸的相關報導做遮屏或打霧處理，當時台灣人的意識形態，還不承認中共為一合法政權。不過，我高中、大學時期已經知道，執政於大陸的政黨叫「中國共產黨」，早期是國民黨把他汙名化為「共匪」；也知道中國使用的國旗叫五星旗。然而，直到一九八九年九月陪父親返鄉探親，過境香港時，我才真正看到五星旗的模樣。

　　我清楚記得，進入南京機場的移民官很耐心地給我們解釋，入境關章不可以蓋在我們的護照上，避免我們回台受刁難。當初我真的相信機場官員的善意，還想著台灣的境管真可惡。後來，又返鄉幾趟後才知道，其實兩岸至今互不承認這一本紅色與綠色的護照。

　　因此，兩岸間親友交往，敏感話題還是存在，過去是避而不談，談了色變；現在是心照不宣，求同存異。對於「一個中國」的爭議，大家都各說各話。不急，慢慢來，將來的中國人或許更有智慧能找到破解僵局的好方法。

二十三
外國夫婿陪我返鄉探親碰到的問題

　　二〇一六年四月有一趟大陸徐州返鄉探親的行程，這是我結婚以後的第四趟返鄉探親。

　　回顧結婚後的返鄉探親行程，第一次是在二〇〇八年，第二次是在二〇〇九年，第三次是在二〇一四年，我的丹麥籍夫婿每次都與我同行。

　　二〇〇八年，當家鄉親人得知我將帶一位老外返鄉探親時，他們都聽聞樂呆了，光是雞同鴨講地討論就花了大半年。原先他們都很興奮、刺激、快樂，等到心情略略降溫，進入接待細節討論，我與我的夢月哥就開始有了爭執。爭議內容最主要有三點：住哪兒？吃什麼？如何上廁所？

　　當把即將返鄉探親的消息透露出去，不消多久，我就看出來，住在農村的大哥把「有外國妹夫即將來訪」的這檔子事，看得太嚴重，看得太偉大，好似一場嚴肅的作戰任務，到後來竟然出現恐慌。說實在地，這一切都是「又想顧裡子，又愛面子」的觀念在作祟。顧裡子，說穿了就是經濟的考量。實際上，大哥的口袋是不堪一擊的。至於愛面子，就是他想在村子裡辦一場風風光光的宴席，好好慶祝一下。

　　夢月哥說：「第一次回來，不在家裡吃飯怎麼可以？」

　　還說：「想把後面羊棚打掉，蓋個現代化廁所……」

　　對於夢月哥的一大堆想法及計畫，我直接全盤否定掉，回答他：「準備幾瓶啤酒及罐裝水就好。我們吃外面，我們住飯

店。」

　　我心裡很清楚，有些原則要抓得穩，不需要理會夢月哥的一大堆哼哼哈哈。我告訴夢月哥，帶著外國夫婿隨行返鄉探親，如果發生一次水土不服、破肚子生病，那我們的關係就永遠拜拜了。這一句「永遠拜拜」我得重複跟侄子解釋，跟侄女解釋，又跟姑姑解釋。意思是，我是嫁出去的女兒，先生如果發生不順暢，將來就很難再踏進賀樓村，我也甭想再回來探親。

　　夢月哥聽了不置可否，含含糊糊地酸言酸語說：「有那麼嚴重嗎？」

　　夢月哥認定家裡的那一口井水，可香甜的呢，怎麼連熱茶水都不給準備？然而，我還是堅持不喝茶水，連我自己都不去喝夢月哥家的井水，因為心裡知道，愛不愛家鄉已經不需要以自己脆弱的腸胃去證明我愛家鄉的心意。

　　我告訴夢月大哥，西方的生活習慣與農村差異很大，我們也不要他因為我們短暫的到訪，就特地花錢去買沙發座椅，去安裝電燈、電風扇，甚至去改變他的任何生活作息。因此，他不可以也不應該強迫我們留在村子內吃飯，我不會答應的。與家鄉親友的團圓飯由我作東，由我請客，我讓侄女預訂普通檔次的飯館，在食品衛生條件合格情況下，我刻意不點精緻料理，點的幾乎都是視覺上的大魚大肉，而且特意多點幾道「打包菜」，讓婆嫂們在散會後打包得不亦樂乎。不點精緻料理，是因為父親曾告知：「徐州人喜歡大碗喝酒，大口吃肉，喝醉後大幹群架。」我一直記住父親的話，與家鄉親人吃飯，有酒有肉就對了。因此，我也是遵奉這項原則，多準備幾道「花樣菜」讓親友們打包。這麼做，不是為了面子問題，而是看到親友打包食物的忙碌畫面，看到他們心滿意足的笑容，我及我的先生也就心安了。

　　其他親友宴請時，我與先生互相約定，我動筷子他就動筷子，我不碰的菜色他也不會去碰。徐州菜有許多挑戰的地方菜，例如香肉（狗肉）、驟肉、馬肉等，如果我先生後來知道他吃下肚的是啥

東西，他會責備我的。而其他動物內臟，我先生已經習以為常，見怪不怪，自己懂得如何去判斷。

對於返鄉探親的住宿問題，我們都是選擇住在徐州金陵酒店。金陵酒店附近有夜市，可以滿足先生貪小便宜、享受殺價購物的樂趣；附近的超市有開放式國產或進口紅酒，讓他挑個夠，他一般都是挑選年份五年以上的長城紅干；飯店附近有許多高檔水果攤，我會買些水果及先生買的紅酒當作伴手禮去拜訪親友。

徐州是一個煤礦大城，對我先生而言，有許多礦產五金工具看都沒看過，很是新鮮。我會安排讓侄女的丈夫，開車帶著老外去工具城繞整個下午；語言不是問題，不懂的用比手畫腳或圖畫在書面上，買賣議價就直接用電子計算機去顯示。把先生安排去逛工具城，我則有另一組人馬接我去賀樓村逛，做我愛做的事，踩我想踩的土地。先生沒跟在身旁，我才真正覺得無拘無束、自由自在，讓我隨心所欲地去體聞賀樓村的味道，去聆聽賀樓村的聲音，去想像父親在這兒成長的光景，去探求及採集我失去的家鄉，及一次又一次回來家鄉的感受。

返鄉探親回到賀樓村，既讓夢月哥事先安排啤酒，就會有自然而然的解手問題。或許是我的保護意識太強烈，把假設的事想得太糟，其實，我的先生根本不介意去茅坑解小手。我好幾次忙著與人聊天，沒大留意，他的人就不見了，他自己竟然知道如何找到「那地方」?!套句他的話說：「跟著尿屎味的方向，就可找到解放的地方。」因此，夢月哥特別擔心的茅坑問題，從來不是問題。

每次返鄉探親，我對夢月嫂都有一個特別的交代：當我回到村子內，我要吃一個，也就是啃一個，嫂嫂親自餡的、熱騰騰的饅頭。每一次吃那饅頭時，我都會哭泣，我想念父親也想念家鄉。饅頭是軍人的必備乾糧，我是跟著父親吃饅頭長大的。返鄉探親後，父親才告訴我，台灣人口中的饅頭，在家鄉叫做「饃饃」。

嚼食家鄉的饃饃時，知道它是由一雙雙粗繭老手將麥粒磨成麵粉，攪和井裡的水，黃河的水，蒸出坨坨狀的饃饃，那是賀樓村世

世代代傳承的食材，造就父親的生命。也就是說，我生命的源頭在
賀樓村。

二十四
父親為老家人買的耕耘機

　　二〇一六年返鄉探親，意外發現父親一九八九年買的手扶拖拉機。

1989年探親所買的四部手扶拖拉機唯一剩下的一部

父親後半輩子最重要的任務

　　一九八九年九月的第一次返鄉探親，總經費大約花了美金一萬六千元，扣除三個人的來回機票，我們買了三部韓國金星牌二十吋彩電、四部手扶拖拉機，幫一部分親人解決重大的債務問題，預付四伯母將來的喪葬費用，還帶去很多很多的黃金金飾，其餘父親私底下給的一些小錢就無從得知細節了。

美金一萬六千元在當時相當於台幣四十萬，是我們台灣這邊的家，兄弟姊妹四人及父母兩人，全家總動員工作儲蓄三五年所累積的存款，用來完成父親的返鄉願望。

值得一提的是，自從一九八八年台灣開放探親，那時父親六十一歲，往後的十八年，父親把他自己與母親的共同積蓄全部用在探親花費上，可以說返鄉探親是父親後半輩子最重要的任務。

父親於一九六八年從軍中退伍，服役二十二年，一次性退休俸領台幣兩萬五千元，買一部二手老爺車，開出租車為業。這樣的工作在台灣是很卑微的工作，吃不飽又餓不死，虧得媽媽也參加工作才能支撐有四個孩子的家庭。從父親退伍至一九八九年返鄉探親，這二十多個年頭，父親早期的工作主要是開出租車、廣告車、大卡車，後來身體差才當工廠警衛。

一九八九年返鄉探親，無論我們如何解釋父親的工作，家鄉親人就是不相信我們家的經濟狀況在台灣只算是小康家庭。如果自辯說窮，家鄉親人就反駁：為何探親要帶回來那麼多東西？他們不懂我們是出自真心願意盡全家之力改善家鄉親人的生活，一點也沒有炫富的意思。家鄉親人的意思，帶黃金回來光宗耀祖就是炫富。我的瞭解是，家鄉親人已經忘記戰爭動亂的年代，黃金是最重要的保值貴重物品，逃難攜帶黃金就有可能活命，買下活命機會。一九四九年逃難至台灣的兩百萬人經歷那一場大變動，知道黃金的可貴，因此開放探親後，返鄉的老兵帶回家鄉的最重要物資就是黃金。

台灣老兵返鄉探親多半會做幾樣重大事情，諸如：修家廟、修祖墳、造橋鋪路等，這是屬於造福鄉里、顯耀家族的事；修房子、買彩電、買金飾等，這是私領域的事。開放探親後，老兵只要聚在一起，談的都是家鄉的人事物等瑣細情節。一九八八年之前，台灣的殯葬方式主要是土葬，那時火葬還不普及。火葬給人的感覺是：「死一次就已經夠難受了，死後還要被燒、再痛一次，多麼殘忍！」我聽到一九八八年陸續返鄉探親回來的老兵談論的話題中，令人最不可思議的，就是有關火葬的事。老兵說，大陸的人太多，

活人與死人爭地，他們把祖先的墳墓扒開當農田，將去世親人的遺體燒掉當「肥料」。那時大陸人口大約十億、十一億，是一個小海島人民無法想像的數字。對於祖先的墳墓被扒掉，父親的心也是灰灰悶悶的，希望返鄉探親時，必要的話應該修祖墳。因此，父親心裡有數，該多準備一些探親經費。

探親回到家鄉的第四天或第五天，我們真的是去一片良田上祭祖，往某個方向祭祖。

我問夢月哥：「爺爺、奶奶及家族祖先的墓葬區在哪兒？」

夢月哥回答我：「就在那一排白樺樹的那個方向。」

「夢月哥母親、我的大娘上吊身亡後也是葬在那個方向？」

真可堪哀，祖先墳墓在哪兒的概念，竟然變成是一個「方向」。從此，我再也沒問夢月哥，我們周家家族祖先的墓葬區在哪兒。

耕耘機換成拖拉機的背後因素

返鄉探親的最後一個星期，在回台灣前，父親召開了一個家族會議。然而，不知出於何種考量，父親刻意不讓夢月哥參加這一場會議，我則是傻愣愣地當一位旁聽觀眾。會議內容最主要是家鄉親人試圖說服父親，與其浪費金錢重修祖墳蓋家廟，不如把錢拿來用在有意義、有建設性的投資。投資計畫為，要求父親捐出兩萬人民幣買一部當時大陸最先進的「五零式耕耘機」。那時全徐州才有那麼一兩部這種大型的農耕機，聽說這種農耕機可以飛天遁地、拔土、翻地、耕耘、載運等全功能；載運一斗車的砂石土可以賺五十元人民幣，輕鬆地一天可以賺五六百元，一個月可以賺幾千元，一年可以賺幾萬元。

一九九〇年，大陸人說「萬元戶」就是資本主發達的人家。當時，夢月哥參加建築大隊，挑石頭、挑磚塊一天日薪兩元人民幣；如果陰雨天就望天興嘆，回家吃自己。夢月哥一個月頂多賺四五十

塊錢，相當於當時台幣三百元。最後，父親並沒有把兩萬元全部送給夢月哥，讓他變成萬元戶。今日想來，家鄉親人不應有任何責難去責怪我父親；只可惜，要讓家鄉親人瞭解父親的無私，似乎是很難。

會議中主張的是，大堂哥主司耕耘機的招商業務，二堂哥主司會計帳務，三堂哥、四堂哥主司操作耕耘機及維修，我夢月哥不須擔任任何職務就可以分到錢。結論：這是一個復興家族的偉大事業。所有的收入，都會公平地平均分配。這一個重要會議說服父親放棄修祖墳，改為捐贈周家家族一部大型耕耘機。

一九八九年九月底，我們離開徐州後的第二天，獲贈兩萬元人民幣的族人開了第二次會議。在開會前，部分親人就已經有一些「交頭接耳」的共識。這次會議夢月哥參加了，會議核心主題變成，為了怕購買耕耘機所產生不可預期的麻煩，會議決定兩萬元人民幣分成五份，各家分得四千元，分得金錢用於購買小型機械「手扶拖拉機」，各自照顧，各自保養自家的機械，變成各家擁有私有財。

一九八九年九月探親後回到台灣不久，父親就收到家鄉的回信，報告兩萬元的使用情況。我記得父親很失望，認為家鄉親人錯失一個經營建設公司的機會，因為當時大陸全國性地大興土木，造橋、修路、建水壩、大型公共建設等賺錢機會非常多。父親說，家鄉人私心重、不團結。

第一次返鄉探親花盡全家積蓄，但我們台灣的小家對探親事務都還是很積極樂觀，我們全家六人繼續努力工作存錢。直到一九九二年二月，我們存夠台幣三十萬元，約美金一萬兩千元。由於大弟及妹妹已結婚生子，父母為鼓勵我們四個兄弟姊妹返鄉認祖歸宗，他倆老自願照顧弟弟妹妹的小嬰兒，而且三十萬的經費中有一半是老爸爸贊助的。

一九九二年二月我們四個兄弟姊妹的探親，父親交代一項重要任務，就是去拍照那四部手扶拖拉機。不過，我沒有完成此一任

務。因為當時完全沒有概念，不知父親為何要我們去拍一部機器。心想，去拍照雪景不是更好嗎？一九九二年探親，我也才準備一捲底片，四個兄弟姊妹大家在意的都是要拍雪景獨照，一捲底片三十六張照片，我們才使用一張照片的機會與夢月哥拍出一張五人的大合照，可見當時我們多麼幼稚，多麼年輕無知，既不知如何判斷親情的比重，當然就更不會浪費底片在農耕機械上。

　　二〇一六年四月返鄉探親，漫步閒晃於村子內，無意間發現屬於祥豹（夢月哥的長子）的手扶拖拉機。祥豹說這是爺爺買的拖拉機，他現在雖然不用了，也不捨得賣掉。夢月哥接著說，當時風風光光放鞭炮，四部拖拉機同時開進賀樓村，全村的人都走出來觀看，讚嘆有海外親戚是一件很幸運的事情。

　　我清楚瞭解，父親一生職業軍人，生活節約簡樸低調，不喜歡風光招搖吹牛皮，更不會去放鞭炮宣揚家產。對於捐贈農耕機的錢後來被瓜分，父親說：「騙都被騙了，甭提了，也都是自己人嘛。」

　　再問夢月哥：當時開第二次會議，是什麼動機讓家族親人做出瓜分兩萬元人民幣的決定？夢月哥說，大集體時代（人民公社）家鄉人就不擁護公有財，幹再多也撈不到好處。到了三年饑荒時期，一九五九至一九六二年，各家都是半夜去公社倉庫偷糧食，不偷就沒有糧食餵孩子，孩子就活不了，各家都是顧各家的。夢月哥的言下之意就是，白花花的鈔票立即落袋為安。各家顧各家的，當然兩萬元人民幣就會落入瓜分的下場。

　　看來只有我父親一個人相信家族經營農耕機的共產事業理論。

二十五
徐州探親不忘與博友相會

大陸文友在台灣乍見五星旗

二○一六年四月返鄉探親，網友蔣先生特地從撫順飛來徐州與我相會，然後我們一同逛賀樓村。

撫順的蔣先生，在馬英九開放兩岸直航，歡迎大陸同胞來台旅遊的政策實施後，就立刻響應參加來台旅遊的活動，對台灣有面對面的基本認識。

他所寫一篇敘述旅遊南台灣鵝鑾鼻的博文，其中有一句話，讓我印象非常深刻，那就是：「太平洋，我來了！台灣同胞，我來了！」那是一句多麼「鏗鏘有力」強烈表達愛台灣的話語。在我們建立友誼後，電話中他問我，他在參觀中正紀念堂行程時，突遇一私家轎車呼嘯而過，私家車的車頂上架設擴音喇叭與兩面大五星旗，放送「中國統一」的口號及歌曲，蔣先生因此狀況不預警地發生，根本來不及拍照，覺得很可惜。

蔣先生問我：「這樣，在台灣會出事嗎？台灣有共產黨嗎？」

我記得回答他說：「在台灣登記的共產黨可能與大陸的共產黨沒關係吧！」

也就是說，台灣是有共產黨這樣的政黨的。我補充說，台灣的政黨多得沒人在意，多半的政黨對社會起不了作用、沒有影響力。

徐州探親不忘與網友相會

二〇一六年四月的行程，從丹麥飛抵台灣後，我優先處理工作上與廠商的會議協定，把工作事項搞定後，才執行私人的返鄉探親行程。整個行程十三天：第一站，在青島停留四天；第二站，搭高鐵去徐州停留四天；第三站，飛廈門探望母親，停留三天；最後一站，則是搭高鐵去廣州商務會辦停留兩天。完成大陸之行後，我又繞回去台灣，把商務工作做總結收尾才飛回歐洲。

在大陸緊湊的十三天行程中，我與幾十位文壇朋友前輩見面，許多朋友對我都懷有殷切期許，也非常疼愛我，極其認同我一次又一次回來家鄉的心意。當朋友知道我的旅遊行程後，都心疼體諒我的來匆匆、去匆匆。

四月二十日那天的下午，我預先安排一組人馬，領著老外先生去逛礦產五金工具城。我與先生約定下午五點必須回到徐州金陵酒店，因為晚上在徐州友誼賓館有一場文友相見歡的盛宴。

撫順蔣大哥在我的建議下也是同住徐州金陵酒店，他的體諒配合，讓負責開車接送服務的我的侄子很是方便。一組人馬陪同先生去逛五金工具城，另一組人馬接送我及蔣大哥一起回賀樓村。

我們抵達賀樓村夢月哥家時，嫂子專為我而蒸餾的饃饃已然準備好。蔣大哥客隨主便，隨著我的喜好，也跟著我吃剛蒸餾好燙手的饃饃。吃饃饃時，我偷偷瞄他幾次，是否有無奈吞不下的表情。結果是，一點兒也沒有。我心裡很感激，他是我的少數讀者當中，特別能體會我的文意，知道我想以文字表達，海外華人從嚼食老麵饃饃中，去填補想家思親的失落。

侄子祥豹、夢月哥陪著我們在村子內遛達。我們走去爺爺住過的小院子時，夢月哥指著院子裡的一個角落說，這是已經乾涸幾十年的一口井的地點。

夢月哥說：「世道變化太大，那口井水可是餵養了周家幾代人呦……」

我看到村子內新鋪設的水泥路上兩旁堆積著一些工程廢渣，那是一九九七年「一〇四國道」——徐州市至連雲港間的國道——工程的廢渣。當時，村民家家戶戶被「抽壯丁」參加國道工程建設，不料工程品質不合格，鋪設的水泥面被命令挖掉重建，所挖掉的水泥廢渣就堆積在各個村莊的行道路上。夢月哥嚇一跳說：「妳怎麼知道那會兒事？」我笑著提醒他，那一年九月我返鄉探親，在那項工程巨款中的水泥砂石費用，也包含有我的捐助呢！夢月哥忘了我沒忘，我會記住：國道工程廢渣，乃導因於工程品質不良之故，倒楣的卻是小老百姓。一九九七年，我親眼目睹了大陸工程品質低劣的事實。

博友蔣大哥對老房子特別感興趣，他對村子內所剩不多的幾棟老房子都一一駐足研究，還拍照留念。他發現祥豹隔壁家已人去樓空，從破舊鐵門望進去是一片狼藉、雜草叢生。我們順勢推開鐵門，進入小庭園，發現一個帆布罩著的機器，祥豹說那是他的東西。我本來對五金工具機械就沒興趣，但一聽到祥豹說那是他的爺爺、我的爸爸買的東西，我的興致就被勾引起來了。祥豹連忙把帆布罩掀開向我展示，原來帆布罩著的是一部農耕機。蔣大哥說，眼前這部機器叫「手扶拖拉機」。看著這部農耕機，又帶動我回憶起第一次返鄉探親的許多故事……走出雜草叢生、擱置著農耕機的小院子，我們收到徐州汪大哥的電話催促提醒：「在哪兒啊？別忘了晚上有約……」心情喜孜孜，知道有一份期待。

過去多次返鄉探親或商務考察，會見的親戚或商界朋友都有一定的認識基礎，自從二〇一三年在「新浪網」開博客帳戶後，開始與國內四方八達的朋友交往。我認識的徐州汪福海先生，是老三屆（指中國「文化大革命」爆發時，在校的一九六六級、一九六七級、一九六八級三屆初、高中學生）北大荒知青。我原先好奇，他是否符合父親所說，徐州人的個性是「有話快說，有屁快放，少

囉哩巴說的直性子男子漢」？父親還說：「徐州自古是兵家搶奪重地，徐州戰亂多，因而英雄氣短。但是，徐州人重義氣，很豪邁，甚至用生命去履行承諾。」我在讀汪大哥文章時，自然而然特別關注汪大哥的言行舉止，想去落實印證他是不是我老爸話下的純正徐州人。不料相識後有了私交，他卻又告訴我他是上海人，因他大半輩子在徐州鐵路局工作，算是永遠在徐州安家落戶了吧。

那天在賀樓村發現一九八九年探親買的農耕機古董後，隨即在下午四點半驅車趕回金陵酒店，這時汪大哥已經來到飯店與我們會合。

我丟臉地、很不上道地問汪大哥：「怎麼那麼早就趕過來，離吃飯時間還早嘛？」

汪大哥只差沒有擰擰小妹的臉頰，就先來個大擁抱，並快言快語地說：「吃飯算什麼？我是提早來陪小妹說說話啊！」

聽得我又羞又愧，剎那間，所有父親所形容徐州人個性的模樣，都讓我在汪大哥那一句豪爽的話語中領略到了。汪大哥的快人快語，透露出他對我這個素未謀面的同鄉小友的無限珍惜，也讓我深刻感受到了濃濃的鄉情。

　　在這場文友短暫相會的筵席上，彼此都非常珍惜，開闊心胸天南地北地聊，不時激盪出朵朵美麗的友誼火花。朋友、大哥、大姊、博友等，管它的東方禮俗，管他的不打不相識，酒喝了就是一家親。酒過三巡，互道珍重再見，不去預期何日再見「君」面。言語不夠表達，就用實際行動，抱抱再親親。

　　徐州返鄉探親不忘與博友相會，我記得蔣大哥一口一口嚼食麵饃饃時一邊鼓勵我，要我繼續記錄下我們家的故事，那是中國近代史的濃縮版。

　　我也記得汪大哥的溫暖擁抱與責備：「妳是回來鬧的嗎？停留那麼短，大哥怎好捨得？大哥怎好安排？」

　　我知道我的家鄉在那裡。

　　我知道回到家鄉，真好。

二十六
我的黨員嫂子

🎞 隔牆有耳：小心共產黨員

　　嫂子年紀比夢月哥長兩歲，比媽媽小四歲，嫂子叫什麼名字？
之前問過大哥，現在還是沒記住，因為……因為……在這兒，必須
要很誠實地說出，沒想過嫂嫂叫什麼名字，我們的相處之道，知不
知道嫂嫂的名字不重要，她是哪裡人也不重要。

　　說起來不可思議，就連我父親也不知道嫂嫂的名字，他稱呼
嫂嫂的方式很幽默，就直呼「夢月嫂」。一喊：「夢月嫂！」那個
外表看起來比父親蒼老許多的嫂子就會趕緊來張羅我們的需求。我

的媽媽也是跟著叫「夢月嫂」什麼的……什麼的……似乎嫂子是聽得懂我們的台灣腔普通話。而夢月嫂反過來叫「爸爸」、叫「媽媽」及叫我「妹妹」一切就都叫得很自然，沒有我想像的彆扭。我的意思是，與母親年紀相仿的彆扭。我們就是這樣與嫂子相處的。不過，我一點也聽不懂嫂子講些什麼，所有聽不懂的話語就統稱為「徐州方言」。

　　一九八八年與家鄉通上信後，其中三伯父的一封介紹信提到我們這個家族只有嫂子是共產黨員。那時，我大學還沒畢業，入世未深，對「共產黨員」的概念不正確，且聯想到國共內戰。其實，那些都是成長過程中來自文教媒體給的概念：洗腦我們共產黨善用奸計、什麼事都要批判鬥爭、壓榨無辜老百姓等負面訊息。對三伯父信件中提到嫂子是沒文化的共產黨員，我自己則解讀成是一封伯父善意的「提醒」及「警告」的信件，將來回到家鄉探親，要跟這號人物保持距離，跟她說話要小心，以免有什麼把柄被抓住，致使家族陷入萬丈深淵又要面對批評惡鬥局面。

　　在我們準備返鄉期間，父親與其他老兵相聚在一起都是討論探親的細節及注意事項。所謂注意事項不僅止於吃飯喝水破肚子、傷風感冒醫療救護等，還包含面對大陸政府官員的正確應對進退態度。當時大陸各地方政府都成立了「招商辦公室」及「台灣老兵招待所」，簡稱「對台辦」。我們聽到一些老兵接受共產黨黨部派專車、派專員全程招待，台灣的土話就是台灣老兵的一舉一動都有人詳細寫報告。這樣的統戰控制意識，在當時二十六歲的我壓力是很大的，恐懼是無限上綱又必須鎮定壓抑的。要知道，那時我才剛畢業沒見過世面啊。因此，我將返鄉探親後對「共產黨」形象的害怕心理，轉化成對特定人物的恐懼，這就是伯父信中提到的人物——亦即我的黨員嫂子。共產黨對人民的控制不是無孔不入嗎？賀樓周家不是親國民黨的嗎？爺爺奶奶和大哥不都是黑五類嗎？周家親友不都是算有海外關係嗎？嫂子嫁來賀樓，是不是需要對黨做監控報告啊？嫂子沒讀書不會寫字那又怎麼做報告呢？諸多問題、諸多想

像都是探親前及第一次探親後悶在心裡沒有提出的疑問，悶了好些年。

嫂嫂的身影

父親的七八次探親如何與嫂子互動我不清楚，母親的七八次探親與嫂子的相處則有些像是「雞同鴨講」的姊妹，語言溝通的障礙一直存在。我的弟弟、妹妹，以及我自己，與嫂子的互動也不多。實際上，與嫂子的互動沒有更多交集的真正原因，並不是嫂嫂的文化程度低或語言表達困難，真正原因是，探親一開頭，我就對這個嫂子貼上「共產黨員」標籤，產生警覺心而跟她保持距離。

探親過兩三次，幾個年頭過去了，我們才發現，當眾人坐在院子裡圍繞著我們聊天時，嫂子總埋頭在灶廚間劈柴、做飯、燒開水、做饅饃；當大哥帶著我們到棉花田溜溜、菜園看看時，嫂嫂卻是在家裡殺雞、養豬，還要到外面牧羊，而這些原本是大哥的工作啊；當大哥和侄子帶著我們到張集去趕集，而嫂嫂之所以沒空跟著來，是因為她得曬包穀、收棉花；當大家夥搭著侄子開的麵包車到百貨商場逛逛，所有的小孩子都擠進去了，就是嫂子不願意再擠進來，因為沒有多餘座位了。

我們的嫂子默默承受因為我們探親而產生的雙倍工作，我們的嫂嫂默默承攬家人的工作好讓他們能多騰出時間接待我們，我們的嫂嫂在我出現時就穿上新衣服，在我退場後趕緊換穿老舊的衣服比較舒服……。她從清晨就開始準備早餐，張羅裡外及田地農活，直到深夜我們去睡了，她還在摸黑刷鍋洗碗忙不完。

五年前弟弟的一次探親，大家講好到張集館子聚餐，那時夢月哥還沒有電動車，各家又都只顧著自家的孩子，因此沒把嫂子算上麵包車有限的位置，因此我們心目中重要地位的嫂子就被忽略了。當下，弟弟明講：「嫂子不參加聚會，那就不辦聚會。」

　　二〇〇八年十月，我的夫婿第一次來大陸探親。那時村子內「好」遭小偷，都是來偷羊，夢月哥養的十幾隻羊就是他的總財產，我的探親宴請又是選在徐州市距離賀樓十幾華里的餐廳，嫂嫂又是被安排留在鄉下看著羊、看著家。當下，我只得任性地堅持：「嫂子不參加聚會，那就不辦聚會。」用這樣的方式去逼迫晚輩們重視他們的母親、我的嫂子一起出席聚會的權利。而且那時還想，誰要是偷了夢月哥家的羊，我就到派出所報案，跟他拚了（甚至跟派出所公安拚了）。

嫂嫂的聲音

　　過去男性本位主義為大，我從短暫探親的停留中觀察到，大家只注重父親的兄弟姊妹的相聚，以及父子四十年隔閡親情的補償，我的腦海記憶中有許多姑母、伯父哭訴舊時代苦日子的畫面，但是，我沒有嫂子愁著臉的畫面。等到老一輩都走了，我們與年輕一輩的互動也還是停留在「男性本位主義為大」的模式，只不過主角變成了第二代、第三代甚或是第四代的獨生子。我的嫂子醜媳婦終於熬成婆，時代思維又變了，「敬老尊賢」四個字僅僅是個口號，家人更關注的都是下一代的生活教養及傳承，往下一代看而沒人往上一代看，我的嫂子只得認命地繼續當個話不多的婆婆。

　　這幾年，我們兄弟姊妹曾經彼此討論，關於返鄉探親，腦海裡會聯想到的什麼聲音。

　　無非是鞭炮聲，車水馬龍聲，高音喇叭聲，市場趕集的人聲鼎沸。

　　無非是訴苦哭泣聲，喧嘩敬酒聲，嬉笑吆喝聲，親友相聚的歡聲笑語。

　　無非是豬仔齁齁叫，雞隻呱呱叫，羊兒咩咩叫，土狗汪汪叫，鄉下農村的動物大合唱。

　　弟弟問：「嫂嫂的聲音呢？」

我們突然發現，在我們探親旅程結束後，我們未曾留下關於嫂嫂聲音的記憶。

　　從二十五年前探親聽不懂嫂子的隻字片語，到今日僅僅聽得懂嫂子的問候語：「妹子，累了嗎？」「妹子，餓了嗎？」「啊！妹子來了！」就只有這幾句，一共就只有這幾句。這就是我認識的嫂子，那忠厚老實、話不多的共產黨員嫂子。

　　　　　　周賢君寫於二〇一五年二月二十一日，大年初三

二十七
老鼠會撈到的電動車

前幾天看新聞，西安的一起詐騙案爆發，涉及金額高達五十億人民幣，二十萬老人受騙，養老積蓄蕩然無存。我敢緊打一通電話給夢月哥，再來給他關心關心，深怕他的神經沒繃緊就又掉入陷阱了。

為紅包演一齣戲

二○○九年返鄉探親時，我的阿兜仔夫婿主動安排，偷偷地塞給我夢月哥一點私房錢。那一點點錢僅夠我們買一張機票，但那一點點錢卻讓我的夢月哥開始思考如何投資理財。夢月哥變成萬元戶了，萬元戶耶！在大陸不是有一個時期把這標準看待是有錢人了嗎？我的貧下中農老哥哥雖然是晚了很多年才變成萬元戶，但在收到我先生那私底下的紅包時激動得掉不出眼淚、說不出話啊。

為了掩飾這個大紅包，我告訴哥哥還要演一齣戲，在眾人吃飯場合我當眾發出三個內裝一千元人民幣的紅包給哥哥及侄子們。紅包的事攤在陽光下做，大家心裡都舒服，省得猜來猜去。

或許讀者覺得我這台灣姑娘太小家子氣，把同胞看扁了。其實，去演這種戲也是情不得已。或許別的老兵處理他們的親友有更高明的接濟方式，可我就是找不出更好的辦法。只好一邊盡力去幫助大哥，一邊避免引起親友間的眼紅嫉妒。總之，盡量努力把摩擦減到最低程度。

電動車的龐氏騙局

　　認了哥哥將近三十年，我從不過問他的儲蓄存款細節。然而，二〇一〇年四月，我卻聽到哥哥在電話中提及他引進了一部天上掉下來的，「不用錢的電動摩托車」。哥哥還稱讚說：「這車比兒子還管用！」當下，我直覺判斷：天下沒有白吃的午餐，這事情其中必有貓膩。

　　我於是開始從侄女、侄子那兒迂迴調查，想弄清楚這一部電動車到底怎麼回事。結果，聽說隔壁華哥也有一部，村子口龍哥也有一部，村長都用壞了一部又得到第二部。夢月哥一再解釋，賀樓村子裡有十多戶人家把錢投資到那電動摩托車工廠了。他們的說法是，工廠接了外銷大訂單，總是有一些油漆刮傷的次級品被淘汰下來，稍微不美觀，但絕不影響摩托車的各種功能。簡而言之，投資一萬元人民幣取得一部電動車，一年以後還可以百分之百還本。如果介紹一位投資人可以得紅利五百元。一部電動車價值三千元人民幣耶。

　　二〇一〇年，我的老哥哥還沒聽過老鼠會、傳銷、龐氏騙局、金字塔詐騙等這類名詞，我怎麼跟他解釋、怎麼跟他囉唆都變成煩人的叨叨唸唸。這事讓我跟著忍耐痛苦度過剩餘的十個月，那期間打了無數次電話，要老天保佑哥哥順利拿回老本，而且還要絞盡腦汁想辦法不讓哥哥掉進下一個陷阱裡。後來知道，那下一個陷阱不再是電動車，而是改換成空調及冰箱了。而這些東西，正好都是哥哥還沒有能力購置的民生電器用品。

　　由於哥哥給了我一萬個保證，一萬元人民幣的本金領回後絕不再軋進去，我才稍稍原諒他，但還是聽得出來他酸溜溜心理覺得很可惜，而且認為我不免管太多了。電動車的投資金如期領回，我的心踏實許多。這樣過了半年，哥哥主動告知電動車的工廠倒了，整個村子內三四十戶人家及附近不知道多少村莊無數人受波及。我緊

繃的神經卻只聚焦在夢月哥有沒有騙我，他有沒有受波及。為了查證真相，我又詢問了大嫂和侄女，確定沒事我才能安心。

現在這部電動車是大哥的寶貝，為了預防被偷，大哥把電動車泊在客廳屋內。去年返鄉探親，大哥問我，如何判斷這是一場詐騙吸金。我就回答他，這類老鼠會詐騙案在台灣也發生過，也是類似手法，以會養會，以錢養錢，最後一波的投資者會一口氣認賠而且人數會很多。大哥又追問，那我如何判斷電動車工廠就是老鼠會。我的回答是「根本沒有外銷這回事」，因為歐美不用電動車，東南亞的三輪車要嘛是人力車，要嘛是加汽油的，我所經歷過的國家只有大陸使用電動摩托車，降低空氣汙染問題，外銷只是一個幌子，只是吸金的藉口。

🎞 有哥哥真好

大哥騎電動車載著我們去館子吃飯，先生坐上侄孫開的麵包車跟著，先生好怕這亂七八糟的交通秩序碰撞我大哥這部不堪一擊的小電動車。我卻穩穩地坐在大哥領航的電動車上，看著前頭大哥厚厚的背影，看著對面坐著的我白髮蒼蒼的嫂子，兀自快樂地微笑。雖然馬路是顛簸不平的路面，雖然迎面而來的是徐州四月料峭春寒的冷風，我的心卻感到暖洋洋。

我的夢月哥，是我同父異母的哥哥，坐在他駕駛的電動車上，我的心情之幸福，根本無法用文字形容。是的，我要牢牢地記住這樣的幸福感覺。

如今，我想做的事都不是老哥哥的要求或老爸的願望，我只是想，擁有一位我所愛、我所關心的親人的感覺是多麼美好。

二十八
一張餐巾紙給我的深思

　　我有一個特殊癖好，一個壞習慣，一個小毛病，一個喜歡收集在餐廳用過的餐巾紙的奇怪動作。

　　收集自己在餐廳使用過的餐巾紙的狀況，一年會發生一次，都是集中在聖誕節至新年假期期間。所收集餐巾紙的標準不在於紙張品質，也不在於高雅獨特設計，更不是為了炫耀去過名氣餐廳用餐，也不是為了留念，收集的餐巾紙其實都是帶回家，用來清潔打掃擦地。

　　回顧最初養成這個習慣的時候，心裡的想法是：吃一餐飯也才那麼一兩次擦擦嘴，就把一大面的餐巾紙丟棄掉是多麼浪費！如果仔細地研究，這些高檔的餐巾紙還可以再小心地撥開分離成兩層甚至三層的細綿紙。對於浪費及環境汙染議題，我們的教育不是告訴你嗎？你的不在意，你的浪費，導致多砍掉亞馬遜叢林的一棵樹；我們的社會告訴你，請多使用再生紙，紙張是資源環保回收項目之一哪。因此，我對日常生活所使用的紙張或辦公室各種印刷報表都是很節約地使用。不過，我不會收集這類紙張帶回家擦地。

　　這個收集餐巾紙的習慣，曾經困擾自己多年，先生說這是個「心理疾病」。有一天，我終於忍不住告訴先生，之所以產生這個壞習慣的典故。

飛機上的餐巾紙

一九八九年九月隨父親返鄉探親，那時我剛大學畢業，涉世未深，對一切事物都感到新鮮新奇。那一趟的返鄉探親也是我第一次踏出國門，第一次搭飛機。從桃園機場（當時名稱為中正機場）至香港我們搭乘國泰航空，從香港至南京我們搭乘港龍航空。我隨手把飛機上隨餐附上的餐巾紙塞在口袋內，當時的想法正是：「好漂亮的一張餐巾紙啊！留著旅途中擦汗。」

九月天的天氣，在台灣或在香港，溫度大約是攝氏三十五度，在南京則大約是二十五度；父親的家鄉徐州，白天溫度大約是十五度，早晚甚至下降到十度。也就是那一趟的探親旅程，讓我從亞熱帶氣候的熱死了，瞬間處身到北方大陸型氣候的早晚冷死了的地域。結果，我原先準備要擦汗用的餐巾紙變成感冒擦鼻水。我發現一抵達徐州，自己已是感冒咳嗽流鼻水，身子不舒服極了。

在徐州待五六天還沒真正認識父親的家鄉，就被伯母及巧雲姊央求跟著她們回河南焦作做客。巧雲姊的爸也是在一九四九年隨國軍去了台灣，她母女倆提前得知我家返鄉的消息，早些日來到徐州賀樓等候父親，為了要探聽伯父周昇雲的消息。

旅途勞累及放著感冒沒有治療，抵達河南焦作時已經轉變為急性肺炎，造成後來我終身支氣管炎，對味道特別過敏。

無緣得見錢塘潮霸氣

抵達焦作的隔天就收到加急電報，要求親人立刻把我送回徐州，一同過團圓中秋節。回到徐州後才知道有新的行程安排，大家打算隔天五點搭乘火車，從江蘇徐州去浙江錢塘江出海口觀「錢塘潮」。家鄉親人說一年只有一次，中秋月圓後的錢塘江水與大海反撲的碰撞一潮勝過一潮。對於「錢塘觀潮」，我記得高中時讀過

《老殘遊記》的「觀錢塘潮」遊記，因此我也很期待那種想像中錢塘江口開天闢地的壯闊、氣壯山河的雄偉，緩緩東流的錢塘江在每年的中秋節都會上演一次萬馬奔騰、滾滾雪花、後浪推前浪的隆隆霸道。

一九八九年代的中國，人民的生活才剛足夠溫飽，百姓普遍買不起電視，更別談安裝電話。我想要說的是，農村生活沒有聽氣象報告的習慣，安排搭火車去浙江觀看錢塘潮也沒有潮水預報系統可以事先諮詢。那一年我們一行六個人風塵僕僕地跑去杭州，我是抱病參加，在中秋月亮還沒消失前，我們就已經站在徐州火車站月台上等候火車，費一天一夜的舟車勞頓之苦，終於從徐州火車站月台上移駕來到錢塘江出海口的壩堤上。站在堤上苦等五六個小時，從潮間到確定漲潮到退潮，看到的最高潮峰或許是半公尺吧！讓眾多遊客大失所望。不過，防坡堤下許多人占據觀潮「熱點」更冤枉，他們或許已經守候三天三夜，甚至搭蓋了帳蓬。那些人占據位置，其實是準備賣位置，賺一點點觀光財。結果潮沒來，打亂了許多的觀潮交易。觀潮遊客雙腳沒有被海水打濕，無法回家吹牛說錢塘潮是天下奇觀。當然，我也無從體驗「錢塘潮」的巨浪是如何地波濤洶湧了。

畚箕裡的餐巾紙

觀過錢塘江口及遊玩杭州西湖後，我們一行人回到徐州賀樓村夢月哥家，這是一個父親等待四十年才回來的家。對於我而言，這是一個我三歲大就知道有一個哥哥的家。一個讓我們互相等待半個世紀才見面的大哥，真正相認後卻發覺，我對他非常陌生。

從香港轉機，落地南京，回到徐州家鄉後不到五六天，就接連幾日地往外地跑。我去了河南焦作又回到徐州，我去了浙江杭州後再度回到徐州，這時已經算是探親旅程的尾聲，我想要多認識夢月哥的時間機會不多了。

　　一日下午，我看到夢月哥從口袋掏出衛生紙巾擦他自己的鼻水，那疊衛生紙巾很眼熟。

　　夢月哥從他口袋掏出擦鼻水的那張衛生紙巾正是我用過的餐巾紙，正是我從港龍航空上隨手塞進口袋，準備擦汗卻變成感冒擦鼻涕的一張餐巾紙，那一張紙或許被我用過三四天、四五天，就丟進牆角畚箕去了。

　　發現夢月哥撿起我使用過的東西，當下感覺我的隱私被侵犯了。我擤過鼻涕的東西被撿起來重複使用，讓我心裡揣度著：夢月哥這麼做的目的是什麼？是想拉攏與妹妹的關係嗎？他流鼻水是被我給傳染的嗎？

　　為了一張餐巾紙，讓我抗拒去接受這一位長相粗俗的老大哥，也就更加在意，他口袋內的那一團紙直到我們離開徐州返回台灣，他都一直留著。

餐巾紙與顆頭子

　　花了我很多年的時間才弄清楚，夢月哥撿起畚箕裡的餐巾紙其背後的原因。

　　夢月哥的農村生活極其原始，那時他們上茅坑用的還是「顆頭子」（徐州農民工的發音詞），也就是隨手撿一塊石頭、樹葉、木頭片等當作如廁後的清潔刮除工具。我的母親對於這一細節給我補充道，日據時代，台灣百姓用在茅坑內的清潔工具多半是竹葉或竹片。因此，夢月哥在我們返鄉探親前是從沒碰過柔軟舒適的衛生紙的。當他在畚箕裡撿到我用過的那一張摺疊成豆腐狀的餐巾紙時，或許他根本不知道那原是我使用過的東西，或許他很單純地珍惜使用一張他撿到的衛生紙。是我自己想複雜了。

　　每年的十二月，先生會規劃幾天的聖誕假期，我們都是開車自駕旅遊德國的傳統聖誕市集，當然也就會趁機享用許多地方特色美食。十二月正是德國狩獵季的尾聲，我們常有機會品嚐獵人狩獵

的野鹿、野豬、野兔或野雁。有一次，咀嚼鮮嫩多汁的野味時，還一邊感恩人生的豐足，瞬間尖叫「噯呦」一聲，趕緊小心地吐出異物，發現是一顆散彈槍射殺動物的小子彈。我真是太幸運了，竟然吃到子彈！在德國百年歷史餐廳用餐，在那傳統古樸又溫馨的氣氛下怎能不去點一瓶好酒來佐餐呢。或許你會猜想，餐費所費不貲吧！其實不然，我初移居歐洲時，對於上百年餐廳有排斥感，深怕用餐禮儀不恰當，深怕人生地不熟被痛宰，典型的自己嚇自己。跟著先生多年後，深刻體驗，在歐洲管他是新開幕餐廳或三五百年歷史名氣餐廳，他們要服務的都是普通老百姓，因此餐飲價位也都很平民化。

吃一頓晚餐，在服務生收走餐盤前，我習慣會把自己使用過的餐巾紙塞進口袋帶回家。剛開始很在意這樣的舉止是否逆常，自己還搞得神神祕祕、裝作若無其事地去收集那些餐巾紙。就這樣硬撐七八年，懊惱責備自己七八年。每一次的旅遊結束，看到所收集的一疊餐巾紙，就有一股無名的滿足感帶著我回顧一九八九年第一次返鄉探親的深刻記憶。那時，夢月哥的環境是多麼地原始貧困啊！父親在他三歲時就去了台灣，大娘在三年饑荒自縊身亡，他才十七歲未成年，他的身分又是黑五類，他是如何生存的呢？

丈夫聽過引發我收集餐巾紙的小故事，說這是一個「心理疾病」。不過，道出內心事後讓我豁然開朗，心想，縱然是一個壞習慣又何妨，也不丟人嘛。

我還是繼續收集餐巾紙帶回家擦地，我永遠不會忘記夢月哥從口袋內掏出那一張餐巾紙後帶給我的深思。

周賢君二○一六年十二月十五日於德國Celle

二十九
夢月哥在台灣的兩個小祕密

　　一張遺落十五年的照片直到最近才找著，這也是夢月哥來台拍照中我唯一保留的一張照片。

　　從照片日期二○○○年三月十九日推算，我才剛在丹麥結婚二十天。因為當時安排夢月哥來台探親，及為了我人生中可能是最後一次的台灣的公民權行使——台灣的總統選舉投票，我擱下新婚的夫婿自己搭機回台。三月十六日抵達台灣，當時夢月哥在台灣停留已有兩個多月，就等著與我相聚。

🎞 夢月哥來台「探病」

　　安排夢月哥來台是我為父親做一件好事的心願。一九九九年年底知道自己遲來的婚姻將美夢成真，心裡盤算著想為父親及夢月哥做一件大事。這件大事足足讓我使用兩個月時間去營造氣氛，去收集好些資料讓父親瞭解手續不會太麻煩，也不無霸道地請不出錢、不出力的閒雜人等都給我閉嘴，還押著父親到附近醫院去開一張重病證明……。雖然父親嘴裡囉囉嗦嗦地叨唸著手續「麻煩」，其實他心裡有數、內心在偷笑，女兒這次要做的事他連自己都不敢妄想，他就等著享成果。

　　我不僅花時間心力與台灣家人溝通，也花時間心力與大陸的夢月哥溝通。我開門見山地問夢月哥，準備金也就只有美金四千元，他是希望將來來台奔喪（反正父親大限的日子終究會來到）呢，還

是在老爸身體還硬朗時來台與父親相聚，看看台灣的生活方式？

我很明確地告訴他，私房錢有限，我只能為他做這麼一次，不久我將嫁作他人婦，就不再是自由之身，一切大小事就要尊重夫婿的意見了。

夢月哥選擇盡快來台探親，探親的手續（更正確地說是探病手續）是從一九九九年十月底開始申請，直至隔年元月初才批准下來。可惜的是夢月嫂的來台申請被拒絕了，當時感覺有些遺憾。

這麼多年過去了，對於夢月嫂沒能來台灣一事變成我內心的歉疚苦痛。一位我認識了二十多年的嫂子，她知道我聽不懂她的方言，從不會強灌給我的耳朵一大把一大把語聲，甚至從不開口要我為她做任何事，也從不貪求半毛錢。嫂子看到我只會靦腆地微笑，然後抓著我的手連聲說：「管、管！」這是我唯一聽懂的字。我也敬愛我的嫂子，但在「愛」嫂子之前應該說是尊敬她，因為深深佩服她當年嫁給我被劃歸「黑五類」的夢月哥當老婆，那是何等地勇敢啊！得知來台的申請被拒，嫂子哭了。

兩個小祕密：拍照與投票

那一年夢月哥在台灣與父親日月相處兩個多月，父親的居家生活簡樸、平淡，為了不給其他人麻煩，夢月哥不接受台灣島內的旅遊及觀光，因此沒人為他在台灣拍照留念。等我一回到台灣，調好時差，就馬上密集安排一些觀光行程。

三月十九日參觀大溪的石門水庫，夢月哥站在宏偉的壩頂上兩腿發軟，直說他心臟撐不住，腳底發麻。他臉上透露出對水庫工程品質有疑慮，且四處張望萬一有意外該就近往哪個出口逃跑去。

記得我曾經在雨季後特地跑來石門水庫觀看洩洪表演，我那時不是選擇站在壩頂，而是站在疏洪道側面的安全觀景區，幾千百萬噸的蓄水在閘門打開的瞬間如千軍萬馬奔騰而來，接著又如排山倒海的海嘯轟轟隆隆直瀉，其氣勢之磅礡簡直教人嘆為觀止，眼睛眨

周夢月　慈湖謁陵　2000年3月19日

也不敢眨，深怕錯失任何精彩畫面，一邊卻也揣著一顆心戒慎恐懼無可預測的滅頂之災可能瞬間降下⋯⋯

夢月哥站在壩頂往下看連排的疏洪道時發抖地抓著我，讓我突然想起我這說過很多次「不怕死」的老草包、老哥哥，他怕「站高」，有懼高症。

參觀大溪的蔣介石陵寢，園區的風光水色仿照浙江省奉化縣溪口鎮老總統的故鄉山水風情而設計。當我們進入老總統的陵寢大廳，自然感受到那莊嚴氣氛，沒人敢吭半點聲音。廳外有謝絕拍照的指示牌，但我還是很客氣地去問可否通融給拍照。陵寢旁服務的禮儀兵一看見夢月哥長相及穿著就是典型的台灣老兵模樣，誤以為夢月哥就是台灣老兵。禮儀兵的工作就是引領及服務來訪瞻仰領袖的嘉賓做正確的鞠躬瞻禮。這位禮儀兵很客氣地把紅色絨毛圍欄撤開，讓我們可以繞著陵寢走一圈；他又退出陵寢大廳到外面去把關，讓其他訪客在外等候。我利用這麼短的一分鐘讓夢月哥站在陵寢旁幫他拍兩張照片，一張照片夢月哥單手側扶著陵寢，一張照片他站在蔣夫人宋美齡敬輓的十字花架旁。

隔天三月二十日是台灣的總統選舉日，我的夢月哥跟著我參觀總統選舉的投票過程，甚至我讓夢月哥幫我把選票投入票櫃內，夢月哥交代我，千千萬萬別講出去，這是要殺頭的啊！

從台灣回大陸之後的幾年裡，夢月哥向家鄉的親友不斷吹噓在台灣生活的點點滴滴，林林總總，但有兩件事是祕密，必須憋著不提，一是與老總統蔣介石的合照，二是台灣的總統選舉投票。

祕密了那麼多年，現在他不害怕提此事了，才允許我把故事當趣事寫出來。

三十
老佛爺的洗澡記趣

　　這一篇短文有點難寫，聽到故事前半段的當時覺得有點好笑，替我那講給我聽的侄子捏把冷汗；後來又聽到故事的續集，故事是我在台灣的媽媽講給我聽的，我的反應是，太離譜了，這種事情她竟然做得出來！這個「她」我要叫媽媽，這是一篇不可思議的洗澡記趣。

茅坑裡的木板凳

　　一九八九年開放探親後，父親每兩年回老家一次，當時父親雖已是屆達大陸人眼中的退休年齡，但因台灣老兵家無恆產，一生清貧無積蓄，因此每工作兩年累積假期、湊足旅費後就是想盡辦法回老家。父親探親時段一般都是選在春天清明節或秋天中秋節這兩個季節回家鄉。

　　因父親年老時期發福、噸位超大，他很怕熱又很重視洗澡。聽侄子口述，在一九九三年左右，父親要求侄子祥豹領著爺爺，我的父親，上徐州澡堂洗澡。為什麼不是要求我夢月哥領著去呢？概因父親與夢月哥的關係有說不出口的彆扭，那可不是磨牙的鬧彆扭，應該說是還沒有摸索到如何與失散多年的兒子生活相處的模式的彆扭。舉例來說，冠冕堂皇的大小事如宴請哪些人、包什麼禮、包多少紅包等這樣的事情，父親會與夢月哥商量；而父親想沖杯熱茶、體力有點不支想去躺躺，甚或是父親感覺有點壞肚子想去茅坑蹲這

樣的小細節，父親都不好意思對他的兒子——我的夢月哥講，因為這個老兒子太大驚小怪、簡單事情都要複雜化。我夢月哥對待父親的方式是鉅細靡遺地去檢查父親拉的X來判斷父親的病情，你看看，這樣我父親能不羞嗎？而且弄得全家族都知道。

　　大哥的兒子祥豹與我的二弟年齡相仿，我們第一次探親時父親就有錯覺，兒子是弟弟，孫子是兒子。更確切地說，與祥豹的互動不像是爺孫而更像是父子。說穿了，是我夢月哥無法放手自如地去與這等待四十年才相認的父親相處。夢月哥太在意父親的反應，一個貧下中農沒見過世面的漢子又笨手笨腳，因此越是在意他越是犯錯。他瞻前顧後、絞盡腦汁想要照顧好我們的生活起居，除了他原本的農忙，幾乎整天他就晃在父親、母親的身邊，為的就是搶先一步服侍，茶水乾了他趕緊去添水、臉盆水濁了他趕緊換水。父親的眼神閃爍想要去小便，他趕緊搶先一步去清茅坑。以父親當時的話，夢月哥搞得事事太過緊張、人人太過慌忙，也許他深怕我們在鄉下住不慣，將來不再往來，因此他想方設法就是要讓我們住得舒服，住得習慣。

　一張茅坑不雅的照片是我夢月哥為父親釘製的木板凳，父親塊頭大、噸位高，根本沒有辦法蹲在茅坑如廁，探親後的第三天夢月哥自製的這木板凳讓父親讚譽有佳。他因水土不服鬧肚子，可以想像木板凳對我父親的實質意義

祥豹領爺爺上希爾頓飯店澡堂

祥豹領著爺爺到澡堂去洗澡，買了兩個人的門票幾毛錢進澡堂，終因衛生條件不符合父親的耐受度，父親提議換個澡堂。原先那澡堂解放前就開設的，還是父親記憶中的老店，且是他自己要求去這家澡堂的。想不到五十年過去，澡堂設備沒有更新，只是多了一層黑色黏滑的汙垢，以及難以順暢呼吸的尿騷味。那個父親記憶中的老傳統澡堂，父親實在是沒有辦法脫下衣褲進去洗澡。

祥豹當時才二十多歲，也是沒見過世面的民工，在我夢月哥的叮囑下：「可不要把領著爺爺上澡堂這樣的小事也搞砸了！」大哥的意思是管照讓爺爺洗澡搓背都給舒服，還要小心衣物不要管丟了。結果一個質量那麼低的澡堂，爺爺說：「換家洗吧！」祥豹又不知道爺爺的洗澡標準，爺孫倆搭上三輪車，載到徐州市希爾頓飯店，那兒有當時堪稱徐州市最高檔的桑那三溫暖，專供海外歸國同胞及外賓使用。

祥豹客氣地說他臉皮黑又厚，怕洗髒了那三池水，燙水、溫水、冰水，還有瀑布淋浴區，因此只買了一張票。其實，是因為祥豹看到洗澡浴資時當下臉都綠了。希爾頓飯店澡堂設備祥豹無法細節盡述，總之那是一個洗澡天堂，看著、守著爺爺洗完澡。爺爺又點一節搓背按摩的服務，祥豹著實開始著急，出門時身上總共帶了六十塊錢人民幣，那可是他半個月的工資，扣去公交車及三輪車資，希爾頓澡堂搓背花費竟然高達四十元人民幣。

爺爺說：「洗完澡餓了，下樓去吃飯吧。」把祥豹嚇得那還得了。祥豹計算好，讓爺爺去用餐，他趕緊搭「二輪出租摩托車」去徐州礦物局找親戚找救兵借錢。祥豹故作鎮靜，沒有表現出驚慌，不敢讓爺爺知道資金所剩無幾。

爺孫倆搭電梯去到餐廳，餐廳服務台回答，喜宴包場不對外營業，樂得祥豹領著爺爺趕緊跑。希爾頓飯店外頭羊肉爐麵店，羊隻

當天清晨現殺、湯頭鮮甜，爺兒倆又叫些小菜，總共才花五塊錢。那是我侄兒這輩子喝過最鮮甜的羊肉清湯掛麵，他吃得舒服極了，原先可是嚇得半死。

蚊帳內的老佛爺

洗完了爺爺，還有奶奶。我的媽媽該怎麼辦？該是我的侄女領著我的媽媽去澡堂洗澡吧！但是，洗一次澡讓祥豹徹底破產，再去洗一次？這樣的重責大任誰負擔得起？誰花費得起？當時，我的媽媽雖徐娘半老也還風韻猶存，住在鄉下忍了很多天沒洗澡，發覺自己聞得到自己，她也開始不耐煩開口要求要洗澡。我們夢月哥家族的對策就是，說來讓我想入非非，寫出來大陸同胞讀了或許說我大驚小怪、見怪不怪。看看吧。

我夢月哥不知從哪兒找來大澡盆，安置在房間內。我夢月哥家、侄兒祥豹家以及侄兒祥虎家，三家共同作業，劈材燒熱水。這些男的都在燒熱水，那些女的，夢月嫂啦、祥豹老婆啦、祥虎老婆啦，都蹲在澡盆外幫忙媽媽搓背淨身。

當我的媽媽跟我敘述這故事時，她可跟我強調：「內褲可沒脫！內褲就是脫不下來！」意思是我的想入非非不可無限上綱。媽媽還說了一點小細節：那個好大好大的木頭澡盆是放在蚊帳內，也就是蚊帳內的澡盆裡躺著一位舒服的女人，而蚊帳內澡盆外蹲著三位伺候的女人。從那一次洗澡經驗後，我媽媽就得到一個「老佛爺」的封號。每次開玩笑戲稱媽媽為「老佛爺」時她就生氣，她說為了配合幫夢月哥省一些錢，竟然在蚊帳內洗澡，還要遭受我們的糟蹋。真的，我的媽媽也是犧牲很大。

夢月哥說：「不是怕蚊子叮咬，而是蚊帳能保溫取暖，怕媽媽受寒受凍喲。」

農村人的智慧啊。

以前總認為這篇故事很不入流，不敢寫出來，今日，我都已是

快六十歲風韻不多的老女孩，現在觀念變了！親情在哪兒？親情在
點點滴滴的溫馨回憶中……

三十一
一場洗澡笑話

　　幾年前告知我夢月哥，姑娘俺與洋夫婿決定返鄉探親。雖然先生早已大陸商務旅行無數次，但深入民間農村應該是沒經驗，因此他很期待認識我賀樓老家的所有親人。先生曾看過老爸返鄉探親的無數張照片，他也很期待藉著跟我回鄉探親去體驗感受中國農村的民情風俗。

　　我把先生的想像轉述給夢月哥聽，故意嚇嚇他，結果替自己引來一大堆麻煩。夢月哥急得如熱鍋上螞蟻，他吵著要買空調、要裝置紗窗門、要粉刷牆壁、要殺豬、殺羊，還要買席夢思……。問夢月哥：「什麼是席夢思？」講了半天才搞清楚原來是指彈簧床墊。而且，夢月哥宣布他要開始戒菸……。真夠忙的。

　　我的夢月哥被我這突然通知的探親訊息嚇得手足無措，著急得人仰馬翻，只差沒叫工程隊敢緊施工開挖廁所、接通自來水管線及開始準備雞蛋……。鬧夠了，在他還沒開始張羅之前，趕緊跟夢月哥更正及叮嚀什麼都不用準備，我們不住鄉下，我們住徐州市的飯店。

　　結果這樣也不對，他老兄生氣了，氣我太見外，氣我不給面子，氣我這樣如何對家族親人交代。他還繼續嘟嘟囔囔……。不得已，使出最後絕招，下了最後通牒，嚴正告知我老哥，如果強迫老外住鄉下而吃壞東西讓他破肚子，那老外永遠不會允許我們將來再度回門返鄉探親了。「你敢冒這個風險嗎？不要害我了！」不要再辯了，就住徐州市飯店。

　　探親之旅順利進行，沒人破肚子，當然也沒讓我那七十歲的老大哥破費。真正住進飯店後，侄女交代房間內的茶葉、咖啡包、糖粉什麼的帶回家來泡給客人喝，還有浴室牙刷、牙膏、刮鬍刀、衛生紙什麼的也是帶回家裡來用得著。再加上飯店也有提供英文報紙、中文報紙，我也是一併帶回賀樓，看不懂拿來包東西也好，反正不拿白不拿，這都是算在房價內的嘛！帶回家的這些小東西都很受歡迎。

　　再談談台灣的妹妹及媽媽。妹妹雖嫁出門，但她的自由度就比我大。自從老爸走了後，都是妹妹陪著媽媽賀樓返鄉探親，一如以往，她們就都住的鄉下老家。住鄉下的好處是，可以真正感受農村純樸的生活，可以享受親友全天候的熱情招待，可以喝到父親四十年難忘、甜美、清澈的井水，可以享受清晨公雞啼鳴的晨叫聲，可以無聊就跑去欣賞豬圈內豬八戒滿足爭食的齁齁叫聲，可以沒事幹就逗那幾隻小山羊玩……。好處好多好多說不完。

　　住鄉下的好處多多，那壞處呢？就是椅子太矮，床太硬；蚊子咬，蒼蠅又多；踩到羊大便，還要聞豬大便；眾人護衛著、盯著，一點都不自由，諸如此類。哎呀，無非是些小小不便。這些小小不便都可克服，只有一件事，再不幫媽媽克服，她老人家已經提出威脅抗議要提前走人搭飛機了。那就是五天沒洗澡洗頭，媽媽再也受不了，她已經面有難色快要變臉了。

　　就是因為我的國際數位電話不用錢，關心媽媽返鄉探親的生活細節都是隨時保持電話連線。電話中教了妹妹一招，騙大哥說要進城去，帶孩子去吃麥當勞……再來怎麼、怎麼，就可藉機解決媽媽的困擾。媽媽當然知道女兒玩的把戲，也猜得出內情，她也愛屋及烏，跟著指定我夢月嫂一起進城去。我夢月嫂呢，一位七十五歲的農村婦女也是跟著叫「媽媽」，我的媽媽，不帶著媽媽的老媳婦行嗎？還有哪些人也都一併進了城，做了哪些事，下段容我道來。

　　進城先去徐州市百貨廣場用了兩個小時吃麥當勞大餐，花了一千大元人民幣。走出麥當勞餐廳後大夥人走過街，妹妹假裝臨時起

意、臨時插進來的行程，妹妹與媽媽走進星級觀光大飯店要了一個鐘點房，買單六十九元人民幣，可以休息三個小時。媽媽先進房洗澡，妹妹再以接駁的方式一次帶兩個人進房，這樣上上下下一共電梯搭了十來次。

一大堆的女人、孩子其實還搞不清狀況，那個台灣姑姑在玩什麼把戲啊?!管他的，天塌下來有台灣人頂著。第一次進來大飯店吹冷氣、坐沙發，女人在大廳中好奇閒晃，東看看、西摸摸，小孩子享受乾淨滑溜的大理石地磚，在上面打滾爬行玩樂，就這樣妹妹化整為零，大人小孩十一口人被她成功地夾帶進房間……那個鐘點休息的小房間。

看電視的、泡茶的、躺在床上的、研究開關音響的、討論如何洗那蓮蓬浴的……大家都很忙。妹妹需要維持房間秩序，以免過度喧鬧引起查房。妹妹還叮嚀浴室梳妝台上的那一包衛生包不可拆開，拆開使用還要補繳十塊錢。可想而知，這一堆女人、孩子洗澡都沒使用香皂、洗髮精，這樣還可洗去汗酸味嗎？我懷疑著。

女人都洗過後，最後是輪到小孩子一次洗三個，放滿浴缸的水讓他們在浴缸內打水仗。這樣的洗澡經驗，對我的夢月嫂、侄女、侄媳婦、侄孫女還有所有的小孩子而言都是第一次。妹妹啊！妹妹！妹妹的同胞愛真是發揮到了極至。

洗完三個小時後走出飯店，小孩子又餓了。是回賀樓呢還是再去麥當勞？真是一個兩難的問題。

回到村子後，她們的洗澡趣聞變成傳奇故事。大家對於妹妹竟然做出這種事，莫不感到傻眼

「都是姊姊教的！」妹妹這麼說。

那個姊姊頂多是收集一些糖包、茶葉包，膽小的姊姊哪敢這麼教妹妹，從此跳到黃河都洗不清啊。

三十二
尋親的第一張照片

兩岸親人的全家福

　　一九八八年兩岸通郵後我們收到了夢月哥的闔家照片，夢月哥說當時家徒四壁、家境難堪，幫他拍照的攝影師建議到馬路旁找個林蔭綠地為背景，照片效果會比較好。為了拍這張彩色照片，夢月哥得挑五天磚，幹五天勞力活，還請人家吃一頓飯。拍完，等了個把月，照片才洗出來，拿到手。洗出一張照片寄來台灣，夢月哥就沒得留底了。當時在台灣的我們無從想像夢月哥的生活，農村的貧困生活我不好再敘述。夢月哥好掉眼淚，如果追問大陸早期的生活，他的眼淚勢必像女人家一樣嘩啦啦止不住往下掉。

　　一張一九八六年十月台灣這邊我們拍的全家福照片，這張照片洗了十幾張，因為我們嘗試從香港、日本、美國等地往大陸寄信，只要有機會就馬上拜託認識或不認識的友人從第三地幫我們發出信件。信是我執筆的，所以記得非常清楚，內容就是家庭成員及教育程度，跟著父親的口述一字一句地抄寫，這樣往大海投信的方式我們進行了大約三四年。

　　為了拍這張全家福照片，我特地買了我生平的第一部傻瓜相機，那時我還在讀書，使用餐廳打工賺的錢買的相機。父親堅持要

以他的方式去拍這張全家福照片。照片下方有一片留白，那就是我把傻瓜相機放在木板凳上，設定十秒鐘自動拍照，這片留白就是木板凳的凳緣。

父親希望拍的全家福照片是有許多考量的，因為我們發出去的信件照片很多份，多半會石沉大海，落入外人手裡，父親不希望藉由照片內容暴露家庭經濟狀況。第二點考量也是最重要考量，當時父親不知道他在大陸的髮妻（夢月哥的娘）早已在「三年飢荒時期」上吊自殺（一九六一年），父親還沒想好如何面對元配，不知如何交代他已在台灣結婚生子的事實，因此堅持不去相館拍全家福照。在相館拍出的照片會是家庭和睦、相親相愛的照片，這樣的照片絕對會讓夢月哥的娘心碎，這句話是我父親說的。因此，父親希望拍的一張全家福照片，背景是一片白牆。

撙節開支為探親

一九六八年，父親從軍中退伍，我們早兩年亦已從台中清泉崗的眷村遷出，搬至豐原合作新村落戶至今。大弟弟少年時期在工廠打工，因為操作機械不當，把左手掌砸掉，變成終身殘障。父親對於允許未成年子女外出工作而造成殘障的傷痛愧疚無法形容，因此集中心力要幫弟弟置產，好讓他將來有條件討老婆。一九八五年左右，我們兄弟姊妹共四人慢慢獨立成人，開始賺錢工作，所賺的錢全部交給父母統籌管理。父母省吃儉用，想辦法存更多錢，終於在一九八四年幫弟弟購置了房產。我記得父親對我說，因為弟弟的手，他將來沒有能力幫我置辦嫁妝。同樣的話語，我的妹妹也聽過若干遍。

一九八四年弟弟二十一歲，父母才存到台幣九十萬，卻花了台幣一百四十萬元幫弟弟置產，不足的五十萬是標會拼湊，我們往後

又苦了很多年才還清。

　　一九八八年海峽兩岸允許互相通信後，父親的第一筆大陸匯款美金六百元是我跟著父親去銀行匯錢的。那筆匯款夢月哥僅拿到一半金額就蓋了三間磚造房，另一半金額由全家族長輩分配。

　　一九八九年探親，我的父母總共花費四十萬台幣，相當於一萬六千美金。那是我父親離開大陸四十一年後的第一次返鄉探親。探親經費這麼高的原因是收到三伯父信件要求，希望我們經濟援助購買「拖拉機」四部以改善老家的生活。電視機或其他拉裡拉雜幫忙親友解決債務的開支，就不贅述了。我們也為全家族準備了一些金飾，為了湊足父親需要的金子數量，我的母親把她一生所累積的碎金子全部拿出來。後來我的媽媽對金子就再也沒興趣了，這幾年即使我們買金子補送給她，她收下時挺淡然的，並沒有特別高興。

　　一九八九年九月探親後其實我們家的經濟並不富裕，為大弟置產的貸款才剛繳完，繼續要繳納因為探親花費而先標下的會錢。探親讓父親原先遙不可及的夢想實現了，再過來我們幾乎是一年接著一年都有探親活動，從此父親的工作積蓄就全部花在探親上。當時很多大陸親友對台灣回去探親的人，多半有著誤解，認為台灣人有得是錢，說什麼鄰莊的某某某回家鄉來帶了什麼什麼云云。父親是個坦蕩蕩的軍人，他退伍後的工作很卑微但不丟人，他常跟大陸親友說他只是個「看大門的」，卻沒人要相信。

　　這幾年返台，我固定會回娘家翻老照片，也終於讓我找到一張父親牽著大狼狗的警衛照片。父親的這個警衛工作在一九九六年退休，那時父親已是七十歲老人。

誰會想要幫一個老警衛拍照呢？不管是誰為我的父親拍下這張照片，我都要感謝他。

　　今天再次細看這張照片，感觸良多。父親的警衛工作，每天看門十二個小時，薪水卻很微薄。然而，正是

憑著這一點點的銀兩，再加上母親及所有子女的支持，我們家終得以完成兩岸間陸續多次的探親。

三十三
探親適應，冷暖自知

　　按照我們中國人的傳統習俗，出了閣的女兒是要在年初二回娘家的，起碼在台灣的規矩是這樣，那叫回娘家探親，是亙古不變留下的好傳統，那是一種喜悅的團聚。

　　翻遍歷史書，在我們這個世代發生了一個怪現象，一大批老男人，他們也要回娘家探親，只是他們的探親，有人是喜悅的團聚，有人卻是失落的團聚。這批老男人就是六十萬台灣老兵，他們的探親故事真是令人為之一掬辛酸淚啊。

老爸返鄉後規矩變壞了

　　一九八七年開放探親後，我們家最重大的事情都是圍繞在父親一次又一次的探親事件，腦海中家裡的婚宴喜慶、連續的弄璋之喜，反而平平如常看待，或是僅比一般日子稍稍重視一些、熱鬧一些罷了。每過一段相當時間，父親月工資存夠了錢，工廠給的年度假期拼湊換班加累積，父親就會回大陸探親一個月，通常是選在清明節前後。

　　離開家鄉四十年的老兵，能夠得償歸鄉夙願，其再次與親人重逢團圓的喜悅，真不是我們這些未曾嘗過顛沛流離之苦的小輩可以深切體會的。家鄉的生活條件極度落後，在一九八九年隨同父親返鄉時我就領教過了。本以為父親過慣了台灣的舒適生活，回到老家過落後台灣幾十年的苦日子，肯定受不了，無法適應，恐怕頂多

去個兩次就會知難而退吧！結果，恰恰相反，我們擔心的搭飛機問題、適應問題、吃喝問題、腸胃問題……呵呵，什麼都沒問題。

父親開始大陸探親的頭幾年，他還要工作，還要對自己負責，也才六十出頭歲數，身材還是軍人似的壯碩，一點都不老態龍鍾，照樣騎摩托車去上工，照樣幫媽媽刷洗碗筷清潔廚房，勤快得很。

說到我們家的規矩，小時候，如果聽到父親脫口罵人「你媽個逼」、「他媽個巴子」，媽媽都會以家教為由，嚴厲警告。父親就會像做壞事被逮個正著的小孩，連聲諾諾，保證改過。等到我們兄弟姊妹長大成人，家庭規矩方圓已定，後來家庭成員又陸續加入了小孫子、小孫女，因此父親家鄉話中那些難聽的語詞，依然被列為「不禮貌的粗話」，是絕不允許出現的。而當那些老兵聚集時，一句罵人的話「你媽個逼」，有山東腔的、四川腔的、湖南腔的、廣東腔的、陝西腔的……那個場面啊，想像一下，很好玩的。

就這樣又過了許多年，父親也退休了，一年十二個月裡，至少有十一個月，老父親早晚叨唸著要去訂機票返鄉探親。其實，也沒人擋著他，但父親不再是那麼俐落，反而變成婆婆媽媽。真正如願了，從大陸回來後，卻有了明顯的變化，那個變化就是罵人從「他媽個逼」變成「他媽個麥子」。還有，原先他吐痰是吐在衛生紙上，小心包好，再丟入垃圾桶；去了大陸後，整個老家的那一套，「吭～咳～濞～」竟然能直接對準垃圾桶，就讓我老媽氣得呦，馬上拿著那個垃圾桶去刷刷沖沖，才能去除些許心理障礙。好啦，還有一些以前沒看過的生活習慣都出現了：他直接拿起小水壺就對著嘴喝，也不再倒進小茶杯了；開始使用拐杖，老是拿拐杖來訓人，一些以前沒聽過的罵人的話也陸續出現了。老爸爸變得很難纏，動不動就擺出大爺姿態教訓人，要人服侍，一副老佛爺模樣。後來我們就不稱呼他「老爸」，而改成找碴欠揍的「老佛爺」，而「老佛爺」動不動要揍人，我們就閃。

「老佛爺」每次從大陸回來後，都需要兩三個月適應期，再度適應台灣的生活方式，再度認清家有家規。其時，那些良好家規都

是老爸爸年輕時給我們立下的，因此他也必須帶頭遵守。以上拉哩拉雜，就是老爸返鄉探親的適應故事。

夢月哥入境隨俗輕聲細語

接著談談大陸親人來台探親的適應問題，也就是我們那個同父異母哥哥的故事。夢月哥第一次來台灣探親，是獨自一人前來。第二次，我的夢月嫂及侄女也跟著來了。對於他們的適應問題，有幾件事挺有意思。

夢月哥第一件要適應的，就是台灣的天氣。

我的夢月哥因為怕麻煩，為了精簡手提行李，竟然把所有衣褲全部穿在身上！在機場接機時，看到他滿額頭水汪汪的，大粒、小粒汗珠直冒，我趕快去找手推車幫忙推行李，還以為他累壞了。靠近他身邊時，呃……突然聞到一股難以形容的汗臭味，一邊憋著呼吸忍耐，一邊心想：夢月哥真容易流汗啊?!

離開機場後，一行人到了台北，歇過，聊過，外出吃鐵板燒。想說晚餐吃多了撐著胃不舒服，散步一下好消化。老哥哥他，好說歹說走不動，眼見他快要爆炸了。從台北都市大樓的夜間燈光一看，唉呦，我的老哥哥全身濕透透！弄清楚怎麼一回事，才知道他穿著兩件衛生衣、一件毛線衣，外加一件西裝外套，而西褲內還穿著一件厚棉襖長褲呢。他實在是穿太多了，讓我聯想到「朝鮮戰役」。馬上下令：「脫、脫、脫！」脫到剩下一件衛生衣，再套上西裝外套。開玩笑，台北天氣攝氏三十度嘢！此時管不了面子不面子、散步不散步了，馬上打道回府，重新評估夢月哥的衣著問題。

我的夢月哥把所有衣服都穿在身上，我猜那是他早期當民工處理家當行李的方式吧。跟著我走在台北街頭，不用介紹，大家一看就知道他是「陸客」，也就是從大陸來的客人。我並非嫌棄我夢月哥的穿著，才去幫他重新整裝；其實是因為看到他缺乏旅行經驗，帶錯衣服，以致穿著不當而全身不舒服，連帶也影響我們大家的旅

遊情緒。當然，解決的辦法就是拿出丈夫多餘的短袖襯衫及休閒短褲讓夢月哥換上。在換裝後，夢月哥看起來就像個喜愛戶外運動、曬得比較黑的退休中年男子，誰也猜不出他是「陸客」了。

此外，夢月哥那些或許會出現的不雅舉止──諸如吐痰啦、擤鼻涕啦、張口大聲嚷嚷啦，在沒動作前我就先打好預防針，藉著明示、暗示，不讓尷尬場面發生。我跟夢月哥說：「待在台北的這幾天，我的這個老外先生比較大驚小怪，比較龜毛，不自在要忍耐點，過幾天到弟弟妹妹家過，那是自己人就可以隨意了。」

結果，夢月哥待在妹妹家幾天後，我通電話去問安，發覺他的那個聲音不對勁，於是著急地詢問：「夢月哥，你生病了嗎？你的聲音怎麼那麼小聲？」

夢月哥回答：「講話要輕聲細語，入境隨俗嘛。」

妹妹這時跑來考驗夢月哥的小毛病，冷不防捶他，他馬上禁不住大聲叫道：「唉呦，疼死我了！」哈哈，破功了！

我在電話這一頭繼續說道：「夢月哥，你在大陸一輩子沒弟沒妹地獨自成長，今天妹妹撒野，要忍耐啊！」

夢月哥答說：「我七十歲了，終於得到弟弟妹妹的真情對待，今天值得了。」

三十四
老一輩的事

　　大年除夕夜打了一通電話給夢月哥，聽到他說：「妳嫂子炒了兩道菜，對著饃饃，簡簡單單過一餐。現在各家過各家的，分家了就不再一起吃啦……」

　　什麼時候起，大陸不再「興」家族團圓飯？我已經不知道該怎麼說了。

　　年初五的時候又打了一通電話給夢月哥拉呱，聽說侄孫子去把剛嫁出去的姑娘接回家過年。新娘子有喜了，是樁好事。

　　夢月哥說：「老傳統，家裡的兄弟應該去接出門的姑娘回娘家。」

　　「年輕一輩的聚在一塊兒，很熱鬧。」

「青幫」很神祕，「地主」一詞像瘟疫

　　最近在一篇博客文章中讀到「青幫」一詞，但其實這兩個字已經在我的耳朵裡迴響了三四十年，我卻一直不清楚其所指，茫茫然一頭霧水。

　　十幾歲時常聽父親與其他老兵長輩聊天，那時台灣民間已經是實質意義上的解嚴，早已言論自由。記得父親曾說過一句：「爺爺周家相是青幫的。」幫派組織在當時給我的概念就是為非作歹、集幫結社搞地方勢力，因此我一直以為「青幫」是個黑社會組織。

　　一九八九年跟著父親返鄉探親，父親與二伯父、三伯父私下

討論早期「爺爺在青幫的活動情形」，三伯父眼神閃爍地對我說：「小孩子，去外邊忙吧！」當時，我對這個神祕組織沒啥興趣，對大人將我排除在外，心裡不免想道：「有這麼嚴重嗎？有這麼偉大嗎？」就自己滾蛋了，一點也不好奇他們的閉門討論。

這幾年，老一輩的都走了，想要問也沒得問了。再去問夢月哥、夢華哥、夢龍哥有關家族長輩加入青幫的事，得到的答案變得很簡單：那就是沒人聽過「青幫」這兩個字，叫我不要胡扯，不要亂搞。

小時候明明記得父親說我們周家在村子裡是大戶人家，有很多土地，但在一九八九年跟著父親返鄉探親，父親卻發現土地都沒了，連祖墳都拔了，真是悽慘。

前兩年追著夢月哥問：「我們家是地主嗎？」夢月哥光透過電話，好像聽到「地主」兩個字都會得到瘟病，跟我解釋說咱爺爺是「中農」。那我就搞不懂了，那麼多人跟我說咱爺爺能力多強又多精明能幹，辦過什麼私塾，調停過什麼糾紛，這樣還能只是個中農嗎?!我搞不懂，中農不就是靠天吃飯，養活幾口人不餓肚子嘛，怎麼一點也不像父親口述中偉大的形象?!

二姑姑解答老一輩的事

很久沒有給二姑問安了，她老人家年前才因冠心症住院兩次，每天在公寓的陽台上曬太陽，姑姑回憶到許多解放前的小小事情。我問姑姑咱們周家所有長輩的姓名，這是晚一輩不在乎，也沒空去幫我查證的事情。我並非在搞什麼文化傳承，只不過是單純地想把父執輩所有人的名字記錄下來，將來晚輩回頭找的時候就有跡可循。我的爺爺「周家相」、奶奶「周李氏」，我的父執輩「周昇堂」、「周昇辰」、「周昇揚」、「周昇明」、父親「周昇雷」，大姑「周王氏」、二姑「周鳳英」。

二姑告訴我，咱周家是大戶人家，地方上咱周家人口多，兄弟

164　有兩個故鄉的人

團結。我又把那個已經放棄的問題再問一次：「爺爺是地主嗎？」
二姑的回答解開了我許多年的疑惑。

二姑說：「剛解放後很亂的，誰是地主，誰就要批鬥而死，得
到地主的名號是要殺頭落地的。」

「咱周家兄弟團結，跟農會關係不錯。」

「土改運動時農會造冊，把地主填給『余家』了。」

二姑說出「余家」兩個字是輕聲細語說的，彷彿深怕觸怒余
家祖先而得到報復似的。二姑說當時的政治氣氛跟現在的真是不一
樣了。

給二姑問過安，聽了幾件老事情，瞬間懂得，政治這種事最好
不要強出頭。現代人觀念裡，所謂：「有土斯有財。」再論《禮
記・大學》語云：「有德此有人，有人此有土，有土此有財，有
財此有用。」按照老祖先留下的古訓，我憑空去想像，老社會的
道德規範標準比較高，憑著家族凝聚力保有土地，土地產生財富，
財富拱給使用。那時的財富可以抗荒抗災，財富被用去抗戰徵糧，
那塊土地是百姓安家立命的根本。然而，一解放即天翻地覆，一切
不依傳統來執行了。爺爺不去頂「地主」這個頭銜是對的，政治是
反覆無常的，識時務者為俊傑。如今，我對於爺爺是否地主或中農
一事，終於搞清楚了。

至於爺爺怎麼加入青幫，在青幫的活動內容為何，大概就像斷
層一般，找不到線索了。沒辦法，家鄉人都劃清界線，不想去談敏
感的過去事務。夢月哥說，文革時徐州是極左的重災區，文攻武鬥
得厲害。現在各家過各家的，老一輩的事沒人知道了。

三十五
我思電影《溫故一九四二》

　　曾經看過一部中國電影《溫故一九四二》，導演馮小剛於二〇一二年拍攝，張國立領銜主演，描述一九四二年中日戰爭期間，河南省大饑荒，三千萬名老百姓顛沛流離逃難的故事，情節感人至深。

　　看完後，心慌意亂很是痛苦，自己對中國近代歷史太不瞭解，對於鬧饑荒的緣由也沒有抓到概念。回想我在台灣受義務教育的時代，那時國黨政府很重視中國近代歷史，但教課書對於一九四二年河南大饑荒的歷史卻隻字未提，更甭提台灣人民去聯想「餓死災民兩三百萬人」揪心催淚的災難情節想像了。發現許多歷史都受政治考量而做片面掩蓋，後人如想全面瞭解歷史真相，往往需要長時間做多方面努力，廣泛收集資料，一一爬梳、分析和研判。

　　看過電影，回想起父親也曾對我提過一九四二年的大饑荒。

大陸年老婦女的清湯掛麵頭

　　一九八九年九月，父親帶著母親與我第一次回到徐州探親，除了在南京為取得三部彩色電視機而多耽擱兩三天外，一切行程頗順利。我們連同三位接機親友一行共六人在一九八九年九月初抵達賀樓，確切日期忘了，只記得再過幾天就是中秋節。這是父親在四十二年的離家後，排除萬難，終於回到家鄉來團圓過中秋。過他這輩子唯一一次，意義深刻的中秋團圓佳節。

　　初到村莊的幾日，親友過多，語言不通。走在村子內的小巷小弄，看到的都是土房土宅、土院土牆、土石土路，一片土灰灰、霧濛濛景象。當時的農村生活真的非常落後、原始、貧困喔。

　　農村無論男女老少衣著都很單調，引不起我的興趣。然而，年老婦女清湯掛麵的髮型卻令我感到有意思，這個髮型讓我聯想起自己的青少年歲月。小學時期我原本梳的是長髮馬尾辮，十三歲上初中第一件事就是絞掉長髮，學校只准許我們女生留齊耳根的頭髮長度，在台灣稱為「清湯掛麵」頭。這樣的髮型必須頂六年，直到十八歲高中畢業，才可以隨心所欲去變化髮型，這就是所謂的「髮禁」。當年的「清湯掛麵」頭，讓無數十幾歲的女孩子彆扭了很多年。所以，在賀樓老家看到這麼多老婦女竟然頂著一個髮禁的髮型，真是教我詫異不已。

　　長居焦作的堂伯母當時年約六十上下，一樣是一頭「清湯掛麵」的白髮。堂伯母也是台灣老兵在大陸的元配、拜堂的髮妻。我在台灣的伯父周昇雲與父親周昇雷同時期參加徐州裝甲兵戰車營，兄弟倆都在一九四九年前後抵達台灣。那是一個「去去就回」的祕密任務，兄弟倆都沒有機會與家人交代或道別。誰也沒料到，這一別就別了四十多年。因此，當堂伯母聽聞父親即將返鄉，立馬趕過來了。

焦作堂伯母的大飢荒命運

　　弄不清楚焦作堂伯母的消息來源為何，總之，她早在我們抵達徐州之前，就趕到賀樓，與所有親友一起等待著我們的到來。堂伯母與台灣的伯父育有一女，她倆撇下焦作的家務雜事及手邊工作，老遠跑來徐州，蹲在鄉下數日，為的就是要問我父親一句話：她的夫婿周昇雲「是死是活」？依稀記得，堂伯母好幾次哭泣的畫面。但因當時彼此語言不通，再加上我也很忙——忙於對農村生活感到新鮮好奇，傻乎乎地整日跟著諸多親友上田下渠，很少待在院子裡

聽他們老一輩拉呱。其實，首次探親的頭幾天，父輩們都不是在拉呱，或閒聊，更多的是互相打探四十年累積的疑問，努力解開封存已久的困惑，不時地哽咽飲泣，氣氛頗哀戚……。那樣的場合我也待不住、看不下去，當時年紀還輕，人生閱歷不足，二十多年成長過程沒吃過多少苦，無法想像老一輩所經歷的磨難，也無法體會一群白髮老人重逢團聚的喜悅，以及掀開歷史傷疤的痛苦。

返回賀樓沒幾天就知道夢月哥安排了祭祖活動，好告慰周家歷代祖先及我父親的元配，我的大娘，我夢月哥的生母，父親還活著，我們回來了。由於大陸解放後的土地改革，周家歷代祖先所埋葬的墳場早已規劃成良田，我們是在一片收割後的乾稻田上祭祖的。夢月哥告訴我「就在那個方向」，爺爺、奶奶在那兒，夢月哥的生母也在那兒。開始祭祖後，一炷香沒燒完，焦作來的堂伯母卻開始發羊癲，眼睛吊白，語無倫次，一時場面極其混亂。男性親友趕快幫忙壓制，把一條毛巾塞在堂伯母嘴內以防她咬傷舌頭。她不斷地抽噎哭泣，又倒在乾稻田上打滾，讓我心生恐懼。父親事後向我解釋當時的狀況，說是我奶奶轉靈回來寄附在堂伯母身上，堂伯母喃喃亂語吐出來的都是奶奶的話。當時我都嚇呆了，搞不清怎麼回事，只有瞠目結舌的份兒。因是奶奶下凡，眾人按著父親對著堂伯母下跪，我與母親也都順勢跟著父親一起跪在堂伯母面前。父親低頭受了奶奶一頓捶打，直至受附靈魂的堂伯母體力虛脫、奶奶退駕後，堂伯母才慢慢清醒過來，但整個人仍顯得十分孱弱、半死半活。

堂伯母，一九二五年生，是焦作大戶人家的兒女。因一九四二年河南大饑荒，隨著落難人潮來到徐州逃難。當時十七八歲的堂伯母長得亭亭玉立、落落大方，能力強又任勞任怨，很得奶奶喜歡，認了我的奶奶當乾娘。在抗日戰爭結束、河南饑荒解除後，本該隨同家人回去河南，但因奶奶私心，想盡辦法就是要把堂伯母留在身邊，要不是因為我老爸早有婚配，否則當時我的奶奶就另有打算。最後堂伯母在奶奶的安排之下成了父親堂哥周昇雲的媳婦，兩人在

一九四八年分離前已育有一子一女。

一九四九年我伯父周昇雲去了台灣,堂伯母則回到焦作老家,一輩子等待夫婿歸來,終身未改嫁,直到二〇〇五年去世,可以說是一位遵從老傳統的貞節女性。

《溫故一九四二》這部電影,導演馮小剛選用「溫故」二字當作一九四二年河南饑荒的片頭名。「溫故知新」本是一句不應拆開的成語,我不禁期待,是否將來會有另外一部電影《知新一九六一》來描述一九六一年前後的三年大饑荒?那一個大饑荒又是怎麼一回事?死亡人數更是讓人無法想像的兩三千萬人?是馮大導演預留伏筆嗎?

一九四二年因河南饑荒逃難,我的堂伯母差點嫁給父親,後來國共內戰,兩岸從此分隔,堂伯母守了一輩子的活寡。

一九六一年中國全國大饑荒,我夢月哥的母親撐不過而選擇上吊自殺,好省下活命的一口糧給夢月哥,父親的元配等不到我們回來。

兩場大饑荒,兩個台灣老兵媳婦的命運確是如此不同。唉!情何以堪。

三十六
我所經歷的中華文化復興運動

　　前一陣子看到一個大型廣告「中國夢」，其中引述的句子中含有「中華文化復興」六個字，引發我許多美好的回憶。

二十四孝壁畫

　　父親安葬在台中豐原觀音山靈骨塔。

　　二〇一五年四月某日，我與妹妹及媽媽三人共騎兩部摩托車上山去給父親掃墓。上觀音山靈骨塔路程的最後坡段比較陡峭險峻，媽媽的老摩托車無法騎上去，我就把摩托車停在路旁的一個小山廟休息，讓妹妹載著媽媽先上山準備祭祀，而我則等在路旁，妹妹會回頭來載我上去。趁著等待時間，我大致參觀了一下小廟，拍了幾張照，因為我發現了久久不見的「二十四孝」磁磚畫。

　　在我七八歲左右，大約小學一二年級，住家三步遠的土地公廟從村里長處得到一筆經費，那筆經費被用來更新土地公廟圍牆的壁畫。這是一個開放型圍牆，只築了三面牆去區隔廟產與私人土地的各自範圍。這三面圍牆總長度約一百米，高約兩米，牆面上原先的畫作內容是「十八層地獄」，諸如上刀山、下油鍋、開腸剖腹等警世圖畫，目的無非勸人向善，免得造業下地獄。這類圖案幾乎已在台灣的廟宇銷聲匿跡、不復可見了，我最後一次看到「十八層地獄」的雕像，是在二〇〇三年遊長江三峽的鬼都酆都。現在對十八層地獄的恐怖畫面已經模糊了。

　　當時政府給的經費除了基本廟產的維修外，我們小孩子關注的就是覆蓋掉十八層地獄油畫後，陸續出現的「二十四孝」故事圖畫。

　　我記得一大堆小朋友有空就紮堆在油畫師傅身後觀看及評論，平均一星期可完成兩幅油畫。那些畫作中描繪的故事我們的小學課本也有教，校園處處都可見到「二十四孝」圖，及其他禮貌運動海報。

　　現在一提到「二十四孝」這個詞語，我腦袋瓜子立即聯想到的畫面就是小學二十四孝相關的演講比賽，與父母施行的家教懲罰。小孩子做錯事時，父母就罰我們去土地公廟背「二十四孝」。在神明面前哪敢亂來，腦袋瓜內早就有那些青面獠牙的鬼神記憶，雖然站在新的圖畫面前還是不敢造次，乖乖地去背二十四孝詩詞故事，反正這也是學校作業之一。

　　土地公廟門口樑柱上都雕有雲龍翔鳳，和怒目猙獰的大鬼小鬼，警告世人不可作奸犯科。那時候，我們小孩子的道德標準非常高，非常怕犯錯，甚至怕到做噩夢，把這些牛鬼蛇神都信以為真。那個時期，學校連同村里辦公室及寺廟配合學生家長，同步推廣兒童「二十四孝」教育，現在才知道原來是根源於一九六六年十一月在台灣發起的「中華文化復興運動」，因為在此同時，對岸大陸的

「文化大革命」正方興未艾，中華文化實有被徹底消滅之虞呢。

復興中華文化在台灣

關於推行中華文化復興運動，印象較深的還有「國民生活須知」，「常說請、謝謝、對不起」等禮儀口訣，這幾個字幾乎每根電線桿上都可發現。我記得一九八九年首次返鄉探親，一輩子隨口習慣說的「謝謝」兩個字，無意識、自然而然地使用在與老家族親的應對進退上，卻意外地發現引起了親友們不小的尷尬，竟一時不知如何回應我的「禮貌」呢。然而，時過境遷，今日大陸同胞已經可以很從容地回答：「不謝」、「不客氣」、「哪裡哪裡」。

筆者生於一九六二年，在強調「四維八德」的社會環境下成長、受教育。四維指的是「禮義廉恥」，八德指的是「忠孝仁愛信義和平」。在那個時期，全台灣所有學校的校訓幾乎都是「禮義廉恥」四個字，校訓匾額大都掛在學校正門進來的穿堂裡，應該都是蔣中正題的字。此外，學校教室、教職員辦公室、禮堂會議室等許多地方，也都掛有「禮義廉恥」牌匾。

其實，「四維八德」——「禮義廉恥、忠孝仁愛信義和平」共十二個字，在我們的生活周遭也處處可見：例如使用於路名，如忠孝路、仁愛路、信義路、和平路等，全台每個城市都有；或是使用於中醫國術館、警察局、學校門口的牌匾，使用於字畫、書法等等。在我們家中，這幾個字也常聽見：當父親發現小孩子說謊犯錯時，一句話——「不知廉恥」，馬上壓在我們頭頂上，接著就全身發抖接受體罰。

「廉恥」兩個字在台灣的教育體系常常被強調，說說我所經歷過的，學校如何加強學生的廉恥觀念。一九七五年我讀台中豐南國中時，台灣的

教育部通令實施「榮譽考試」制度，我猜這是實施「榮譽考試」制度的頭幾年。以下節錄二○一二年台灣某中學榮譽考試的實施要點，至於實施細節及獎勵辦法就略過不提。

國立清水高級中學榮譽考試制度實施要點

1. 目的：為推展品德教育，提高學生高度自治精神與榮譽觀念，樹立優良學風，特訂定本要點。
2. 方式：考試時沒有監考老師，試卷分發、收繳全部由同學負責。
3. 對象：全校各班均可參加，採自願申請方式，於每學期第三週向教務處申請。
4. 實施範圍：期中、期末考試。

我很清楚記得國二時的教室就位於教職大樓隔壁，當時我們實施榮譽考試制度，由於沒有監考老師，一切試卷的分發收繳都是由每排的排長負責，再統一交給班長，監督考試的形式，不僅是教室後頭大大的兩個有形燙金字「榮譽」，更重要的是學生自己的無形監督意志，而那個良心監督著自己，壓力之大，讓學生們根本不敢抬頭胡亂張望。再加上教室就位於二樓且緊挨著教職大樓，教務主任拿著麥克風，站在我們教室外頭，盯著全校四棟大樓圍成的方形天井，全神貫注地監督著六七十間教室。他的聲音透過每間教室的廣播系統喇叭，我只能形容是「魔音穿腦」。

我還記得這位教務主任，王掌珍先生，其面相非常嚴肅，從來不苟言笑，聲音低沉冷峻得讓人害怕。藉由廣播喇叭，他發號司令，首先再一次強調榮譽觀念，他要我們靜思三分鐘、鎮定穩定氣息去面臨大考。終場考試結束五分鐘前，他的聲音又會再次出現，要我們堅持榮譽精神，繳交考卷前再一次仔細檢查。

今日，榮譽考試還在台灣的一些學校實施，學生在啟蒙階段就

能以具體行動去自我約束，以道德高標準去自我要求，想必對他們的人生會有正面影響。等到出了校門，對於精神靈性的寄託，台灣又是個宗教信仰自由的寶地，佛教、道教、基督教，任君選擇。這樣，人人心中各有一把「道德的尺」，能自我約束；加上相信「舉頭三尺有神明」，「人在做，天在看」，想犯罪的動機自然而然大大的減少！。

　　這幾年較有系統地去瞭解中國近代史後，才明白歷史脈絡是可以回頭追尋的。兩岸歷史變革的互相牽引，有的很複雜，需要專家去闡釋解析；有的很簡單，小老百姓也能懂。筆者非歷史學者，無法以宏觀角度去定位歷史人物的功過，只能從底層小民的生活體會去解讀歷史的軌跡，去尋找歷史事件發生的脈絡。

　　中國文化實質面太廣，精神面太深，意義面無限，非我小輩有能力去申論，僅就土地公廟的「二十四孝」動畫與學校的「榮譽考試」制度去闡述台灣的中小學如何延續我們的中華文化。

三十七
再唱驪歌

〈送別〉　李叔同作詞

長亭外古道邊，芳草碧連天。
晚風拂柳笛聲殘，夕陽山外山。
天之涯，地之角，知交半零落。
一壺濁酒盡餘歡，今宵別夢寒。

韶光逝留無計，今日卻分袂。
驪歌一曲送別離，相顧卻依依。
聚雖好，別離悲，世事堪玩味。
來日後會相予期，去去莫遲疑。

　　最近在花園裡忙著，常常就自然而然地哼起李叔同作詞的〈送別〉：「長亭外古道邊，芳草碧連天……。」會不會是因為現在正是六月，美麗鳳凰花開的畢業季節呢？
　　憶起某個暑假，我們不用穿制服，不用帶便當，不用早早七點鐘就到校，不用害怕考試，沒有考試當然就不用被打手心……。那是國小四年級的暑期班，我們只上半天課，因此不用帶便當。老師說：「升上五年級，你（妳）們都要分班，因為你們都長大了……。你們變成小少女、小少男了，要記得男女授受不親喔。」即將分班，好朋友可能被拆散，大家心裡都很難受，好多同學準備了

紀念冊互相簽名留念。紀念冊紙張有著淡淡的茉莉花香，紀念冊上滴落著晶瑩淚水。

級任導師、國語老師、音樂老師都放暑假去了，來了一位代課的男老師，高高瘦瘦的。男老師說他要教的暑期輔導課是如何寫「作文」，老師卻在黑板上畫了一條大大的魚。老師說，作文結構就如一條魚，魚頭魚尾都要小，魚身體要大大胖胖的。而寫作文，前段要開宗明義直接切入主題，中間論述有條有理、言之有物，最後一段可以帶進去「畫龍點睛」的總結要點。有同學就舉手問老師：「魚眼睛怎麼可以畫在魚尾巴呢？」老師笑一笑，被問住了。

那時候小女生心裡很納悶：代課老師不是師專畢業，怎麼可以來教小學生？代課老師還說他是西南聯大的流亡學生……。小女生沒聽過西南聯合大學，心想：這所大學在哪裡啊？

男老師說他來代課為的就是想要多賺一點點錢，他兼差教我們寫作文，兼差教我們寫書法，兼差教我們畫水彩畫。老師什麼都要兼，老師還兼差音樂課，教我們唱驪歌——

　　長亭外古道邊，芳草碧連天。
　　晚風拂柳笛聲殘，夕陽山外山……

老師的歌聲聽起來非常悠揚而渺遠，帶著一種深情的思念。他思念著一個所謂「大後方」的地方，他思念著他在大後方的同學。老師一邊唱，一邊淚潸潸。

我們小學生的歌聲是清脆天真的，帶著依依不捨的稚氣。我們這一群一同換乳齒、一同長大的屁孩子，同聲合唱著：

　　韶光逝留無計，今日卻分袂。
　　驪歌一曲送別離，相顧卻依依……

課堂教室外的美麗鳳凰花，花開又花落，樹底下落滿蝶翼一

般的花瓣。撿起一片鳳凰花瓣夾入日記本內，當那花瓣不再艷紅時，小女孩知道該向自己如蝴蝶一般自在飛翔、無憂無慮的童年告別了。

課堂教室外的鳳凰花，花開又花落，樹底下落滿船票一般的花瓣。撿起一片鳳凰花瓣黏在「謝師卡」，希望老師不再傷心、不再哭泣，希望老師多多兼課存夠錢買船票，回去那個遙遠的大後方。

課堂教室外的鳳凰花，花開又花落，樹底下落滿愛心一般的花瓣。撿起一片片鳳凰花瓣，黏在同學的紀念卡上，表達小女孩的無限祝福：

聚雖好，別離悲，世事堪玩味。
來日後會相予期，去去莫遲疑……

四十多年後，我們豐原瑞穗國小四年癸班的小屁孩又重聚……。啊，對著鳳凰花的許願真的實現了！

畢業的季節，鳳凰花開的季節，最近在花園裡忙著，常常就自然而然地哼起那首教人無限感懷的〈送別〉：「長亭外古道邊，芳草碧連天……」

一文〈再唱驪歌〉送給我四年癸班的所有同學

三十八
國家統一密碼與老兵的九二共識

　　老兵伯伯給的一塊黃銅片，十五公分寬，二十一公分長、零點四公分厚，上頭是「國民黨」黨徽。

這塊黃銅片上的印刷字內容如下；

　　全世界的中國人無不希望中國的民主、均富與統一，也無法自外於中華民族歷史的源遠流長。我們堅信，中國必將統一，但一定是統一在以仁愛為本的三民主義之下。這是歷史與人性的必然歸趨，也是中國問題的真正解決。

　　黃銅片上的落款人為李登輝（時任中華民國第七任總統，中國
國民黨主席），日期為中華民國七十八年（一九八九）十月。

　　以下李登輝先生的言論節錄自《統一是中國唯一的道路——
李總統登輝先生言論選粹》，民國八十年七月第一版。筆者統計
在一九八八年元月至一九九一年元月期間共三十七個月，幾十場的
公開演講，李登輝先生幾十次講出「統一中國」的話語。挑出幾句
如下：

　　　　「登輝自當本乎至誠，遵守憲法……，共同為完成以三
　　民主義統一中國的大業而努力。」（民國七十七年一月十三
　　日，宣誓繼任總統）

　　　　「我自己本身，可以說比很多大陸的人瞭解得更清楚，
　　我看一百年來的中國，從滿清一直到現在，國家的苦難，心
　　理上的感情和留戀，可能很少人像我這樣對國家的前途和國
　　家過去發生的問題，有很深的感情。所以對大陸的問題，本
　　人非常關心。大陸的人或是台灣的人，這種差別，對我沒有
　　任何很大的問題，……所以有人提到，『以三民主義統一中
　　國』好像不曉得需要多久完成，或可能非常困難，本人不相
　　信！……一個國家祇有一個制度，……這個制度是本人認為
　　中國人有歷史以來，大家追求的目標。……我們中華民國的
　　國策，大家要瞭解，就是只有一個中國而沒有兩個中國的國
　　策。祇有一個中國，我們必須要統一。」（民國七十七年二
　　月二十二日，中外記者會問答）

　　　　「台灣無論在歷史、文化及客觀條件上，都沒有獨立的
　　理由與可能。台灣的前途在大陸，身為中華民國的總統，我
　　日夜思考的，都是國家安全與如何統一大陸的問題。」（民
　　國七十七年六月七日，接見第十七屆中美大陸問題研討會美
　　方單位負責人談話）

　　　　「我們更要強調，任何分裂國土的主張，均是全民的公

敵，為民族大義所不容，為國家法令所不許，必將遭到全體國人的唾棄。」（民國七十七年七月七日，中國國民黨十三全會開會典禮致詞）

今日，眾所周知，李登輝先生對台灣的本土意識影響深遠，他對於釣魚島主權、日本殖民台灣及台海兩岸問題等都提出新的見解，而這些新的見解不僅沒有為台海和平提供建設性方案，卻反而加劇撕裂台灣人民的內部矛盾。

手中這塊黃銅片，是老兵伯伯珍藏二十五年的一塊李登輝先生言論記錄。這塊黃銅片其實見證台灣對於國家統一的歷史進展。台灣對於大陸政策的最高指導原則，一九九一年訂定的《國家統一綱領》，民主進步黨和中華民國前總統李登輝亦參加了決議過程。

其目標為建立民主、自由、均富的中國。

其原則，統一是兩岸的責任，不是黨派之爭，應以發揚中華文化……實踐民主法治為宗旨，應尊重台灣地區人民的權益並……，分近程、中程、遠程，三階段逐步達成。

細讀《國家統一綱領》的條文精神，發現黃銅片上雋刻的文字其實是《國家統一綱領》的雛形文字。但是，二〇〇六年陳水扁宣布《國家統一綱領》「終止適用」。因此，筆者把這塊黃銅片上的文字稱為漸漸不明確的「國家統一密碼」。

筆者一九六二年出生，對於一九七五年蔣介石先生去世，一九八八年蔣經國先生去世都記憶深刻。回顧歷史，兩蔣時期的台灣，我們是生活在「反攻大陸、統一中國」的意識形態中，雖然那時年幼，對於反攻大陸意味著「攻」就是另一場你死我活的戰爭沒有清楚的概念，但那時候台灣的大環境，全國百姓莫不認同「統一中國」或「中國統一」，這是毫無疑問的。而今日，這樣的言論，可能算是「癡人說夢」吧。

自古以來，中華中原大地持續演繹著一個亙古不變的遊戲，這

個遊戲就是：分久必合，合久必分。兩個字「分」、「合」、「分分合合」說白了就是戰亂，遭殃的就是小老百姓。

　　期待我們這個佔據世界人類總人口六分之一強的民族，能早日找到「民族復興、百姓太平、世界和平」的密碼金鑰。

三十九
從童歌憶三輪車與老牛車

有兩首童歌長記我心，一首國語的〈三輪車〉，一首閩南語的〈點仔膠〉，都與我的生命成長過程中的阿兵哥有關。

🎞 〈三輪車〉與〈點仔膠〉背後的台灣史

讀幼稚園的時代，家裡還沒有洗澡間，我們家洗澡的方式就是，夏天在後院燒柴燒水，把溫水倒進木盆子裡，媽媽會用這一盆子水，把所有小孩子叫過來，全部先擦臉，再洗頭，再來洗身子，最後才洗腳。冬天嘛，就沒有辦法天天洗澡了，但媽媽堅持得擦澡，而且每個星期媽媽會帶著孩子們到鎮上公共澡堂去洗澡。洗過很舒服的熱水澡後，為了避免冬天感冒，媽媽會去找一部阿兵哥拉的三輪車載我們回家。媽媽交代三輪車上的帆布簾要放下來，避免小孩子吹到風。在三輪車上乘客坐的帆布車廂內，小孩子洗過澡後精神都很好，就重複一次又一次唱著兒歌〈三輪車〉。然而，唱〈三輪車〉兒歌的記憶中卻沒有軍人爸爸的影像，因為軍人爸爸還在遙遠的新竹湖口服兵役。媽媽說要大聲唱〈三輪車〉，阿兵哥叔叔就會有精神越跑越快，快快送我們回家。

三輪車跑得快，上面坐個老太太。要五毛給一塊，你說奇怪不奇怪？小猴子吱吱叫，肚子餓了不能叫，給香蕉牠不要，你說好笑不好笑？

　　記憶中還有，小孩子去南投鄉下阿祖家過節，坐在三叔公的牛車上，小孩子唱著：「三輪車跑得快，上面坐個老太太。要五毛給一塊，你說奇怪不奇怪？」

　　三叔公說：「唱那些外省人的歌，聽無啦！」

　　三叔公就教小孩子閩南語童謠〈點仔膠〉（即瀝青／柏油）。

　　　點仔膠黏到腳，叫阿爸買豬腳。豬腳摳阿滾爛爛，餓鬼囝仔流嘴瀾（口水）。

　　一首國語童歌〈三輪車〉，其實反映國民政府遷台後，退伍軍人薪資微薄，靠著拉三輪車餬口度日，無奈語言隔閡，台灣人老太太體諒老兵的辛苦，多給一點車資，耿直的三輪車夫卻覺得這個老太太很奇怪。

　　另一首三叔公教的閩南語童歌則反映國民政府遷台後漸進地落實台灣的基礎建設，慢慢從原先的石頭路改建為鋪瀝青的柏油路，而當時百姓的生活方式，小孩子於住家環境玩耍時還是習慣打赤腳，小孩子踩在剛鋪好的柏油路上而呼爸喊媽求救兵的有趣畫面。

老牛與阿兵哥的奉獻

　　兩蔣執政時期有一個口號，就是「敬軍、愛民」，老百姓應該尊敬軍人，軍人應該幫助老百姓，這個口號落實到農家政策就是阿兵哥會幫忙收割耕作。

　　記得阿兵哥叔叔幫忙三叔公收割完甘蔗後，他們就搭著軍車回部隊了。而綁成綑的甘蔗枝還要運到農會去賣，農會統一收購後再運去糖廠製糖外銷。當時台灣產的甘蔗糖可是世界第一呢。

　　南投阿祖家的老黃牛就怕三叔公手上的那一根竹竿，三叔公吆喝一聲「嘔！」黃牛就知道該拉著牛車工作了。牛車上疊得高高

的、一綑一綑的甘蔗枝，三叔公交代小孩子坐在高高的甘蔗綑上，乖乖坐好，不可踩斷甘蔗，不可亂動否則會掉下來。小孩子快樂地坐在牛車上唱歌給三叔公及老黃牛聽，老牛拉的牛車走在乾巴巴的田埂路上，三叔公說是「田邊路」；老牛拉的牛車走在寬闊的石頭路上，三叔公說是「牛車路」。路上遇見三叔公的熟人阿伯，三叔公又是「嘔！」一聲，老黃牛就停下來，牛牛也「哞！」地一個長聲回應。三叔公隨手丟一把甘蔗葉給老牛吃，就轉頭跟阿伯開講去了。

講著講著，三叔公喊小孩子：「自己從牛車上小心地下來，別摔跤了。你們小孩子就跟著阿伯回家去，三叔公還要押著牛車去農會賣甘蔗。」

小孩子聽了後就直鬧直吵，吵著想要跟著老黃牛拉的牛車，跟著三叔公去農會賣甘蔗，賣完甘蔗再坐上空牛車回家。小孩子這麼說這麼吵著。

三叔公沒辦法地說：「那回家會很晚喔，巴肚會很吆（餓）喔。」

小孩子說：「現在不會吆，拜託拜託，我們要跟著去農會賣甘蔗。」

三叔公又吆喝一聲「嘔！」黃牛就知道又要上路了，就拉著牛車慢慢走。「走，我們一起去農會賣甘蔗。」小孩子繼續唱著歌，唱的都是幼稚園教的兒歌。

小孩子也喜歡嘰嘰喳喳問問題，小孩子問的問題三叔公都是聽無懂，三叔公說：「小囡仔怎麼那麼吵，就像屋簷下吱吱叫的小麻雀。」

三叔公削甘蔗給小孩子吃，每個人都有一小截的削皮甘蔗慢慢唒。

三叔公家的老牛是赤黃色，頭上的兩隻長角尖尖的，讓小孩子都嘛害怕不敢靠近。但是，小孩子一下就忘記了，又跑去向三叔公要甘蔗葉餵老牛。黃牛頸部下方鬆弛的垂皮讓小孩子以為那是一隻

台灣工場甘蔗牛車搬運
照片取自網路

年紀很大的老老牛，其實黃牛的品種就是垂皮拉很長，小孩子不懂。小孩子心想：「老牛很辛苦喔，真可憐，要拉這麼重的甘蔗牛車。」小孩子爭相去餵牛。

小孩子跟老老牛說話：「要多多吃甘蔗葉，這樣才有力氣拉牛車。」

又過一個學期，假期再回到三叔公家，發現稻埕外面的大馬路，也就是小孩子說的石頭路，叔公說的牛車路，那一條路鋪上瀝青後變成柏油路了。

小孩子跟三叔公說：「馬路很平坦寬闊了啊，老黃牛拉車就不費力了啊。」三叔公聽了哈哈笑。

三叔公買一部鐵牛拖拉機，而且牛車也都換掉，換了一部橡膠輪胎的鐵牛車。小孩子不管鐵不鐵牛，小孩子只關心老黃牛肚子餓不餓。小孩子想要餵黃牛吃甘蔗葉，一溜煙小孩子還沒聽完三叔公講古就跑去找老黃牛了。稻埕旁的竹林應該是綁著老黃牛的啊？竹林下面還有一個古早的防空壕，怎麼一起都不見了？那個防空壕裡面有鬼，小孩子不敢走進去。

小孩子喘吁吁地跑回來問三叔公：「竹林怎麼不見了？老牛綁在哪裡？」

三叔公說：「賣掉老牛買一部鐵牛啊！那一大欉竹林，就在阿兵哥來整路鋪柏油時，順便砍掉了，防空壕也填平了。」

小孩子聽得瞪大了眼睛，小孩子想防空壕裡面的鬼，是不是埋在柏油路下面了⋯⋯

小孩子坐了幾次鐵牛車，三叔公問：「要不要跟著上街去買東西？」

小孩子說：「不要了，鐵牛車的『凸！凸！凸！』機械聲音實在是很吵，而且三叔公的鐵牛還噴出難聞的黑煙⋯⋯」

小孩子不敢說，小孩子很想念老黃牛，小孩子很想念老牛車。媽媽說那一部老牛車是老老阿祖留傳下來的，牛車寬四尺，長八

尺，四個輪子都是實心木輪。老老阿祖手工做的木頭輪，媽媽說都是用上等好料不用套鐵框喔！一個輪子就有兩尺半寬，小孩子想要爬上牛車，就先踩在木輪軸，再蹬上去牛車棚，一鼓子作氣就上牛車了。

廢棄的牛車原先被三叔公泊在鴨母寮，當然有很多鴨鴨隨便去屙大便，小孩子討厭便便也討厭會咬人的紅色番頭又兇巴巴的鴨鴨。

後來三叔公把廢棄的牛車拉去絲瓜棚下，幾個月後絲瓜棚長了很多大絲瓜。

小孩子跟大人說：「給一把鐮刀，我要去採絲瓜。」

三叔公說：「拿刀子要小心，爬牛車要小心……」

話還沒說完，小孩子早已經跑不見了。小孩子採了好幾條大絲瓜給嬸婆，明天嬸婆會煮一大鍋絲瓜稀飯挑去田裡給工人吃。稀飯要先用蝦米及紅蔥頭爆香，放了絲瓜還要放肉絲，這樣阿兵哥工人幫三叔公收割稻穀才會有力氣。那幾天小孩子跟著嬸婆忙得團團轉，正餐給阿兵哥吃是番薯飯配醬油豬肉，還有菜脯干煎蛋，點心才是喝絲瓜稀飯。小孩子登上牛車去採絲瓜時，又想到那隻老黃牛「哞——哞——」的長叫聲。

本文隱喻：給一把甘蔗葉，老牛任勞任怨去耕作；給一口米飯吃，老兵奉獻一輩子的生命在台灣。這是一篇以六七歲小女孩的眼光去看世界，阿兵哥在她成長環境中的某個角落默默奉獻著，對於這些，小孩子似懂非懂。

四十
挖掘心中的矛盾——偷油賣油

　　每一年總是有那麼一次需要去思考：怎麼樣的時空背景，父親需要偷油賣油來養活妻兒子女？

我的丹麥庭園

　　正是春末夏初氣溫回升的季節，花園蘋果樹的枝枒漸漸迸出，嫩綠的草皮看了踩了讓人心情蛻去深冬鬱悶的憂愁。

　　為準備夏日庭園生活的到來，我們首先要在草皮上動工：先生會潑灑鹼肥在草皮上，鹼肥可以壓制與草皮共生的苔蘚地衣之生長，好讓新嫩芽的青草趕緊探頭無束縛地解放出來。有了一片踩著柔軟舒服的草皮，愛護它、裝扮它的祕訣卻是要定期幾次修剪它，才能養出一片賞心悅目稱頭的綠色草皮。

　　先生會提著一個五公升裝的小鐵桶去加油站加油，加的是高級汽油，這是準備灌在鋤草機用的。我痛恨汽油味，卻又喜歡鋤完草後庭園散發出一股芳草萋萋的清爽芬芳。每次在先生鋤完草後，就會抓緊時機去躺在蘋果樹下，享受不用思考任何事的慵懶，深怕哪一陣風把那青草草香給吹散了。吹散了就又得等下一次鋤草，才能再次產生那一味獨特的青草味。是不在我幼年成長過程中，青草香曾給我留下一頁美好的篇章？否則怎是讓我老追求這味道？

　　花園工具房的這個藍色油桶是五公升裝，我遙遠的記憶中，則有一個十公升裝的油桶，顏色為卡其綠，是父親從部隊帶回家的。

偷賣軍用油貼補家用

幾年前為收集老兵資料，訪問叔叔、伯伯及姨丈等人，他們都是父親的拜把兄弟。

伯伯回憶說：「一大桶柴油五十三加侖加滿了戰車，剩下多餘的就偷出去賣……」說的正是我父親幹的事。

叔叔口述：「砲彈卸了藥，砲殼拉出去賣給老百姓……」說的也是我父親。

「賣了那些破銅爛鐵，好去買些糧食回軍營，大家都餓肚子，這是一九四八年在上海的事了。」

幸虧後來姨丈補充說明賣砲殼的緣由，餵飽的都是弟兄，免去我對父親的矛盾產生更深的糾結。雖然叔叔、伯伯們只是隨便吐槽父親年輕時吊兒郎噹的一面，嘴皮子耍多了，話說大了，他們又都回過頭來表示對我父親的敬重。他們是同生共死、同袍同澤的裝甲兵戰車營的老兵啊。

過去我盡量不提台灣老兵在台灣生活的負面細節，但反過來思考，這些軍人即使是鐵打的，也一樣是人肉啊，都是人生父母養的。他們來台時還僅是個十七八歲的年輕小夥子，人生恐怕還是茅塞未開、對世事一知半解吧。一群軍人抵達台灣，他們舉目無親，或者更正確地說是六十萬軍人隨著歷史轉動的大輪，淪落到台灣，從此他們以軍營為家。我的一位榮民伯伯竟然住了四十二年的軍營，那是怎樣的一種生活啊！

有一天母親隨意的一句話：「薪餉一百四，房租六十元，都嘛是賣油多少貼補些！」母親的那一句話割開了我心底的痛，長期思考該如何去寫出父親需要偷油賣油的時空背景，而且不讓母親誤會我這是在「養老鼠咬自家布袋」，扯自己父親後腿。我這造詣不佳的中文做得到不讓人誤解嗎？

小時候習慣使用父親從部隊拿回家用的生活物品，有些是補給

品，如大米、麵粉、食用油、牙膏、毛巾等，數量都是根據戶口人數補給的，那時軍人、軍眷都有補給證。還有些不是補給證內包含的供給物資卻也出現在家裡，如軍用置物木箱、廢棄彈夾鐵盒、軍用毛毯、背包、衣架，及本文提到的十公升軍用油桶。

　　年輕時對事情的看法就是單純的黑白一刀切，偷油賣就是不對而且是可恥的行為。對於父親偷油賣油養家餬口的事實，自己就是避而不談，感想僅是個「不可思議」、「他是他、我是我」、「這是不對的」等等。走過半百歲月，聽過好多人生艱困的故事，邏輯判斷標準有了妥協，開始有了想像……

　　抗日戰爭結束後，接連著國共內戰開打，國黨政府退守台灣。當時的台灣，被日本殖民五十年後，所有資源被洗劫一空。一九四九年前後短短的兩年，一個原本總人口六百萬的小台灣，瞬間湧進新移民兩百萬人。在那個人擠人、人搶人的時代，如何偷斤偷兩地剋扣收集生活物資，為的只是要活命。在一個大團體中，有機會插手資源分配的，就會產生一些私底下過手的行為，變相賣掉軍用補給品如糧食、布料、油鹽、酒水、香菸等生活用品，水泥、磚塊、木材等建築物料，而那些過手的還不是又得回饋擺平好上面的長官？長官薪水也不高啊！

　　姨丈說，好不容易安了個窩，弄個棲身之所，颱風天留在學校值班，颱風過後回到家，他的那個木板搭建十五平方米大的小窩，木板、門板都被人家偷扒走了。

　　我這個姨丈朱更戍先生，原是個裝甲兵。不幸在一場榴炮射擊訓練當中受重傷，差點失明。結果，卻被勒令退伍，自謀生路，最後淪落到學校幹工友。這是一九五五年代的事了。

姨丈車庫裡的鄉愁

　　小學畢業剛升國中時，受一句當時勵志成語鼓勵：「吃得苦中苦，方為人上人。」自己作主選定一塊空間，準備開始奮發圖強，

努力讀書。我看中意姨丈的小倉庫，那小倉庫堆滿破舊家具、木材、行李箱，都是姨丈幫忙別人搬家所收集來別人不要的廢棄物。在我眼裡那些不值錢的舊家具甩了就是，根本沒想過我家的家具也是姨丈這麼辛苦撿回來分享給我家的；在我眼裡那就只是些舊行李箱，根本沒想過那是某人從大陸逃難來台使用的皮箱，皮箱上有中國土地的味道，姨丈拾起來不捨得丟；在我眼裡那只尿盆太不符合我們的生活標準，幹嘛留著？姨丈說老家歷歷代代都是這麼解手，留著不礙事。

我與小表妹合作，共同把倉庫中的雜物都清出來，全部堆放在倉庫外，心想姨丈愛怎麼辦就隨他怎麼辦，倉庫改裝成書房後就是我們的了，我們要開始奮發向上、努力讀書，大人豈能不支持？我特地花了自己的零用錢買一些白報紙，把我們占據的小空間布置成文人書房，擺上椅子、書桌、檯燈等，宣布從今後挑燈夜戰開始苦讀。當時姨丈已是消防隊員，當姨丈休假回家發現倉庫外頭雜物亂七八糟堆放，當場對著我說出難聽的重話：「脫褲子放屁！」那時我才十三歲，不知這一句草根語言僅只是「多此一舉」之意，以為姨丈講了髒話，自己惱羞成怒「你是不是也在部隊偷油賣油」一句不加思考又很無禮的話來反駁。我得來了一記耳光，姨丈的大手在我的小臉頰上揮那麼一下，我就氣得再也沒使用那一個小倉庫書房了。

原是姨丈倉庫的角落也有一只軍用油桶，卡其綠色，被我甩出去了。

今日，我有一個漂亮的大花園，北歐的夏日晝長夜短，草兒啊，花兒啊，都是分分秒秒地搶時間成長，每兩個星期先生就要鋤草一次，那個五公升的油桶就會在我的面前晃弄一次，那些叔叔、伯伯、姨丈賣油的故事就又會在我腦海裡溜轉一次。過去我避而不談我家的那一只軍用油桶，因為滿腦子都是負面的聯想。現在在晚生後輩面前我還是不會去提早期軍人薪資菲薄難以養家的窘境，反正也沒人有興趣，幹嘛去提。

　　一年一次到加油站加那五公升鐵桶的油時，我就又想起、憶起那個軍用油桶衍生出來點點滴滴小女孩子成長的故事，那些故事早已昇華，不須避而不談，父親說：「沒什麼可恥的。」

四十一
台北故宮的那塊五花肉

故宮國寶遷台大事紀

一九三一年的「九一八事變」後，日軍大舉侵華。故宮博物院召開的理事會，決定將故宮文物南遷，以策安全。

自此，一九三三年二月至一九四九年元月，故宮博物院的文物為了躲避戰火，躲避日軍搜括中國瑰寶，先後經過南遷南京、西遷重慶、東歸南京、最後遷台的十六年艱辛路程。貨船運送將近三千箱文物抵台，雖然只是當年文物從北京南遷箱數（一萬三千四百九十一箱）的百分之二十二，但號稱是國寶中的國寶，精品中的精品。

一九四八年十二月二十六日，第一批文物（古物二百五十九箱，圖書十八箱、文獻七箱）由「中鼎號」運台。

一九四九年一月九日，第二批文物（古物四百九十箱，圖書一千一百八十箱）由「海滬輪」運台。

一九四九年二月二十二日，第三批文物（古物六百四十箱，圖書一百三十二箱，文獻一百九十七箱）由「崑崙號」運台。

一九五〇年四月存放台中霧峰北溝文物陳列室。

一九六五年遷存於台北外雙溪的故宮博物院。

以上是故宮國寶遷台的大事紀。

老爸押送國寶來台

　　父親於一九四八年十二月二十六日搭乘「中鼎號」抵台，如以官方的說法，他們那批裝甲兵官兵算是保護第一批存放在船艙中的國寶運台。如以我老爸的說法，他是被騙上船，以為出差兩三個月就會回上海。在船艙中看到用油布蓋上的許多木箱，不知道是什麼，也不在乎是什麼，是個暈船暈得傻乎乎的大頭兵。

　　小時候如聽到將要去台北找親戚，就會要求參觀故宮博物院，想去看看父親口述中那塊「拿在手中，感覺沉甸甸的一塊石頭」！「肉形石」與「翠玉白菜」是故宮的鎮宮之寶不能不看，但那個「肉形石」在我們的語言中可不是這麼說的，「肉形石」這個稱呼一點也不順口，我們都嘛是說「故宮那塊五花肉」，大家就知道是哪塊國寶了。

　　要寫這篇短文其實有點為難，因為已經有幾百萬人次的大陸同胞到台灣旅遊，而且大都參觀過台北外雙溪的故宮博物院，看到過「肉形石」與「翠玉白菜」。這兩樣國寶渾然天成、如假亂真，乃是我們祖先超群技藝精雕而成。相信觀賞過這兩樣藝術品，誰都會留下深刻印象吧。觀賞之餘，我猜想大部分大陸同胞的心中可能會忿忿不平，思忖：「國寶何時歸還祖國？」「國寶何時能再遷存北京故宮？」應該很少人會想著：「真感謝台灣同胞六七十年辛苦保管！」

　　一九八九年探親，家鄉親友問了許多問題，其中之一就是蔣介石帶到台灣的部分故宮國寶，他們想要聽聽老爸怎麼說。

　　「能怎麼說？沒摔壞、掉入大海就不錯了！」

　　沒錯，這就是我老爸的回答。其實，家鄉親友的問題重點是，在台存放的故宮國寶應該

歸屬哪個政權。他們想聽聽我老爸的意見。說真格的，我老爸在開放探親後，只在乎存錢回老家探親，哪在乎國寶放哪兒。

父親的觀念，現階段不是談故宮國寶歸屬權，應該是問我們這一代人有沒有盡到妥善保管的責任。唉呀！把父親那些老掉牙的理論拋諸腦後……其實故宮國寶遷台後，在我們家還存有一小段野史，大家隨便聽聽就好，不要認真。

一九五三年，裝甲兵戰車營第二連弟兄從金門移防回台駐紮在台中大雅，在一九五三至一九五六年間，不知道確實哪一年，應該是說父親及長輩們無從記得是哪年，官兵弟兄曾經去到霧峰的北溝參觀故宮文物。他們是這麼說的：

「長長的木桌上面就擺放許多寶貝……」

「那塊五花肉看起來沒有那麼不得了……」

「燈光暗暗的……」

「還有總理（孫中山）的文件……」

「平房外面還堆放著許多木箱，用油布蓋上……」

「那時山洞還沒挖好……」

你知道嗎？小時候聽到這個故事，當下我隨口就說：「要是那塊五花肉就順手滑進口袋……當我們的傳家寶，那該有多好！」

馬上被老爸罵：「孬種！」

四十二
電視機時代來臨的前後記憶

　　我們那個五六年級生的年代（指一九五〇、一九六〇年代），在家裡還沒有電視機前，老百姓的休閒娛樂，跟今天的生活方式相比較，發現兩者實在是天差地遠。在此，我嘗試著把記憶庫的磁帶倒回去，再次回味那塵封已久且早已打包丟棄一旁的記憶，我記得……

前電視機時代的消遣娛樂

　　那時，冬天過年前後，父母會帶著小孩子去看馬戲團，記憶中有老虎跳火圈、大象坐板凳、猴子騎腳踏車、美女高空盪鞦韆，各種的雜耍特技混雜著西方技藝，也有中國功夫……，最重要的是還要有挺著大肚子的歡樂小丑，一個大的，一個小的，兩個丑角串場維持觀眾歡笑。

　　那時，在夏天，我們一般都是走路去豐原市鎮中心的戲院看電影、逛夜市。

　　看電影的年代，有幾部影片印象特別深刻，尤其黃梅調電影《梁山伯與祝英台》。記得演到男女主角難分難捨的情節時，電影院內的觀眾——不管是男人或女人，人人哭成一片。那會兒我才三四歲、五六歲，對情節感受不深，還不知情為何物，也不知緣有多深，更不懂得古代因為交通不便，下次見面已是隔世，一次分離都可能是～永世別離！

後來成人以後，我自作聰明，認為我們的上一輩心性過於單純，以致觀看愛情文藝電影時太容易濫情、太容易入戲。

　　今日，自己年紀已半百，現在才懂得，我們的父執輩是一九四九年那一批，這類電影容易勾喚記憶，再度提起思念親人情節、生離死別的痛苦，觀戲的人是在為他們自己而哭泣，不是為劇情而流淚。

　　有一部屬於小孩子觀看的日本電影，有中文音譯及中文字幕，片名為《桃太郎》，到現在我還清楚記得，日本人老婆婆在河流裡撿到一個大桃子的畫面。看過《桃太郎》後對我的影響就是，我把我家對面鄰居，大我兩三歲的小男孩當作電影中的小英雄，因為鄰居男孩的名字為日本名「桃匠」，他的長相及髮型都跟我的小學同班同學很相似。不知為何，人人都稱那個特定的、古錐的、可愛的髮型為「馬桶蓋」頭。不過，他在我們住家的小巷子內算是孩子王，人緣很好。

　　這兩年有很多大陸同胞反問我，他們不懂，為何現在台灣人那麼親日，在日本大地震期間捐那麼多金錢給日本，而日本人侵華萬惡不赦，傷害中國人那麼深。對於這個問題我自己也還在摸索，我都是以「今天的日本人已經不是當時的軍國帝國主義者」來回答。也可能是這樣的基礎，遷台後的國民政府並沒有對日本在台灣遺留的殖民文化全部清除，因此在台灣的生活方式，很多還保留著日本殖民時代留下的社會秩序及日本文化的些許圖騰。

　　記憶中還有一部美國片《亂世佳人》，原著小說《飄》（Gone with the Wind），片子分上下集，中場休息二十分鐘，一共四個小時。看該片，媽媽與鄰居「阿花阿姨」買的是大人票，她倆再又偷偷夾帶六個小孩進場看免費。也就是兩個大人有座位，我們兩家的孩子都只能站在戲院內兩旁，而且是站在其他大人的後面，時不時自己跳著看，看看片段畫面，看看外國俊男美女，看累了就蹲去旮旯角落睡覺，完全不知道劇情為何的一場戲。看完電影後，我們散步走路回家，媽媽與阿姨只顧著聊天議論電影劇情而忽略跟在後頭

打瞌睡走路的小孩，走著走著，後來就出事了──我發現鄰居小男孩「阿雄」掉進圳溝裡去了，我馬上大聲喊叫，才讓大人趕緊回頭救小孩，把「阿雄」從大水溝拉上來。

　　自從拯救「阿雄」之後，我又多得了一個需要照顧的弟弟。其實，得到這個弟弟在當時算是很尷尬，因為「阿雄」是我弟弟的同班同學，不料他倆的課餘活動不管是打彈珠、搧「尪仔標」紙牌或玩草霸王，一般都是阿雄占上風，結局都是弟弟賴皮翻臉不認帳；再者，就是兩個小男孩爭吵及打架，再後來就變成兩家打群鬥。換句話說，連我也會參一腳，加入戰鬥。然而，那次看完電影後「阿雄」掉下去圳溝，有受到些許驚嚇傷害，我們兩家大人小孩就陪著「阿雄」去地理仙那兒舉辦道教法會來收驚。收了驚的「阿雄」對我百依百順、必恭必敬。

　　「阿雄」對我的態度大轉變，其好處是我不需要擔心跟他打架毀了我的名譽，巷子裡的小仇人少了一個小崽；相反地，其壞處是我變成了阿雄的奴隸，我竟然要幫他寫作業，而且是一寫就是好幾年的暑期作業。有一年更離譜，阿雄的媽媽在返校日的前一天，母子倆走進我家來求我幫忙，條件是阿雄幫我做家庭代工，而我需幫他一口氣寫完暑假日記。此事，記憶深刻。

電視布袋戲和卡通

　　讀幼稚園時期，對面的「有錢人家」鄰居，他們在台北經營夜總會，有一年他們從台北帶回來一部電視機，那是我們小巷的第一部電視機。當時只有一家電視台，也就是「台視」，每天才播出三四個小時的節目。當電視節目有了小孩子喜歡的卡通節目後，事情起了變化。

　　我們家小孩子因為想看卡通，就去趴在鄰居家的紗窗門上看電視，慢慢地就把他們家的紗窗門推擠成突出的啤酒肚，當然他們就開始責怪罵人啦。嘿嘿，我們這些孩子還是屢勸不聽。有一次，他

們「轟」的一聲，把木頭大門大聲地關上，不讓趴在外頭紗窗門的小孩子分享看卡通。我記得我們都還是小小孩，每個小孩子都哭得很傷心，小孩子傷心的臉上除了有汪汪的淚水，也有著更多的，紗門上的灰塵汗垢，沾印在我們的鼻頭上及額頭上，那一幕媽媽躲在家裡都看到了。當然，是傷了大人的自尊心。

於是，媽媽狠狠地起了一個會，標會籌錢買電視。當我們買到電視時，台灣有了第二家電視台——中視。時當一九六八年左右。

讀小學二年級時，黃俊雄的布袋戲在台視開播，戲中「史艷文」、「藏鏡人」、「怪老子」及「哈買二齒」等人偶的說話方式都深深影響當時小朋友的說話方式、生活規律及遊戲內容。

那時，正值台灣推行國語運動，小朋友在學校如果不小心冒出幾句台語就會被罰錢。然而，小孩子的模仿能力特別強，私底下交流都是以「哈買、哈買」當作口頭禪開頭語，結果，後來聽說，黃俊雄的布袋戲就是因為與「推行國語運動」相牴觸而被禁播。

布袋戲又如何影響小孩子的生活規律呢？我記得，沒看完當天的布袋戲，無法做「任何事」，布袋戲的份量對當時的小朋友就是這麼重。大人也無須擔心孩子跑遠或忘記回家吃飯，因為大人知道，該吃飯的時刻就是播放布袋戲的時刻，那些跑不見的野孩子雖然都沒有戴手錶，但布袋戲播放時間一到，遊戲場上的孩子會瞬間溜光光、跑回家看電視。

再來，當時所有小男生玩的「尪仔標」紙牌圖畫，全部都是布袋戲的人物。學校發起鼓勵學生儲蓄運動，儲蓄累積的金錢很多都是貢獻去購買有布袋戲人物的「尪仔標」紙牌。

我們家的電視機是合作新村小巷內的第二部電視機，那是一部聲寶牌真空管黑白電視機，螢幕外殼有木頭拉簾保護，螢幕下方有兩個立體音箱，整部電視顯得很笨重。有了電視機後，就很少有跟著媽媽去電影院看電影的記憶，卻多了非常多巷弄鄰居小朋友來我們家看布袋戲或看卡通片的記憶。鄰居小朋友都會自備小板凳，或直接端著他們的飯碗盛著滿滿的菜，共同守候在電視機前面，看

電視配飯吃。記憶中最最深刻的是「紅葉少棒隊」贏得世界杯冠軍賽，記得當時觀看實況棒球賽是全台第一大事，我們小巷家家燈火通明，我們家擠了很多人，我甚至還記得爸爸把剛開過的曇花煮成蛋花湯，招待在我家看電視的所有鄰居朋友。真不曉得那幾日的少棒賽，大人小孩都是熬夜去觀看，後來我們都是怎麼應付隔日上班上課而不打瞌睡的。

　　「聲寶牌」、「大同牌」、「中興牌」的電視機推銷員，於民國五十九年（一九七〇），在我們巷子走得很勤快，不到兩年時間，家家戶戶都有了電視機，就不再有鄰居小朋友提著板凳，在固定時間，主動相聚於我家，去守候那些高視率的卡通影片或電視影集。

　　等到電視影集普遍的年代，電影院就開始一家一家關門大吉，馬戲團也早就退出市場舞台在台灣銷聲匿跡了。

四十三
蔣宋美齡的中國戰時兒童保育會

照顧革命烈士遺孤

二〇一五年兩岸有一個共同話題的紀念活動，也就是抗日戰爭勝利，在大陸是以「紀念中國人民抗日戰爭暨世界反法西斯戰爭勝利七十週年」為主題，而台灣則是「紀念抗戰勝利暨台灣光復七十週年」為主題。兩岸以抗日為主題的報章雜誌、專刊、學術研究等不勝枚舉，在筆者閱讀過的出版品中，挑出一段鮮為人知的歷史事項，作為本文簡要摘述，以表我個人心目中對近代歷史上一位偉大女性的尊崇。這位偉大女性正是蔣宋美齡女士。

中華民國在民國十五年（一九二六年）至十七年（一九二八年）間，由蔣中正領導國民革命軍北進討伐軍閥，使得中國大陸統一在由中國國民黨領導之國民政府。為安頓參加北伐烈士英靈無後顧之憂，蔣中正與夫人蔣宋美齡女士於一九二八年十一月在南京中山陵四方城成立「國民革命軍遺族學校」，專事收容辛亥革命、北伐戰爭陣亡烈士的子女。學校設址在中山陵內的另一用意，則是讓孤兒五百多人就近接受國父孫中山先生的看顧，可謂用意至深。

遺族學校的經費，少部分是由隴海鐵路東段連雲港至徐州

站間的火車票中的貨運附加稅撥款支助，大部分經費是由蔣宋美齡
女士海內外集資募款而來。在此我們也可看出，小小一個遺族學校
經費，蔣宋美齡女士只能從隴海鐵路東段募集，因而可以推測，當
時國民政府蔣介石的勢力不及隴海鐵路西段，這部分可能也可提供
研究北伐前後時期，國府勢力範圍的歷史參考佐證吧。

　　以下照片是從向厚祿先生所主持之《國民革命軍遺族學校成立
的光榮歷史》影片中部分節錄而來，皆為蔣宋美齡女士與孤兒之生
活照。

　　以下照片是為遺族學校校友為慶祝建校七十二週年於二○○○
年十一月在南京的聚會，同時校友申請該校校名「國民革命軍遺族
學校」應該恢復在校門口牌樓上，以告慰辛亥革命及北伐軍人烈士
之英靈。所幸南京市人民政府於二○○六年六月立石碑明訂該區為
重點文物保護。

一九三七年抗戰爆發，遺族學校停辦，原先在遺族學校受教養的成人孤兒完成學業的，多子承父業，繼續參加對日抗戰，未成年的孤兒則隨政府遷去大後方加入新成立的保育會繼續受教養。日本侵略中國戰爭爆發後，中國老百姓死傷慘烈，孤兒人數急遽增加，蔣宋美齡女士原先對遺族學校的教養公務全面轉為成立中國戰時兒童保育會（簡稱保育會）於一九三八年三月十日在漢口創立。八年間，保育會在十分艱苦的條件下，先後成立了二十四個分會，六十一個保育院，拯救、培養、教育了近三萬名難童，為抗戰安國做出巨大貢獻。抗戰勝利後，保育會完成其歷史使命，於一九四六年九月十五日宣布結束。

中國戰時兒童保育會五十週年於北京
1988年3月10日聚會

蔣宋美齡對孤兒說：「我就是你們的媽媽。」

　　抗戰期間，蔣宋美齡親上火線戰場多次，為前線官兵加油打氣送軍火物資，也曾被日軍飛機盯上，機關槍掃射、砲彈轟炸，座車翻覆而受傷……。一九四二年年底，蔣宋美齡女士因腰傷，躺在擔架被抬上專機，祕密前往美國就醫治療，期間三次入住白宮，與羅斯福女士保持很好關係，直到一九四三年二月，她的健康狀況足夠應付美國的巡迴演講，才有我們最常看到的歷史一刻，蔣宋美齡女士於一九四三年二月十八日在美國國會的那場演講，一場改變中日戰爭的重要演講，贏得美國全面支持中國抗日及提供中國急迫需要的武器軍援。

中國戰時兒童保育會六十五週年於重慶
2003年聚會

　　一九九五年七月二十六日，美國紀念二次大戰結束五十週年，
蔣宋美齡女士再度受邀在美國國會演講，她當時是二次世界大戰領
袖級人物唯一倖存的見證者，也是二次世界大戰中唯一的女性領
袖。反覆觀看她最後一次的公開演講，她當時已是九十八歲高齡，
雍容華貴又落落大方，思緒清楚又字正腔圓地以英文演講，娓娓道
來一九三七至一九四五年中國對日抗戰的艱辛，是中華民族存亡的
關鍵。最後，蔣宋美齡女士以美國是她的第二故鄉等詞語來表達她
對美國的感謝。

媽媽和我與蔣夫人的一面之緣

　　在我們家，父親一向是「生在亂世，苟且偷安」的觀念，表面
上看似卑微，骨子裡卻是謙虛。父親對浮誇吹牛深惡痛絕，也討厭
攀親附貴亂拉關係，因此父親是很低調的。母親就不同了，對於曾
經有幸一親蔣夫人芳澤，她可是高調地一再提及，回味無窮似的。
母親一輩子從不怨天怨地，很賣力地在工廠打工掙錢，對於「軍人
家眷，一輩子清貧生活」早有認知。但是，當提到「蔣夫人」三個
字，母親瞬間忘了當時住在「豬哥坑改建的兵仔寮的苦日子」，也
不在意眷區住家「竹子搭建的兵仔寮二十平方米大」的逼仄。母親
對結婚三年住在台中清泉崗眷區，全部是滿滿、美麗又快樂的回

憶。最滿意的回憶就是曾與蔣宋美齡女士，我們稱呼「蔣夫人」，一秒鐘短暫的握手。媽媽說夫人的手「幼綿綿、白泡泡」，說得好像夫人纖纖玉手曾經讓媽媽仔細地端詳過。其實，僅僅握了短暫一剎那的一秒鐘罷了。

那是在一九六三年一次的清泉崗軍事基地視察，官兵都在操場聽老總統演講，家眷就都在軍營的大禮堂與蔣夫人博感情。

媽媽說：「黑頭車好多喔！」

「又有大官來了，就會加菜。」

「每個人都嘛搶位置要握手。」

「有的小孩怕生大哭……馬上抱走！」

「好不容易把妳嘟過去給夫人抱……妳喔，那時候像個小男生笑呵呵。」

每次母親講到這一段我兩歲時曾被蔣夫人抱過，我就會喜孜孜地再問一次：

「抱多久？有沒有照片？」

得到的答案永遠是：「照片一定是有的，只是我們拿不到而已。」

雖然沒有照片很可惜，心中依然竊竊自喜，因為被夫人「抱過」的時間，肯定比起媽媽的一秒鐘「擦手」時間還要長！不過，這種快樂很空虛，畢竟當時那麼小，記憶一片空白。

幼年兵的老照片

有一張照片，花了兩年的時間才讀懂了它。

問伯伯說：「有沒有早期軍中的生活照？黑白的那種？」

伯伯瞪著我問：「你想幹什麼？」

又問伯伯：「有沒有從大陸帶來的照片？」

伯伯掠一掠所餘無多的白髮說：「當時帶著兩條腿逃難，哪還有什麼老家照片？」伯伯生氣了。

　「伯伯，這張吃飯的照片，你是哪個？你坐在哪裡？」

　伯伯還是有點生氣的模樣，拒絕回答，而且趕緊把相簿收起來。

　有一天，例行性電話問安，伯伯竟然自動提起那張照片，說：「美國記者來拍攝幼年兵的生活照，拍了很多照片貼在軍營公布欄上……我偷偷攢了一張自己留念。」

　伯伯就是戰時保育會中受蔣夫人照顧養育的一個孤兒。

　後續……

四十四
蔣中正先生手改聖經聖詠譯稿（六）

伯伯送給我一本線裝書，是一九八六年印製的，書名《蔣中正先生手改聖經聖詠譯稿（六）》。

去年聊天中，我說：「我是基督徒，但我讀不懂聖經。」

伯伯說：「蔣公是基督徒，一大堆人都跟著他信教。」

…………

可能是去年的這一段對話，伯伯把這本線裝書送給我（原稿館藏於中正紀念堂）。當時忘了問伯伯：「那譯稿的第一冊至第五冊呢？」現在想問也來不及了，因為，過後不久，伯伯就去世了。這本線裝書算是伯伯送給我的遺物……

早期蔣公在靈修讀經時，有感於市面上之聖經讀物譯文詮釋不甚優美，遂委任吳經熊先生翻譯聖經相關文章書刊。此《聖經聖詠譯稿》於民國三十一年完成，撰稿時間共歷時三年，每翻譯一篇完成，即獲得蔣公的校定修正及定稿。

這本譯稿的第六冊最末頁，蔣公親筆落款：「三十四年六月一日晨第三次讀完 中正」。

以下摘錄第百二十八首，篇名〈善人福報〉，蔣公刪掉一個字，即「善人之福報」的「之」字；以及最後一句「國泰我斯康」，刪掉「我」字，改為「民」字，蔣公親筆加註解釋：「我字改為民字，何為？以我亦民也。」

第百二十八首善人福報

敬主邀天樂，從容聖道中。
勤勞應有果，君子豈終窮。
妻比葡萄樹，葡萄結滿廊。
麟兒紛繞膝，和氣溢門牆。
惘惘寧無報，西溫與汝親。
平生濡帝澤，長樂瑟琳春。
積善有餘慶，兒孫世世芳。
和平臨義塞，國泰民斯康。

　　我收到的這本蔣公譯稿線裝書，非原始手稿，而且欠缺另外
五冊，全套書冊於「中正文教基金會」已有電子檔免費下載供人
閱讀研究。

　　仔細端詳這本譯稿，可以看到蔣公字跡工整、堅定與力道，是
何等國學知識，是何等深讀基督教義，才能做聖經詩篇的翻譯、校
正、編輯及修改。

　　這本贈書留在我處，心中有著莫大負擔，雖是缺少另五冊，願
尋覓有緣人贈與之，希望老蔣總統手改《聖經聖詠譯稿》六大冊能
彙集傳世。

四十五
漢字也是故鄉

　　坐在桃園機場候機室，等待飛北京的班機，身邊的旅客都是來台參加八天七夜環島旅遊的北京同胞。我很喜歡聆聽大陸同胞評論台灣的旅遊心得，他們的評論有褒有貶。正面的評論無非是：「環境乾淨，台灣人很有禮貌。」負面的評論則是：「身為四小龍之一，台灣的建設不如想像中進步。」坐在我身旁的一位旅客在機場書局買了一本書和一本雜誌，他向團友介紹說，雜誌內容有關台灣將上任的總統蔡英文女士的生平，他準備在飛機上讀完雜誌，到時候入境中國萬一倒楣被海關沒收雜誌，那也無所謂。另外他買的那本厚厚的書，書名叫《漢字的故事》，他說，海關應該沒理由沒收這本書，它又不談政治，也不批評共產黨，他相信過得了關。

　　讀過一篇論文，有關「中國正在崛起」，大意為聯合國交流的通用文字，英文占百分之八十，中文只占百分之一，作者以此為例證，論述分析中文的前途何去何從。該學者認為中文簡化幅度還不夠，難以變成國際通用語言，贊成中文更加簡化，以吸引西方人學習中文。該學者認為中文如要國際化必須再改革。

　　李玉棻，是一個美麗女孩的名字。
　　我有一個高中女同學，她的姓名的第三個字沒人讀得出來，我們是以猜字遊戲去稱呼她。有些冷僻的中國字，如果學校沒教過、字典又查不出，一般人就「有邊讀邊，沒邊讀中間」。女同學的名字讀音叫李玉芬，但這發音「芬」字下方還得加個「木」。她的父

親為她取姓名時，讓專家依照中國風俗「金、木、水、火、土」姓
名學，及出生時辰八字算法排算過，發現同學缺「木」，因此在她
的名字第三個字下方加上「木」。中國的造字在這樣的情形下，就
硬生生地又多出了一個字，而這個字的立意基礎是以中國姓名學來
發揮的。

　　在我高中時期，我們都很欽佩這位同學父親的智慧，只是簡單
地在名字下面加個「木」字，就能為她人生中不可預期的旅程化險
為夷，就能為她的人生前途鋪展康莊大道，真是太神奇了！在這種
情況下，或許有人會對中國姓名學嗤之以鼻，認為這是老封建、老
八股、老迷信……，無論如何，是什麼不重要，我所要表達的是，
我們生活中使用的漢字，因此而變為複雜化，原來漢字演變故事是
各有緣由、各有需求、各有目的。

　　在寫台灣老兵故事的過程中發現，自從開放老兵探親後，老兵
使用「回家」一詞時乃意指回台灣的家；回「老家」則意指回大陸
的家。大陸的家對老兵而言是原鄉，是故鄉，是祖籍，是故土。

　　從老兵探親的故事中，我們理解這一群人回到那塊特定的土
地，尋找他們血脈相連的親人，這就是探親尋親的故事。而那塊老
兵離鄉背井四十年後回到的土地，老兵叫做「歸鄉之旅」。因此，
對老兵而言，故鄉指的是一塊土地。

　　在一次青島的餐會上，遇見一位女詩人，女詩人剛從台灣旅遊
回來。大家心照不宣，在這個場合，誰都不談論政治歧見，只管開
開心心，吃吃喝喝。大家在酒足飯飽之餘，開始唱歌抒懷。女詩人
朗誦一首即興創作新詩，其內容並非讚美台灣美麗寶島，也非讚美
台灣人文「溫良恭儉讓」，更非讚美台灣小吃特色美食。餐會上問
女詩人，她創作這首新詩〈詠台灣〉的最最原始動機為何。她告訴
我，當她落地台灣，看到台灣街道上林立的廣告招牌時，看到台灣
使用的漢字時，她很激動，她很憾慟，她流淚了，她終於找到「故
鄉」，她終於回到「故鄉」了。

女詩人朗誦詩作時淚崩的畫面，與我的父親四十年後回到家鄉喝到家鄉井水淚崩的畫面一模一樣，心情一模一樣。

　　那一剎那，我突然懂得，對老兵而言，故鄉土、故鄉水、故鄉人、故鄉味……是來自於這一塊特別的土地，生生不息的土地。

　　而這一位女詩人一生熱愛的文字創作，卻在兩岸直航開放觀光後，讓她站在台灣街頭廣告招牌下，突然意識到，她終於回到「漢字」的故鄉了。

　　原來「文字」也可以是某些人的故鄉，而這一個特定的「文字」也有另一段波折的故事：原來女詩人使用的文字領域中，她想追求的是，祖先留下給我們的原汁原味的文字土壤，這塊土壤孕育漢字文化。

　　文字也是故鄉，這是多麼震撼的感受。

四十六
老兵第二代經歷的台灣多元文化

內戰紀念碑前的沉思

　　二〇一五年四月旅遊成都，選擇住宿於一環路的派瑞酒店，酒店對面的青羊宮的古董文物很有看頭。

　　一日逛完寬窄巷子，往飯店的方向走回頭路，在琴台路上發現川戲劇院「蜀風雅韻」有川劇變臉表演。當時我與先生都走了好幾個小時路了，就沒有多餘興致去看川劇，況且老外先生也看不懂。

　　從琴台路走捷徑進入「文化公園」往飯店方向走。「文化公園」內不光只有花花草草園藝，或只是提供市民老人小孩休閒玩樂的天地，在「文化公園」內我的老外先生發現一個特別區域。其實，當時我都已經走遠了，先生認為他的發現對於我的寫作可能有幫助，所以他硬是把我叫回頭。為了迎合先生的感受，雖然我的腿痠得很，也只好折回頭去，看看他發現了什麼。乍看一眼，判斷是座烈士紀念碑。停下來仔細閱讀碑文介紹，才發覺那是台灣人一點都不熟悉的國共內戰領域：「成都十二橋慘案」！約略敘述，是一九四九年十二月國民黨在成都被解放前處決三十六位國民黨認定的左傾人士及共產黨員，而中共建政後將他們核定為烈士。

　　先生要幫我在紀念碑旁拍照留念，被我拒絕了；同樣，徐州親友要幫我在「淮海戰役紀念碑」（徐蚌會戰）拍照，也被我拒絕了。踩在一塊不管是三十六條人命或二十萬條靈魂的血海土地上，拍照證明我「到此一遊」，這樣的事我做不出來。如果我該去紀

念這一場幾百萬前人戰鬥犧牲的歷史意義,則我反思的結果,要反問:我們中國人戰勝了什麼?至今我不知道答案,我又如何能去紀念呢?我只好迴避一切內戰的紀念碑了。

我關於平劇和相聲的記憶

先生知道我對平劇一向情有獨鍾,只要有機會,我一定會放下身邊事,抓緊機會去觀賞。要知道在台灣,如果高調宣揚你要去看平劇,我想一定會得到許多人的側目。一九九〇年以後李登輝上台,就開始去中國化,屬於大陸的傳統戲曲表演就慢慢式微,因此,可以現場觀看平劇表演的機會少之又少。那幾年我曾在台北的國家戲劇院看過幾場王海玲的豫劇,和兩場從大陸來台灣表演的戲劇,其中一場是二〇〇〇年三月二十日。那時正值我夢月哥來台探親三個月,我帶他去國家戲劇院看戲,表演主題忘了,只記得是山西或陝西省來的劇團,記憶更深的是我夢月哥去挑戰節目製作單位,去嫌人家節目說明書印刷粗糙,卻賣台幣一百五十元,賣得太貴了。後來經解釋才知道那是台灣方接待單位少量印刷繁體字,經費有限,無法製作得更精美,結果印製了也沒人買。

那一天在成都逛過大名鼎鼎的寬窄巷子後回到酒店,先生堅持我該自己去觀賞川劇。先生意思是,機會難得,不知何年何月下次才能來四川旅遊;而那個很多演員鬼畫符的川劇,先生是看不懂的,當然就無從欣賞。先生說,就不要浪費金錢要求他跟著去看戲了。

在確定把先生撂在飯店休息是可行的,我就獨自再走回琴台路的「蜀風雅韻」戲院,買一張特區座位的票。我很高興,開場前還是可以買到好的座位票。

開演前的半個小時,我接受來邀按摩的,但沒有接受平劇化妝的預約。按摩期間又看到另一種從沒見識過的服務——「掏耳朵」,享受完二十分鐘的按摩後馬上點「掏耳朵」的服務,卻已經

是排班排不上了。我想，這輩子可能再沒有機會在四川「掏耳朵」了吧！看那些享受被掏的客戶，都一副飄飄然陶醉的模樣，很是羨慕。

劇台上的表演，從川戲、相聲、魔術、疊羅漢、木偶、變臉、手影戲……什麼都有，算是大雜燴。看戲期間，我沒刻意去欣賞戲曲表演是如何地精湛，反倒是覺得，自己是在觀看一場複習功課，複習我的記憶，複習我的成長過程中，哪些雜耍戲劇表演是我在台灣曾經看過的。

看完戲後，我還是必須通過「文化公園」走回飯店，我還是會路過「成都十二橋慘案烈士碑」，我的心情瞬間從看川戲變臉的激情興奮掉落到低谷，從紅臉變為白臉有點害怕，自己警惕自己，自己鼓勵自己，再把低沉的心情調整為平常心，專心回頭思索品味剛剛看的一場戲的感受。發覺，我成長過程中看得最多的平劇多半是有加強愛國意識的戲，諸如《楊家將》、《三國演義》、《岳飛精忠報國》等。

我們除了隨父親看平劇，我們也會隨母親（本土台灣人）一同觀看講唱閩南語的「歌仔戲」，歌仔戲戲目一樣也是以中國大歷史背景為主。我還記得歌仔戲多次演過有關「韓信的胯下之辱」，我認為當時台灣教育系統是要教育民眾忍受痛失大陸江山的屈辱，要胸懷大志展望未來。另一本戲目是明朝朱元璋大開殺戒，殺掉所有開國元老，還有明朝使用東廠專制統治中原的情形，我認為一九七〇年代很多台灣及香港的電影電視主題都圍繞在明朝事務上，應該是影射中共建政後毛執政時期的政治環境吧。只是我當時太小看不懂，純粹是看戲扮家家酒，父親看平劇、母親看歌仔戲、小孩子看布袋戲，講的主題都是忠孝節義、保家衛國等。

讀上小學後，父親送給我一部黑膠唱片機及兩片童歌唱片，我至今還會哼唱〈踏雪尋梅〉、〈拔蘿蔔〉、〈下雨歌〉，及台語童謠〈點仔膠〉，其他童歌多半忘了。父親買兩張童歌唱片送給我，算是交代了事。家裡有了唱盤播放機後，父親開始買許多平劇

及相聲唱片，那時小，還沒有平劇欣賞能力，一句話要「咿～～啊啊！」標音標很久，又聽不懂發音詞，前句沒唱完，等不到後句結語，小孩子就不知溜到哪兒去了。而父親買的相聲是《今夜我們說相聲》系列，是由魏龍豪及吳兆南先生主持的。父親大約擁有十幾張那個年代所有的相聲唱片，台灣的後來新起之秀李立群及李國修的《那一夜我們說相聲》，我也曾經在國家戲劇院看過多次，感覺非常精彩，挺喜歡。

我發覺兩岸的相聲內容都是以調侃為主，才能吸引觀眾歡笑。大陸的相聲，我聽到最多的，就是調侃官員腐敗或底層百姓無奈的段子。不過，對於這些，我想自己最好少評論。台灣的相聲還有個特色，就是有許多調侃內戰失利、痛失大陸江山的段子。想當初，幾十百萬外省人於一九四九年大遷徙到台灣，他們原本的生活習慣各不相同，語言口音也差異頗大，唯一相同的就是逃難遷台的身分。這一大群外省人，來自天南地北，說的話南腔北調，卻得以或不得已同住在臨時搭建的簡陋眷村，勢必迸發出很多無奈的摩擦或笑話。

我自己就是在清泉崗戰車營附近，「豬哥寮」改建的「兵仔寮」眷村出生的孩子，是所謂的「外省第二代」，或說「老兵第二代」。眷村文化在台灣曾頗受肯定，現在的眷村文化已經不明顯了。

偷聽「敵台」廣播

小時候父親買的那一部唱機用過幾年後就被淘汰了，父親又買一部有雙卡匣錄音功能的收錄音機送給我。國中時期我開始學習英語，會借同學的英文錄音帶拷貝學習。我發現，在我上學期間，父親也會使用這部收錄音機。一般我都是收聽FM的《美國之音》學習英文，而父親則使用短波頻道搜尋「敵台」聽廣播、平劇，聽大陸的演講，這算是父親的小小祕密吧?!……

　　那時我大約十五歲，正當酷愛聽音樂的年紀。有幾次放學回到家，隨手打開收音機，放開音量後卻發覺那是父親使用過的頻道（我就是這樣發現了父親的小祕密）。大陸播音員的國語發音與台灣政府發言人的國語發音很像，一樣都是字正腔圓，不仔細聽，還以為父親收聽的是台灣的節目呢。然而，如果再多聽一兩分鐘，就可以聽到什麼「回歸祖國大地」、「家鄉父老期盼」、「解放台灣於水深火熱中」等等呼喚招降用語。

　　我也曾好幾次收聽大陸廣播，被父親訓斥後，讓我更好奇：「有那麼嚴重嗎？」父親說，哪有偷聽敵台還音量放那麼大聲?!還說被鄰居知道就不得了啦。其實，那個年代老蔣總統已經去世，蔣經國執政下的台灣政治氛圍已經鬆懈許多，全民全力拚外銷貿易，是即將進入「亞洲四小龍」的時代，「反攻大陸」的口號已經老掉牙，沒人要聽，早就被丟到太平洋去了。

芋仔、番薯與阿兜仔

　　二〇一六年，與畢業四十多年的小學同學及國中同學相聚，聽到不少師長同學們的趣聞和別後狀況：一位老師已經移民去日本多年；某位同學是客家人卻不會講客家話；還有同學因中美建交、台美斷交危機而隨家人移民西方國家；部分同學和我一樣是「芋仔番薯」的家庭（台灣人與一九四九年以後來台的外省人組成的家庭），當然多半的同學是來自早已生根台灣百年的家庭；還有一位同學更特別，她小時候就已經是「洋娃娃」的模樣，皮膚白嫩、五官輪廓深邃立體，四十年後再相聚才知道她有荷蘭人的血統；我另一位朋友是馬來西亞來台讀書的華僑，他的頭髮是黑色，鬍子卻是紅色，因為他的祖母是奧地利籍的洋人；還有認識的工廠生產線上許多員工是緬甸來的華僑……。諸多故事，讓我深刻感受到，研究台灣人的血液竟然也可以寫一篇台灣人的移民史。

　　有一天，在同學社交群內出現一句話，同學正在追溯一個共

同記憶：「一九七五年四月五日，白天天氣正常，晚上卻是風雨交加，雷公加閃電，那一夜老蔣總統去世。」是啊！那一個風雨交加的夜晚，是老蔣總統去世的日子，這是我們那一代人的時代記憶，這一個記憶，不分男女老幼，也不分種族族群。

共同的時代記憶是否代表著一九四九年的戰亂文化、遷徙文化，在經過三五十年時間的融合後，蛻變、昇華、轉型成為台灣的多元文化。

我的認知，出現在台灣這塊土地的人文，有別於大陸地區的任何一省，不管是客家人、台灣人、一九四九外省人，其實我們的祖先或父輩都是從大陸各省移民來台的，差別的只是抵達台灣定居的先後次序，因此台灣的人文特色是以移民文化為主軸。然而，台灣政經制度又受日本殖民五十年的影響，因此日本殖民文化可算為副軸。當然，在日本殖民台灣時期，受迫害最嚴重的原住民少數民族的文化、語言、人口等都面臨驟減或被消滅的危機，而台灣原住民的語言其實是屬於世界主要語言語系之一的南島語系，非常特別。筆者期望台灣政府投入更多資源去研究並保留原住民在台灣的原生文化，以符合台灣這塊土地族群融合的特性，展現台灣多元文化繽紛的一面。

老兵的戰士授田證

我家曾經有一張「戰士授田證」，這張證件代表著一個士兵的性命，一個士兵宣示為國家效命，國家保證戰後配發一塊土地給士兵的一張文件。

一九九二年我的老爸領到台幣二十萬，授田證被收回銷毀，老兵老爸與國家之間算是終止了賣命契約。老爸帶著「老兵的賤命錢」（老爸原話），回大陸家鄉幫忙他那苦命的兒子，這個兒子是黑五類。黑五類兒子的兒子也一樣沒受多少教育，很難討到老婆。因此，台灣老兵爺爺用他自己的賤命錢幫孫子娶媳婦，討老婆。

　　說到所謂「老兵的賤命錢」，另一位老兵更是情何以堪。待我道來……

　　榮民老兵楊淵先生，本名楊貴福，江蘇常州人，一九四八年某月某日放學回家途中，遇到前往東北作戰的國軍。楊貴福當時才十三歲，他被抓壯丁了。楊貴福的書包內有一張學生證，這張相片是他唯一從大陸帶來台灣的東西。

　　楊貴福被國軍抓壯丁以後，立即被改名為「楊淵」，好頂替先前從軍中開小差落跑的「真」楊淵。十三歲的楊貴福不僅頂替楊淵的名字，還順道頂替了楊淵的年紀，瞬間化身二十多歲的年輕士兵。當然，誰見了此「楊淵」，都看得出來他只不過是十來歲的少年孩子。

　　冒名頂替後的楊淵參加過一九四八年的遼瀋戰役，以及一九四九年的古寧頭大戰，他甚至在這兩場戰役上挨過子彈，造成重傷。遼瀋戰役挨的子彈到六十幾歲才開刀取出。古寧頭戰役的一個砲彈殼把他的頭顱削掉一大塊，腦袋瓜子開花，昏迷了一天一夜。當他被當作死屍丟去亂葬坑時，他自己突然醒過來，大手一揮大叫：「壓著我做什麼？」大難不死、逃過三劫的小兵，就一輩子用「楊淵」這個假名直到今天。

　　我好奇問伯伯：「假設那個落跑的本尊楊淵死在路途中，沒回去他自己的家鄉，而現今家鄉的親人找上台灣退輔會，要來跟您認親怎麼辦？」

　　楊淵伯伯回答說：「台灣的電話簿上有二十七個人同名同姓的楊淵，太亂了，沒辦法，不過沒有半個『楊貴福』。」

　　接著問伯伯領多少「戰士授田補償金」。我早就取得伯伯的信任，我們從不談論伯伯當下的財產，無所謂拐騙欺詐。最主要是伯伯早就瞭解我的主業是做進出口貿易，採訪寫作冷議題台灣老兵故事，是吃力不討好的事。因此，我與伯伯之間都是直來直往，伯伯都會回答我的問題，甚至把當時背景緣由解釋得清清楚楚，是一位表達能力很強的長輩。

比較起來，這一位長輩資料量特別多的原因，除了他十三歲就被抓壯丁是匪夷所思的事，而且又經歷那麼多戰爭，還有伯伯在退伍前後受過高等教育，又當過電台廣播員，因此他思路特別清楚。

楊淵十三歲
學生照

　　楊淵伯伯在台灣的求學過程略述如下：他在部隊裡服的是陸軍工兵役，做的工作應該算是修理地球的工作。也就是說，哪裡有工程需要無償勞力，他們這些阿兵哥就會被徵調去做那些建設台灣的工程；其中草嶺潭潰堤，七十四名官兵殉難，楊淵就是其中一名幸運爬上岸沒有被滅頂的小兵——這也就是我所表達的，楊淵大難不死逃過三劫的由來。

　　楊淵被抓壯丁前本是個學生，在部隊中又練就了工程底子，而且把握機會自學苦讀，因此後來得以順利考上台灣大學土木工程系。由於工兵役生活極其勞苦，加上一邊修讀大學，楊淵終於體力不堪負荷，罹患了TB肺結核，不得已必須輟學進入療養院療養。那個年代患上肺結核的阿兵哥比例非常高，人們是不談論這種事的，都認為染上會傳染的疾病是一種羞恥，因此都低調不宣揚。其實，得到肺結核的最主要原因是生活環境惡劣，若能得到適當治療是可以痊癒的，因此肺結核又有「富貴病」之稱。

　　楊淵治癒肺結核後打算立刻恢復學業，無奈台大本科系不接受他的復學申請，只好轉而就讀師範大學中文系，這也就是楊淵先生晚年受聘於光武工專教授中文的原因。

　　楊淵大學畢業後同時也退伍，因為他已經符合當時國防部規定，軍人服役五十歲即得以申請退伍的年齡。退伍金多少？現代人無法想像的，是以每日發放主副食十八兩米糧津貼為基準，去折合新台幣現金發放三個月，也就是一千六百二十兩的米糧津貼，是伯伯從軍三十多年又挨兩顆子彈的退休俸。大約是一百多公斤大米那種概念吧？

　　楊淵雖然已取得大學文憑，卻發現自己「五十歲」這般的半百年齡很難在社會上找到工作，於是回部隊把自己的年紀改了，減去十歲，謀生條件才算略有加分。然而，他這個社會新鮮人的起步卻是做雜工──去幫富有人家掃院子。

　　現代人可能很納悶：老兵的身分資料真的可以想改就改，那麼容易嗎？殊不知中華民國的軍人直到一九六九年才擁有身分證，在那之前都是使用軍人補給證。想當時還是兩岸緊張對峙時期，還是兩岸間單打雙不打時期，還是台澎金馬戒嚴時期，為維持對中國的恫嚇勢力，跟隨老蔣總統遷台的國軍人數仍是極機密，阿共那邊都是以數字兩百萬為假想敵，我大陸的親友正是這麼告訴我的。那個時代兩岸敵對的結果，就是今日我們所知道的：這批六十萬榮民老兵，被限令不到五十歲不得退伍！在軍中有多少老兵被操死，誰又關心呢？挺多呢！

　　當時的軍人沒有身分證，他們的證件就是補給證，因此部隊書記可以輕易修改資料。我的父親就是其中一例：他為了追求我的母親，把年紀改成年輕六歲。我的另一位老兵伯伯舒克傑，為了盡早退伍，將年紀多加幾歲，以符合「五十歲」退休的條件。總之，諸如此類奇怪現象，都是老兵厭倦軍中沒有人性、沒有人權的生活，而產生的變相作為。

　　楊淵伯伯十三歲被抓壯丁，他頂替的對象時為二十幾歲年紀，比自己實際年齡多約十歲，當他的假冒年紀達到五十歲，依法退役後，卻因「半百高齡」而找不到工作。楊淵伯伯於是想辦法把年紀改年輕點，一九九二年收到戰士授田補償金，卻是領到最低額度──台幣五萬元。這是我聽過金額最少的補償金，比起我老爸所說的，二十萬是「老兵的賤命錢」，那楊伯伯不知冤上多少倍，簡直是欲哭無淚了。套句楊伯伯

筆者與瑞典邊境民宿老奶奶

自己的話說：「五萬元的賣命錢，還不夠買雙鞋及鞋底下踩的那塊地呢。」

　　戰士授田證的發給，是一九五一年十月十八日制定的《反共抗俄戰士授田條例》，待將來光復大陸再配發土地授田。一九九〇年修法，改發補償金；這不啻是對榮民老兵宣告：光復大陸分配土地，是無望了。

歐洲軍人的 Promise Land

　　「戰士授田」對應德文為 Soldat Dorf，對應荷蘭文為 Soldaat Dorp，對應瑞典文為 Soldattorp。原來，西方也有這類性質的招募軍人，及保家衛國的獎勵制度。

　　有一家瑞典與挪威邊境上的民宿，我路過夜宿十多次，民宿內牆上一幅繡畫寫著瑞典文「JA AR TORPARE JAG OCH JA HAR DET SÅ BRA」，圖文意思為：「我是光榮戰士，我享受在國家授予的土地上建立美好的家庭生活。」據知，我住宿的這個家庭的祖先參加過一六一八至一六四八年瑞典的三十年戰爭，他的子孫在祖先所分配的土地上繼續耕耘生根四百年。

　　然而事實上，每個戰爭結局並不都是光榮、正確、偉大。我的丹麥籍夫婿就告訴我，有一部偉大的瑞典文的小說作品敘述戰士熬過戰爭的洗禮，去到他所分配的土地，開荒墾棘建立安身立命的木屋，不過，老兵沒有等到女人願意搬進小屋與他同住，老兵抑鬱寡歡、悲苦而終的故事。這雖是一個外國小說，乍聽之下似乎所有的偉大衛國故事都很浪漫？反過來想，四

早期瑞典地籍圖，戰士授田。

百年前不知道有多少瑞典老兵面對孤寂的生活？這一幕現在不是活生生地在台灣上演嗎？而那些瑞典老兵確有領到一塊Promise Land（承諾的土地）啊，我們在台灣的老兵呢？折現了，發放補償金了，了事了。

留在台灣大小城市邊緣的老兵單身宿舍還有幾十個，一個老兵分配的居住面積三坪、五坪大，他們已經窩居在那兒住上三十年、四十年。

老兵悲哀的一生，怎麼也寫不成淒美浪漫的故事，我就是做不到的啊。

四十七
青天白日徽章

平日寫的文章，我都需要做一些查證工作才敢發表，因為我專注收集的對象是「台灣老兵」，寫錯就糗大了。

今天是二〇一五年雙十國慶日，寫的這篇短文，心情酸甜苦辣五味雜陳……。如果寫錯，請多多包涵。

入台證上的青天白日滿地紅國旗

早上新聞報導，總統府前馬英九主持開國一百零四週年暨抗戰七十週年暨台灣光復七十週年，因此我們這一邊有三個主題慶祝。

電視再轉到另一台報導，凌晨三點鐘，有八位蒙面年輕人把台北中正橋上兩旁插的國旗全部割破。沒辦法，每年的這個日子，總是有人燒國旗、破壞國旗，抗議台灣這塊土地使用這一面旗子。

下午四點鐘從世貿中心往家的方向走，途經國父紀念館，有一大群大陸遊客圍著一個賣徽章的小攤販問價錢。熊貓徽章賣得很貴，很多人買；我們的國旗徽章價錢很低，有人想買卻不敢買。我問他們：「哪兒來的？」答說山東曲阜來的，都是農民。

幾天前入境台灣桃園機場時，我也跟著其他入境旅客排隊，排很長，九成以上的遊客都是大陸同胞。我看到大陸來的旅行團，等到抵達台灣後，旅行團領隊才會發給他們「入台證」。

我觀察之下發現，大陸同胞中的年輕人拿到那張「入台證」後大都不會仔細去閱讀，不在乎文件上使用的是繁體字，不認得那

一面曾經在大陸地區飄揚過的青天白日滿地紅國旗；其年長者則不然，看得出來，當他們拿到入台證時心情頗激動。我心裡不免好奇，這些已經習慣大陸簡體字的老人家，是否仍讀得懂筆畫較繁複的正體中文字？是否記得入台證上的那面國旗？

黨徽、黨徽，無處不在

回家的路上經過一家「眷村」特色的餐廳，店家老先生是抗日老兵，黃埔十七期，餐廳名稱為「陸光」。我敢肯定，他們曾經住在某個稱為「陸光新村」的眷村，而且顧名思義能明白其取名意涵——這個「陸」字意指中華民國陸軍，「光」意指光復大陸國土。餐廳使用的招牌為國民黨黨徽，我同理猜測陸光新村村口肯定也掛上了同樣的徽章。

看到滿街飄揚的國旗，在台灣，我們說「光輝十月，處處旗海」。去年的這一個月，大陸河南焦作的親友來台探親。當我的親友放眼看去到處插滿國旗，到處都是旗海飄揚時，告訴我一則趣事。

我的伯父周昇雲於一九四八年加入徐州裝甲兵，一九四九年元月因部隊任務之故滯台，幾十年有家歸不得，當他返鄉探親時已是一九九〇年三月。那時大陸親友居家環境還是舊日生活模式，家裡沒有洗澡間，伯父於是隨著家人到公共澡堂去洗澡。當伯父外衣一脫，內衣胸口上一枚國民黨「黨徽」，大咧咧地展示在眾人面前，引起一陣不小恐慌。那件汗衫襯衣原是我堂弟部隊發的衣服，伯父加減撿來穿，聽說去澡堂洗那一次澡，嚇跑很多人，也有一些人有強烈反應，甚不以為然。

每年的九月底，我總是會收到台灣駐丹麥大使館的國慶酒會邀請函，邀請函上方也出現有「青天白日」徽章。前幾年民進黨執政

時，我還以為他們會避免使用這個徽章，結果綠色執政的大使，仍繼續使用著這個「青天白日」徽章，而這個徽章和陸光餐廳招牌上的圖案，似乎是一樣卻又不一樣。

其實，「青天白日」圖騰乃是國民黨黨徽，卻普遍使用在軍隊、軍校、眷村及其他諸多場合。因此，有不少異議份子持反對態度，他們在某些富含國家意義的重大日子或場合，便恣意地燒毀國旗，以示抗議。他們想要燒，你又能怎麼辦呢?!

四十八
從「蔣介石日記」尋找遷台的時間點

一記耳光搧出的使命感

二○○六年三月十一日，在父親去世前的幾個小時，父親以僅有的體力搧了我一記耳光，給他一生最愛的長女作為留念。那會兒，父親躺在床上，根本說不出話來，他完全沒有體力，已然氣息奄奄。

當時我還不知道這是父親與我道別的方式，也還不知道再過幾個小時後，就將父女天人永隔，因此自己很痛苦地度過幾個小時，思考父親這個舉動的用意。父親給的耳光在我腦海裡，在我心靈創痛裡，在我渾沌的困惑裡，在無數不眠的夜晚裡，我慢慢悟出其中的意涵。那一個耳光讓我悟出一個艱難的工作，是為使命的開始，從此我以實際行動開始著手寫老兵故事……。因此可以說，寫老兵故事的真正緣由，來自於父親的那一記耳光。

這幾年收集無數老兵資料，也做了多位老兵的訪談，整理後寫出一篇又一篇的老兵故事。其實，老兵故事多半大同小異，無非是「想家思親」、「單身孤寂」、「老兵精神不死」、「老兵逐漸凋零」等心情故事。他們共約六十萬人，在那個苦難的時代，刻畫下六十萬個版本的歷史剪影。

考慮到台灣老兵是歷史變遷的一部分，因此必須認真嚴肅看待。在書寫老兵故事時，除了需要注意維護老兵尊嚴及形象，關於記錄他們的口述資料，也該留意其中的觀點和情節，可能流於個人

化及片面化，缺少大環境時空背景佐證。因此，需要花額外精神和時間加以查證和整理，才能寫出與歷史不相違的老兵故事。然而，那些資料多半牽涉到艱澀難懂的國防資料、政治分析，和國際事件，如何從中挑出重點，並用深入淺出的文字，一一譜寫和介紹，對筆者而言的確是頗大挑戰。

徐蚌會戰與遷台的關係

收集台灣老兵資料這麼多年後，產生一個疑問：老兵們都是在「一九四九年遷台」的嗎？

在我成長的過程中，曾無數次從老兵口裡，聽到諸如「我是民國三十八年那一批的」、「一九四九年遷台」等字眼。小時候對世事一知半解，關於一九四九年國民政府遷台的概念很簡單，也就是一九四九年某個日子，國共兩黨一刀兩斷、一拍兩瞪眼、各過各的。成人後對「一九四九年遷台」的問題卻反而更沒概念，那是因為我不關心政治，也不關心遷台問題。父親去世後，因為那一記耳光所賦予我的使命感，我開始追索消失的記憶，不斷追問叔叔、姨父等老兵有關國共內戰的細節，包括大陸探親、四十年分離等感受。「一九四九年遷台」這幾個字，對六十萬台灣老兵而言，是一個極度傷痛的字眼。在訪問老兵時，這些老人家往往一聽到「民國三十八年」就情緒崩潰、激動落淚。

在我的書寫中，好幾次使用「徐蚌會戰（中共稱淮海戰役）後，國民黨兵敗如山倒」這樣的描述句，這是一句在我成長過程中常看到、聽到的字詞。因著這一句熟悉的詞語，讓我一輩子以為徐蚌會戰是國民政府遷台的關鍵點。徐蚌會戰從一九四八年十一月六日開始，一九四九年一月十日結束。一九四九年下半年國民黨政府遷台，一九四九年十二月十日蔣介石總統離開成都抵達台灣。以上三個時間點依序發生，似乎徐蚌會戰國黨失利，是「一九四九年遷台」的必然結果。

　　開始著手寫老兵故事後，發現父親在一九四八年十二月即抵達台灣，其他許多老兵伯伯或政府官員也早在一九四八年下半年就已來到台灣。這項發現顛覆了我以往的認知──「徐蚌會戰後，國民黨兵敗如山倒」所以遷台的概念。因此，內心產生更大的疑問：蔣介石何時決定遷台？這個疑問盤旋在我的腦海大約六個年頭。

　　一九八七年台灣解嚴、開放報禁及一切言論自由後，我們開始從電視媒體、報章雜誌上看到很多一九四九年政府遷台的相關節目，許多過去的祕密檔案陸續解密，再加上專業的學術研究大量發表，我們這一代年輕人真的是該心存感激及感念我們的父輩走過「風雨飄搖」的日子，來台的道路多麼辛苦啊。在台灣也有政論節目對一九四九遷台評論探索，但他們為加強收視率，多半以戲劇性的方式演出或調侃口語去論述「一九四九年遷台」這樣一個嚴肅話題，可惜我沒有從這類節目中找到我想尋求的答案。

　　我也看過某電視台關於台灣前國防部長陳履安先生的訪談節目，他的父親即陳誠先生，曾擔任過中華民國第二、三任副總統。陳履安在該訪談中曾提及遷台的重要關鍵，他的描述是否解答了我的疑問呢？蔣介石於一九四八年十二月二十九日公布由陳誠出任台灣省政府主席。陳因事前未被諮詢，對此人事命令感到困惑，打算婉拒。蔣函電陳誠：「如何不速就職，若再延滯，則夜長夢多，全盤計畫，完全破敗也。」電報文中「全盤計畫」是個關鍵詞，這是一個什麼計畫？從歷史資料佐證，蔣介石任命陳誠是遷台前置作業中的一步棋。因此，一九四八年十二月二十九日是我想尋找的遷台計畫日期嗎？

　　陳誠接任台灣省政府主席，徐蚌會戰尚未結束。再從父執輩的口述，父親參加的徐州裝甲兵營根本沒參加此戰役，早在一九四八年十月他們即於上海待命，等待上船去台灣。因此，從蔣介石與陳誠的電文中顯示，遷台的決定發生於徐蚌會戰爆發前。

解開機密，解開疑問

一場演講，給了我尋找六年的答案。

二〇一一年是辛亥革命一百週年，也就是中華民國一百週年，美國斯坦福大學胡佛研究員郭岱君教授在她的一場演講中，介紹《蔣介石日記》，其中蔣介石在一九四八年十一月二十四日記載：「黨政軍幹部自私無能，散漫腐敗於不可救藥，如欲復興民族、重振旗鼓，必須捨棄現有基礎，縮小範圍，另外選擇一個單純的環境，進行根本的改造，另起爐灶。」

郭岱君教授特地加註解釋，單純的環境就是一個沒有共產黨的台灣。

從《蔣介石日記》可以看出一九四八年十一月二十四日是蔣介石決定遷台的時間點，演講中郭岱君教授也提到一九四八年五月國民黨遷台，因此蔣介石考慮遷台的時間點或許又該往前推幾個月。

隨著《蔣介石日記》的公開，許多過去的機密資料慢慢解密了，許多不為人知的抗日計畫和蔣氏的思考謀略，我們如今可以重新審視和解讀了，其中也包含筆者想知道的遷台原因及日期，出現在《蔣介石日記》一九四八年十一月二十四日。從中，後人還可一窺蔣介石當時的心境：

「愧悔無地自容，幾無面目見世人。」
「只能戴罪補過，以求自贖。」

因此，才有今日的台灣──「不沉的航空母艦」！

四十九
一九四九年的入台證

外省老兵增產報國

據說，一九四九年大約有兩百萬人口跟著蔣介石遷台，扣除軍隊，其餘來台的外省人，多半是高階軍官的眷屬，以及行政系統的公務人員及其家眷，不屬於公務人員身分的則為買得起船票的有錢人和商賈。

我的一位同學，他們家原是大陸有錢人家，來台灣後一切從零開始。聽我的同學說，她的爺爺奶奶傾盡家產換成黃金買船票，全家遷來台灣，他們是山東濟南人。

我認識的老兵只有少數是單身獨居，其他有辦法的，即使在台成家立業的，也都是結婚得很晚，肇因早期國黨政府不允許士兵結婚。養兵幹嘛？養兵是用來打仗的，如果年輕士兵都結婚去，日思夜想往「家」裡跑，哪有可能來衛「國」。因此，台灣老兵於民國四十八年戡亂時期軍人婚姻條例（一九五九年）限令解除後，才得以結婚。筆者就是軍人婚姻限制解除後，第一批的阿兵哥結婚潮，結婚報國產生下的嬰兒潮，其中的一位寶寶。

當時鼓勵增產報國的口號是：「一個是寶，兩個還太少，三個恰恰好，四個更是好。」我的左鄰右舍老兵叔叔伯伯們，家家都是三個孩子、四個孩子。今日回想起來，在我幼童年代，台灣老兵年齡雖然屆達四十歲、五十歲中壯年，感覺他們思念大陸故鄉和親人的痛苦還沒那麼深刻。我判斷是因為老兵在台結婚得晚，幾個孩子

尚處稚齡階段，張口就要吃飯，而且吃的量大，簡直像蝗蟲過境一般，老兵只得忙著賺錢養家。想像一下他們的家庭畫面——妻嬌子小，可知那個時期討了老婆的台灣阿兵哥生活應該是相對幸福快樂的。但是，台灣老兵多半娶的是台灣籍弱勢女子，因此別指望老婆帶來豐盛的嫁妝。

辛伯母的嫁妝

辛伯伯也是跟著蔣介石來台的老兵，卻和大多數老兵不一樣，他娶的是外省老婆，有著不一樣的嫁妝。

辛伯母的娘家姓陸，她隨著大哥以鐵路局員工家眷身分來台。陸大哥是大陸鐵路局的工程師，他爭取到父母、妻兒及未出嫁的妹妹共六人的名額，於民國三十八年二月同時來台。聽說陸家還有二哥、三哥、四哥留在大陸，解放後的遭遇聽說很慘……。這是題外話，不在我台灣老兵故事的報導範圍了。

辛家的故事，除了剛抵達台灣頭幾個月如何生活的細節我不大清楚，剩下的我曾一再聽他們說過很多次。辛伯母說那時她才十二歲，不害怕，不怕苦，一切都很新鮮。沒多久就分配到鐵路局在台北市八德路的宿舍，十幾平方米住六個人，為增加收入「還要做滷味到鐵路局餐廳外賣」，「阿哥幫人修腳踏車」、「繡學號賺幾毛錢」等等，辛伯母這麼說。

我還是很好奇，很想多瞭解辛家早期來台的故事：很難想像那個動亂的時期，跟著兩百萬人一起跨越台灣海峽來到台灣定居，那是怎樣的場景？還有他們原先在大陸擁有的一切家產如何處理？如何取捨？什麼該帶，什麼不用帶？我自己的老爸爸就曾交代很多次說：「如果發生戰爭，只帶金子及畢業證書跑！」那他們都帶著什麼東西逃難到台灣？

一次回台例行性拜訪辛家，伯母不在台灣，她跟著旅行團旅遊去了。真可惜！

　　辛伯母不在家，辛伯伯負責接待客人。他從雜物櫃中取出一個半鏽鐵盒，裡面裝的都是半個世紀前，從大陸帶出來的各種證件、證書、買賣契約，甚至地契，還有整疊整疊的鈔票，可能有兩三百張，看得我的心都亂了，好像挖寶挖到石油礦，這些古董鈔票一定價值不斐，我是這麼想的。

　　誰知，伯伯說一疊鈔票買不到一把米，不值錢。他隨便抽兩張送給我，打鐵要趁熱，搶劫眼睛也要靈光，我馬上把那兩張「壹圓」髒的、舊的鈔票放回，再自作主張挑出乾淨的、新的鈔票兩張，馬上收進包包裡，且是一張「壹圓」的，一張「壹佰圓」的。看到我挑的那一張佰圓鈔票，伯伯的眼神有點慌慌，有點茫然，有點後悔。

　　我還是很大膽地這麼做了，包包壓得緊緊的，意志堅定，還反過來跟伯伯強調：「一疊鈔票買不到一把米，不值錢。」我們約定好不會讓伯母知道，因為這一個鐵盒的東西都是伯母娘家的東西。照道理說，伯伯的舉止有可非議，我的舉止也頗越矩，不過那個時刻我們聊天正在興頭上，話說大了，沒問題的。

　　當然，在大陸流通的貨幣無法在台灣使用，因此陸家很辛苦地帶著這些錢逃難，又不能拿去買米買鹽，我想陸家當時一定是很痛苦的。今日辛伯母留著那一整鐵盒的舊文件、舊鈔票，已經不再是為了買米買鹽，留下那些東西純粹是睹物思情了。唉，真是鄉愁點

滴在心頭啊！

　　我父親曾說，他來台時正當吹東北季風，颳大風、起大浪的季節，輪船顛簸得厲害，人人暈得厲害。父親多半蹲在木箱旁睡覺，木箱中裝著政府重要文物……。反正木箱很多，船艙內由士兵把關守衛的東西更是難以計數。

　　最近在台中市政府網頁瀏覽到兩張文件，該物件已經歸檔為博物館展覽用途，文件中顯示一九四九年江西省政府某個單位製作一份公務人員名冊，請上級長官圈選哪些人可以隨國民政府遷台，圈中的人員會配發「入台證」字條，憑「入台證」上船。

　　仔細看個清楚，不知您的親友是否被圈中了啊?!親友分離關鍵點，竟然就是那麼一個小圈圈，真是教人不禁唏噓……

五十
過時的反攻大陸儲備人才考試制度

姨丈考上警察特考一場空

在翻讀姨丈朱更戌的私人文件中，我看到一張特大號的證書：「考試院特種考試及格證書」。我的姨丈朱更戌先生應民國五十九年（一九七〇）警察人員特種考試「優等」及格。

我可是清清楚楚記得這一事件，因為那是我「小器吝嗇」、「一毛不拔」、從不請客的姨丈，一生中唯獨一次的大請客。那時我還很小，模糊記得他總共邀請了親朋友好友、左鄰右舍、大人小孩大約一二十人，大家一起圍在姨丈家的絲瓜棚下，姨丈請客吃餃子，還大放鞭炮，為的是慶祝他特種考試通過，仕途將要一飛沖天──大人是這麼說的。小孩子儘管顧著吃水餃，然後趕緊去撿鞭炮。那些沒有爆開的鞭炮還有些火藥，收集後準備自己手工做火箭筒。那時我才九歲。

姨丈通過警察特考的事情後來變成一場笑話，因為姨丈從沒有得到相應的派任。警察幹不成，他只好繼續幹原本的工作──消防隊打火員，直到體力吃不消，於一九八一年轉任縣政府、兵役科當個小書記。

姨丈當消防隊員時其實也兼任義警工作。我自己的老爸於一九七〇年代開卡車摔跤受傷後，轉做工廠小警衛；該工廠屬於一個國際級財團──「光男企業」，主要生產網球拍。我老爸的這個警衛

管理員也得穿制服，看起來像是警察的制服，因此我那個姨丈就一天到晚使用「假警察」這種略帶諷刺的字眼來調侃我的老爸爸，而我的老爸就不甘示弱地反擊，說：

「你那個『江蘇碭山，警察局長』……有人無缺，有名無額……，你繼續等委派，看看等到死吧，……」

後來姨丈沒有繼續炫耀那張警察特考證書，久而久之我們家開始以為姨丈的警察特考是吹牛吹出來的。

上次回台，阿姨來家裡坐坐，我們又談到嫁阿兵哥的心酸往事。

阿姨說：「考試第一名，……消防隊員薪水才三百二十元，找管道卻要五千元才錄用……」

阿姨的言下之意是，我的姨丈雖然通過特考，因為後台不夠硬，需要疏通管道打理費五千元，才可以從消防隊員轉任警察局。此一背後真相，聽得我義憤填膺。要是金錢可以買個警察當官做做，那幹嘛舉辦警察特考，那不是唬弄老百姓嗎？

關於按祖籍省份額定錄取與祖籍欄

對於台灣的公務人員考試，從小就常聽到左右鄰舍的台灣人大罵政府，說什麼「政府資源都被外省人壟斷」了啦，說什麼「台灣從中央到地方的行政工作都被跟著蔣介石遷台的兩百萬人所霸

占」，諸如此類。這樣的論述，也是後來民進黨攻擊國民黨的口實之一。

台灣的公務人員高普考及特考，其實錄取率很低，沒有兩把刷子，沒有無敵鐵金剛的耐力，沒有裝得下三千年中國歷史的記憶力……那就少去碰這項挑戰，省得受內傷。況且一九九〇年代台灣已是亞州四小龍之首，工商業求才若渴，私營企業的薪水待遇比公務人員高得多，因此我在大學畢業後，根本沒考慮往公務人員方向規劃。再加上聽同學講，即使考上了，等候分發得等很久。究竟怎麼個「久」法，沒概念。

最近看到一筆資料說：一九四八年起，依憲法規定，《考試法》修改為「高普考試應按省區分定錄取名額」。換句話說，雖然國民黨於一九四九年遷台，但在大陸時期的考試法也搬到台灣繼續施用，然而國民黨在大陸統治時期，高普考試按省區分定錄取名額是為了就地取才，落實地方自治。遷台後在台灣的高普考試卻還規定按省區分定錄取名額，目的為何？

目的為何？目的為反攻大陸後、治理大陸做準備。

以一九五〇年全國性公務人員高考為例，台灣籍錄取七人，外省籍錄取一百七十九人，後者占了全部錄取名額的百分之九十六。後來又訂定「公務人員任用法」，改行「列冊候用制」，以作為反攻大陸儲備人才。因此，一個公務人員的工作單位派任都要等很久；如果是儲備人才，那就根本得不到分發派任，因為還沒有反攻大陸。

一九九〇年台灣修法，原本身分證件上的「祖籍欄」宣告作廢。

一九九一年通過國家統一綱領，放棄武力反攻大陸，依據「民主、自由、均富」，力促中國統一（二〇〇六年陳水扁把這一條「國家統一綱領」給終止適用了）。

一九九二年台灣的各類考試取消按祖籍省份額定錄取。

Table 2: 1991 年高普考各省區定額數

省區	定額數	省區	定額數	省區	定額數
江蘇省[1]	44	河北省	34	遼北省	7
浙江省	22	山東省	42	吉林省	8
安徽省	24	河南省	32	松江省	5
江西省	15	山西省	17	合江省	5
湖北省	24	陝西省	13	黑龍江省	5
湖南省	28	甘肅省	9	嫩江省	5
四川省	50	寧夏省	5	興安省	5
西康省	5	青海省	5	新疆省	6
福建省	13	綏遠省	5	海南特別行政區	5
廣東省	28	察哈爾省	5	西藏地方	5
廣西省	17	熱河省	8	蒙古地方[2]	8
雲南省	11	遼寧省	14	華僑[3]	27
貴州省	12	安東省	5	台灣省[4]	21
合計					599

1 資料來源：歷年「中華民國考選統計」。
2 各省區保留省內之籍貫者。
3 1953 年蒙藏各地方定額為 8 人。
4 1956 年新定華僑 15 人，1976 年增為 19 人，1982 年再調整為 27 人。
台灣省定額隨籍人口增加，1956 年增為 10 人，1964 年增為 12 人，1968 年增為 13 人，1972 年增為 15 人，
1980 年增為 19 人，1984 年增為 20 人，1987 年再增為 21 人。

　　筆者長成的背景，就是熟讀中國五千年歷史，熟背中國大陸地理環境，因為我們將來是要反攻大陸的。我還記得隴海鐵路與津浦鐵路的交會點就在徐州，徐州是兵家必爭之地，是很重要的戰略地點。我的祖籍地就在徐州，真是與有榮焉！在我高中時期，地理課老師說大陸省縣劃分有了新的制度，而且增加許多鐵路、公路，當時我們卻還在使用舊制的地理課本，也就是一九四九年之前的省籍制度。

　　老師說：「看看就好，不反攻了，那個過期的內容不用太費心費力去背了。」

　　從姨丈的一張「考試院特種考試及格證書」意外搜尋到早期台灣公務人員考試按祖籍省份額定錄取的沿革。是喔，我們在那個時代是有「期待中國統一」的想法，而且也做了準備……。至於我的阿姨所說：「那些當官的都很黑，沒送紅包，沒有好日子過。」我想這只是日子難過時的怨言，每次選舉季節一到，我的媽媽、我的阿姨們都是國民黨的鐵軍支持者。

　　關於台灣取消祖籍欄登記一事，不知為何，心中多少感到一股莫名的傷痛，因為它其實透露某個訊息：上面的官好像確定不光復大陸了……

五十一
戰亂時期金子與學歷證書的
重要性

　　講到金子，大家的眼睛就為之一亮。

　　買金子時壓低聲音問多少錢，還會擔心口袋的銀兩是否足夠……；戴上金子馬上就抬頭挺胸，昂然闊步，姿態瀟灑。

　　提到老兵文化不能不聯想到金子。

　　一九九六年三月正值台灣的李登輝參選總統選舉，中國共產黨發了兩顆飛彈送給台灣選民，一顆落在基隆外海、一顆落在高雄外海（幸好都是外海）。我的父親打電話給我，萬一發生戰爭，讓我不用回老家投靠父母，自己想辦法躲到山上去。

　　老父親交代，如遇災難或戰爭，所有的生活用品都不重要，只記住要帶著畢業證書及金子跑。我懂得為何要帶著金子跑，那帶著畢業證書跑又有何道理？

　　父親說過他一生在台灣就是「吃了」沒有學歷證明書的虧，只落個老士官長，兵役服二十二年，連個小「尉官」階級都升不上去，就是因為父親的個人背景資料教育欄為空白。父親的小學教育是私塾教育，沒有證明書，初中就讀省立徐州中學，但在一九三八年五月十九日，日本占領徐州後，從此學校開課讀讀停停，父親畢不了業就下鄉務農、娶妻、生子。接連著國共內戰開打，父親賣壯丁一九四八年十二月來到台灣。

　　早期國民黨的政務運作系統很重視人脈，做官靠關係提拔，說穿了就是送禮送紅包文化。人脈可以打通關係，但父親的教育欄是空白那就一切卡死，什麼都甭談。父親二十多年的軍旅生涯沒有特

別對國家做過貢獻，要講學歷又說不上嘴，去辯解什麼日本占據、學校停課都是白搭。這幾年看過很多榮民老兵資料，一紙學歷真的是可以開啟不一樣的人生，才慢慢懂得為何父親說他的一輩子就是吃了沒有學歷證明書的虧。

王伯伯口述說：「就是自己寫一張中學學歷證明，刻個章蓋上去。」

羅伯伯口述的說：「加入國民黨，黨部發的同等學歷證明。」

在此就犧牲我的姨父朱更戌的個人隱私文件，去顯示在混亂時期有些事情是不合道理的，是有衝突的。但我要先聲明，它有正當性及必要性。

陸軍裝甲兵第二師給的退伍證明，證明姨丈於民國三十七年（一九四八）九月一日至民國四十八年（一九五九）十一月一日服役於裝甲兵。

濟南第二聯合中學校長陳震於民國三十八年（一九四九）六月頒發給我的姨丈一張中學畢業證書

　　民國三十八年（一九四九）八月十二日戰車營二連一排的合照上，我看到第二排最左邊的父親及蹲在他隔壁瘦瘦小小的姨丈朱更戌先生，他當時才十八歲。

　　藉由其他老兵的口述發現，老兵自己假造學歷證明不稀奇。再從姨丈的個人資料去分析，其實我的姨丈沒有參加濟南第二聯合中學的學習，不過我的姨丈懂得收集學歷證明的重要性。在姨丈的軍籍資料、戶政資料及公務人員個人資料中都記錄下他是濟南第二聯合中學畢業，這也讓我的姨父在軍中榴砲意外受傷、被勒令退伍後，有了最重要的基本學歷基礎，繼而自修苦讀參加警察考試，讓他一輩子又繼續當公務人員直到一九九四年退休。

　　我接觸過很多老兵如抗日的、朝鮮戰爭的、古寧頭戰役的、滇緬孤軍的，如果老兵曾負傷傷重無法繼續服役，許多的下場都是因為學歷低、無一技之長，在台灣就淪為苦力工，清貧地過完一生。

　　若要問我對於姨父收集假學歷證明的觀點，我會捍衛他這麼做的正當性。我發現戰爭時期一張通行證、一張字條、一紙文書都往往是救命的關鍵，都變成求取生存的工具。但在太平時期，生活富裕的年代，如果我們還那麼做就是詐欺、偽造文書及涉及貪腐。因此，我非常尊重我的姨父朱更戌先生的學歷，套句我的姨父的修身惕語：「道在聖傳，修在己。德由人積，命由天。」我深深受惠且終身引以為鏡，凡事不強求，盡力而為。

　　其實，我的姨丈學識程度之廣博，遠遠超越現今學制下大專、大學、研究所畢業的年輕人。姨丈在退伍後陸續就讀政治作戰學校及警察學校，都是以很優異的成績畢業，甚至通過特種考試優等及格。如撇開不談姨父十七歲就離家的艱難歲月，姨父這一生在台灣的命運雖然有幾段時光起起伏伏、偶有難關，大致而言，他的腳步是走得很扎實很安穩的。

　　一九四八年年底徐蚌會戰（淮海戰役）前後，約有二十萬山東流亡學生從山東濟南、徐州、南京、杭州一路南遷，最後抵達廣州，再搭渡輪於一九四九年七月前後分批開往澎湖，抵達的學生人

數剩餘八千多名。濟南第二聯合中學是山東流亡學校八所學校之一。一九四九年七月抵達澎湖的流亡學生八千人，這批流亡學生中，男同學多半被迫編入澎湖防衛司令部服役，司令官為李振清。這批山東流亡學生後來對台灣政經發展有著長遠的重要影響，關於他們的歷史，另有專家學者發表諸多文獻論著。

　　我的姨丈朱更戌先生在那個流亡學生南遷的同個時期是跟著戰車營遷移受訓，因此不屬於濟南第二聯合中學的學生。姨丈在徐州讀的又是什麼學校現在已無可稽考，僅知道戰亂時期他寄住在徐州省立醫院幫忙打理雜物，時遇徐州裝甲兵招考「五百鐵軍」，他報考錄取後才開始他一生的軍旅生涯。看過姨父一生的個人檔案，我認為這張濟南第二聯合中學的畢業證書讓我姨父在台灣的一生走得更加順利，因此是很重要的一張文件。我會記住父親訓誡的話語，如遇災難或戰爭，要記得帶著畢業證書及金子跑。

　　金子可以買下你活命的機會。命活過來了，政局穩定了，畢業證書可以證明你的能力，開拓你未來一生的發展。

　　父親是這麼說的。

五十二
三十年前的照片去看老爸對
「白色恐怖」的防範

　　某次回台，母親交給我四張夾藏在老爸舊書籍中的照片，屬於我的照片。

　　不可置信的四張照片，如果沒有拍照日期為證，如果不是因為照片中的女主角是自己且身穿軍服，如果不是三個大字「烏鬼洞」，我完全忘了三十年前，自己曾經參加在屏東外海小琉球的冬令戰鬥營短期訓練。

父女倆為一面紅旗大吵一架

　　戰鬥營短期訓練結束，四張照片寄到家裡來，卻也讓我與父親吵了一大架。結果，這四張照片被沒收，照片從此從人間蒸發再也找不到。這幾張照片及這個訓練活動在當時並沒有對我人生產生多少影響，因此活動的細節及參與人物，慢慢地就從我的記憶中褪色消失了。

　　照片找回，開始思考，我父女倆為何要吵那麼一架？……

　　國黨政府一九四九年遷台，為當時情勢所逼，任何與共產黨有掛勾連結的人事物，都會被以放大鏡、無限上綱方式加以調查審判，這就是今日在台灣國民黨最為人詬病的黑歷史──「白色恐怖」，那個年代的確有很多人受到莫名其妙的冤虐對待。時代的事、別人家的事，不知緣由，無從判斷，不加批評。而我們家，老爸爸僅僅是個大老粗、老芋仔、老士官長，從開戰車到妥協開計程

車，老爸爸說，混口飯吃、度個平安日子就好，啥事都不要強出頭，因此一切平平安安，沒事，老有所終。

照片拍攝日期一九八六年二月一日，那個年代兩岸關係雖已不是「你死我活」、「兵戎相見」，但在台灣也還是全面否定那個政權的氛圍。我們的日常生活中，一天到晚常看到、聽到電視新聞報導抓到大量大陸來的「紅星牌、黑星牌」走私槍枝、彈藥——新聞播報員說，這些走私品目的都是要擾亂台灣的治安；抓到大量大陸來的走私毒品——新聞播報員說，目的都是要殘害台灣人的健康；也常常抓到海上漁產走私，那就純粹是台灣的漁民懶惰，直接跟大陸漁民買漁產回台灣販賣獲利較快……。現在兩岸的政治氛圍與三十年前相比大不相同，我卻需要描述當時的時空環境，我的重點就是當時台灣人，人人聞「星」色變，說到五星就聯想到槍枝、毒品及大陸的政權，因此台灣的媒體報導都把電視畫面做特別處理遮掩，只要來自大陸的物產有政治關聯的星星符號全部蓋掉，因此我從不知大陸的五星旗樣式，直到一九八九年探親在香港看到五星旗，卻還疑惑地想：「怎麼沒有鐮刀在上頭？」同時才知道中國的國號叫「中華人民共和國」。不是當時我孤陋寡聞，而是在台灣對這方面有關中國的種種，一切都很敏感，都是嚴密以防的。

我的青春無關白色恐怖

一九八六年我的大學生涯第三年，那時專注期待的都是小女生說不出口的小動作、小心思。也不知怎麼搞的，一個短期戰鬥訓練，在意的都是軍裝、軍帽穿戴得是否端正；受訓期間太陽不要曬太多，膚色會變黑；三分鐘戰鬥澡一盆水不夠洗頭髮，全身臭臭的怎麼帶領大隊人馬？那個吊鋼繩、走吊橋、跳台側滾、大地滾動……都是滾過那些臭男生的身上耶！怎麼滾，一男一女依序排開躺下，就一個接一個當人肉沙包似地往前滾，或似戰車履帶滾輪絞過，只是絞過的不是履帶，而是我們這些青春羞澀的身體。記得當

時男生、女生嘴巴上都說不要，卻又明明很愛滾，都很認真地去達
成任務，去達陣插紅旗，想了就害臊。

　　講到女生的勤務檢查，那就是：所有化妝品一律沒收！女生愛
七嘴八舌，嘰嘰喳喳毛病多，管理她們的要訣就是：一切的一切都
是從我做起，以身作則——豆腐要疊得比別人正，吃飯要吃得比別
人快，軍歌口號也要喊得比別人響，因為我這位短期軍人是戰鬥營
「大隊長」，而且配有一名供我差遣的小勤務兵；那這位小勤務兵
呢，就是正事不幹，專幫我跟另外一位帶眼鏡的大塊頭……傳話，
傳悄悄話。

　　好死不死，短期戰鬥訓練結束後，照片寄到家裡來，照片被父
親給沒收了。

　　我在意的是再也看不到那個大個子俊俏的臉孔，而父親卻是一
直質問為何戰鬥營合照使用一面大紅旗?!那面紅色的旗子……？那
只是一張攻城掠地象徵性的旗子，老爸硬要想成「五星旗」我有什
麼辦法！我甚至不曉得五星旗長得哪副模樣呢。老爸還是堅持「啥
事不要強出頭」，小心點好。還說，什麼顏色不好用，幹嘛掛出紅
色旗？真氣人，老爸不關心女兒當隊長戰功彪炳，卻只盯著旗子看
顏色，再來自尋煩惱。

　　細細閱看四張泛黃的老照片，我看到我的大學同班同學，照
片中後頭站立的唯一女生，她現在已結婚生子，在銀行任職高階主
管。看到這位女同學的面孔，讓我聯想到大學歲月裡的種種青春無

悔、青春無敵。那時什麼都想嚐試，啥蠢事都幹過，還鬧過許多又
憨又傻的笑話。

　　端詳著另外一張與我的勤務兵的合照，我馬上記起來她的外號
叫「小不點兒」。看看她的軍服多麼寬鬆，而我的軍服多麼合身。
其實，這些軍服脫下後馬上就會移交給下一批的受訓同學使用了。
　　而另一張在烏鬼洞前的合照，那位帶眼鏡大塊頭的男同學，我
想他一定是心裡頭不是滋味，憑什麼整個大隊由女孩子來帶領，他
只是淪為發號施令的哨子兵，因此兩人間產生出許多明爭暗鬥的摩
擦。那些摩擦其實含有許多酸甜苦辣的滋味，至今想起來尚有片段
美好的回憶，印證出我的青春年代活得很健康也很陽光吧。
　　今日再看這些照片，幾張被老爸收起來保管的照片，他的解讀
就不同，他怕是有什麼「白色恐怖」的後遺症吧！

五十三
想家思親的記憶，都在那「饃饃」裡

「饃饃」就是饅頭。

「饃饃」這個饅頭叫法是二十五年前隨父親返鄉探親時從嫂嫂那兒學來的。

在台灣，如果去買早餐或與人交談，說是要買「饃饃」或吃「饃饃」，是沒有人聽得懂的。「饃饃」為何物？在我心目中，「饃饃」不單純僅是個麥粉蒸製而成的麵食而已；「饃饃」是饅頭，是山東饅頭。在台灣，如果稱山東饅頭，還得是外省人做的山東饅頭才算數，最好是台灣老兵做的饅頭更地道，這樣我們才能信任那是老麵發酵而成的饅頭，扎實有彈性，咀嚼有老麵香。

曾為了那一個「饃」字掉過眼淚。

就為了一粒饅頭而掉淚，說起來不可思議也太離譜。但這是千真萬確的事。

一日傍晚，與先生在附近自助餐廳打好菜，付錢，坐定，享受。看到隔壁桌的老人家啃著快吃完的饅頭，在我眼裡那是一顆很香的饅頭。「啃饅頭……香地！」是我老爸的口頭禪。其實，只有剛蒸餾出的饅頭你才聞得到那股蒸麵味。眼前老人家手中的饅頭我哪有可能聞見那老麵香味?!都有好幾年沒機會嚐到正宗山東饅頭了，眼前看得到卻吃不到，且快要被吃完，對我來說當然是很香、很誘惑、很想吃。

看看自助餐檯沒有擺設出饅頭販賣，索性就用台語詢問：「阿伯，饅頭兜位買？」

老伯國語回覆：「饅頭……」

我馬上改用國語問：「『北北』，您饅頭在哪兒買？」

在台灣，我們問候外省伯伯時，發音為「北北」，或「杯杯」。在瞭解到「北北」自己從家裡帶饅頭出來後，可能是被「北北」看出我那沒掩飾好的失望，他馬上告訴我，每星期三早上七點國父紀念館門口可以買到那正宗老兵做的山東饅頭。「北北」再看一眼坐在我身旁的「阿兜仔」我的外籍夫婿，接著說：「妳慢慢吃啊。」是啊，我只能幽幽愁想著，哪有可能跑去國父紀念館買饅頭，還得是星期三，早上七點鐘更是不可能。腦中閃過抗拒的思緒，看著「北北」離去。

並沒有刻意放慢速度吃那餐飯，只是兀自情緒低落地，有一口沒一口地夾菜吃。可能不到十分鐘吧，還在低頭吃我的美食，「北北」卻帶來一顆冷的、塑膠袋套著、扎實的、老兵做的、他從國父紀念館排隊買的山東饅頭，那一刻，所有對父親的思念……父親啃饅頭的神情……，曾經隱忍的眼淚瞬間如泉水般湧出！真害臊，趕快在眼淚還沒滑落前伸手抹去。我一時無法說出我的感動，與老兵的交流並不須自我介紹。

「北北」直接問：「妳父親哪裡人？」他並沒問母親哪裡人。

「也是老兵囉。」

「正統的山東饅頭不好買囉。」

「要排隊囉。」

吃那一餐飯，其實還有好多細節可以敘述「北北」都跟我聊了什麼，從聊山東饅頭發現他是老鄉，後又講到逃難，講得我沒吃完的菜變涼，湯變冷，先生的臉色變難看。

我因想吃饅頭而交到一位老兵朋友，他是江蘇邳州人，就是我老爸家鄉的隔壁鄉鎮，因此我們是名副其實的老鄉。因著那一顆香饅頭，我們有了約定，「北北」會去幫我買饅頭。「北北」煩惱我一個外出人、猜想我是回台住飯店，饅頭冷著不好吃喔，「北北」打電話來，要幫我蒸餾好饅頭……。在電話裡頭，我又差點感動得

要掉眼淚，丈夫不會瞭解的。就是要吃熱騰騰的、剛蒸好的饅頭那才算是懂得吃饅頭，丈夫不會瞭解的。

在互聯網博客交了許多位青島的朋友，曾經自己妄想過，哪一天要跟青島的朋友見面，相信他們絕對願意帶領著我走遍山東，嚐遍地方特色美食。如果我有內心說不出卻是很淺薄、很卑微的願望，該對這些山東大漢說嗎？他們會誤會嗎？我最想要的僅僅只是「啃那正宗的、老麵發酵的、我老爸爸特地排隊買的那種有家鄉味的山東饅頭」。我想印證一下我的記憶，那是我八個月大，老兵就塞給饅頭，讓小女嬰慢慢啃食……饅頭的記憶，後來變成思念父親、對父親的記憶，而且包含著父親思念家鄉、對家鄉的記憶。從我嬰兒時期就累積的舌尖記憶。

想家思親的記憶，都在那「饃饃」裡。

周賢君二〇一四年十一月二十日於哥本哈根

五十四
兩岸人的兒歌〈布穀〉
與〈小毛驢〉

　　侄子的兒子周盼管我叫「姑奶奶」。

　　一九八九年與父親返鄉探親，那時我才二十七歲未婚，在台灣是三個弟妹的長姊，才剛從學校畢業轉進讀「社會大學」，社會人士叫我「周小姐」，不過大陸人說「小姐」是個不禮貌的稱呼詞。原來在大陸「小姐」一詞已經被特種服務業給用濫了，因此在餐廳，在飯店，在公共場所，呼喚服務要稱呼他們為「服務員」，不可以叫「小姐」。二十七歲的我，當時在台灣的位階是姊姊，回到大陸就變成「姑奶奶」，長我十七歲的夢月哥已經當上爺爺，因此我的父親也是撿到便宜，從台灣搭個飛機回大陸探親，就升格當上太爺爺。夢月哥的孫子周盼在我們第一次返鄉探親時才三歲，我記得那時他環繞在我身邊大叫「姑奶奶」讓我很彆扭，想想我有那麼老嗎？很不好意思ㄟ。

　　二〇一六年四月的一個下午，夢月哥的孫子周盼開車來飯店接我及先生倆，我們將在張集鎮新開的一家小飯館聚餐。去餐廳的路上，我們先得去超市買紅酒帶去餐廳喝，先生特喜歡長城紅干；我們還得去幼兒園接周盼的小男孩。小孩六歲大，我都還不知道：小男孩個子長多高？小男孩帥不帥？小孩兒名字？小孩兒見我時應該叫「姑太太」，我被叫「姑太太」時會不會又產生彆扭？該不該拿出化妝鏡檢查一下臉上的皺紋？我才五十五歲耶。

　　周盼的車泊在幼兒園外頭，他進幼兒園交涉接小孩。提早接小孩是很麻煩的事，要通過一大堆的關卡。在大陸一胎化少子政策

下，幼兒園對幼童的安全網實施無限上綱的管制，因此我們等在幼
兒園外頭的時間就稍微久了些。不過沒關係，我坐在車內很自如，
我很悠閒地坐在車上休息及聆聽從幼稚園內傳出幼兒合唱的歌聲，
那是我熟悉卻又遙遠的歌曲，小孩兒正隨著伴唱機的音樂節奏唱著
童歌〈布穀〉。

> 布穀，布穀，快快布穀。
> 春天不布穀，秋收哪有穀。
> 布穀，布穀，朝催夜促。
> 布穀，布穀，快快布穀，
> 春天種好穀，秋天收好穀。
> 布穀，布穀，千叮萬囑。

　　這不是我小時候唱過的歌嗎？五十年前在台灣哪。
　　見到小男孩後，小男孩沒有叫我「姑太太」，小男孩很害臊地
躲在爸爸的身後，我也忘記去思考我的年紀及臉上的皺紋，趕緊問
孩子剛剛聽到的〈布穀〉是不是他唱的。
　　小男孩回答：「今天老師教的是〈小毛驢〉。」
　　「沒關係，」姑太太搶著說，「可能是別班的小朋友唱的吧。」
　　小男孩已經忘記害臊，趕緊獻寶唱歌：〈小毛驢〉。

> 我有一隻小毛驢，我從來也不騎。
> 有一天，我心血來潮，騎著去趕集。
> 我手裡拿著小皮鞭，我心裡真得意。
> 不知怎麼，嘩啦啦啦，我摔了一身泥。

　　小孩一遍又一遍地從頭唱。
　　這個沒被叫「姑太太」台灣來的親戚，坐在車上也開始跟著小
男孩唱〈小毛驢〉，她發覺〈小毛驢〉的旋律一點都沒變，歌詞都

一樣。「姑太太」心裡想，還有多少早期唱的兒歌流傳至現代呢？「姑太太」心裡又想，大陸幼兒園教的這首兒歌是從台灣傳過來的嗎？「姑太太」心裡反過來再想，會不會五十年前在台灣學的兒歌都是國民政府從大陸帶過去台灣的呢？有多少這樣的歌曲呢？

毛驢長相如何？〈小毛驢〉的兒歌，台灣除了動物園內豢養，哪兒可見到小毛驢啊？

小時候，我們在豐原合作新村的家有一個布穀報時鐘，父母親每天都要踩上凳子，打開鐘蓋，套上發條鎖頭，為時鐘拴緊發條。每到整點，時鐘的鳥籠口就會打開，小鳥會彈出來「布穀、布穀」地聲聲報時。記得讀幼稚園時學唱的童歌〈布穀〉，老師說，小朋友要快快樂樂地長大，勤勤快快地學習，將來要學習農夫，春天播種，秋天收割，布穀鳥會唱歌感謝老農夫一年的辛苦，布穀鳥也會唱歌給小朋友聽。

那時讀幼稚園的我，心中有布穀鳥，生活中有布穀時鐘，也用歌唱去模仿布穀鳥的叫聲。不過，幼兒的我，從沒有見過布穀鳥，也不曾想過布穀鳥長何樣，更不知道台灣是否有布穀鳥。如果台灣沒有這種鳥，為何又有關於布穀鳥這樣的兒歌呢？小小年紀的我，未曾去思考。

台北忠孝東路復興南路口的太平洋百貨入口處，有一個超大的報時鐘。每個整點，報時鐘會撥放三分鐘迪士尼公司製作的配樂〈小小世界〉。大時鐘面板上會陸續轉出十二個國家不同造型的小木偶，小木偶彈奏不同的樂器，這是象徵世界一家、世界和平。

百貨公司的報時鐘是台北人的地標之一，是朋友約會見面的指定地點。報時鐘播完三分鐘《小小世界》的旋律後，十二個木偶都會歸位隱藏起來。報時鐘上面沒有設計機械布穀鳥，不過音樂以最後的兩聲「布穀、布穀」來結束。吸引我的，就是那最後兩聲的旋律，那是我熟悉的聲音。年輕時期，不知道去站在太平洋百貨報時鐘的鐘樓下多少次，只有那最後的旋律，讓我不自覺地回憶，兒時唱〈布穀〉時多快樂啊！

　　西元二〇〇〇年千禧年結婚移民來丹麥，六月天的一個下午，我蹲在菜園子除草，傳來一陣首次聽到卻又似曾相識的聲音：「布穀、布穀」……「布穀、布穀」地一路叫，一隻鳥飛過我頭上的天藍。緊追著鳥兒蹤影，卻又倏忽不見。不過，我還是可以側耳追隨著鳥鳴，往北方的方向望去，聽著布穀聲漸漸遠去。接著一段時間，我幾乎可以天天聽到布穀鳥的鳥鳴。往後的日子，我甚至可以年年聽到呢。原來真有布穀鳥啊！

　　我無法形容布穀鳥的「布穀」叫聲，但我相信，會唱〈布穀〉歌曲卻又沒見過布穀鳥的人類，當布穀鳥從頭頂樹梢飛過時，你聽到「布穀、布穀」鳥叫的當下，你一定會感動。真正布穀鳥的叫聲，不是如機械報時鐘那樣地呆板，布穀鳥的叫聲，柔和多了，好聽多了。

　　返鄉探親，順路去幼兒園接小孩，意外聽到孩童純真無邪的歌唱聲「布穀、布穀」，再接著小男孩大聲地唱新學習的歌曲給這個台灣來的「姑太太」聽，「我有一隻小毛驢……嘩啦啦啦我摔了一身泥」，我那時候好感動喔！我又好感傷喔！小孩子哪能理解大人的心中有了澎湃呢？該如何去跟小男孩解釋，「姑太太」五十年前也學過這首歌，這是一首陝西民謠，是很多很多年前姑太太的爸爸，也就是佬佬太太那一代人，他們帶了很多東西很多人、很多傳承很多牽掛、很多鍋碗瓢盆很多料理方式、很多書籍很多歌譜，包括小孩子唱的〈布穀〉、〈小毛驢〉、〈踏雪尋梅〉……去了台灣。

　　該如何跟小男孩解釋，他現在在幼兒園學習的許多兒歌，有些早已經在世界流傳歌唱很久很久了，那些歌曲將來可以引領他與外面的世界接軌。該如何跟小男孩解釋，這首〈布穀〉在大陸曾經是禁歌，創作這首歌曲的人，被打入地牢二十二年而且變成瞎子，因此我的夢月哥沒學過這首歌，夢月哥的兒子也沒學過，夢月哥的孫子，也就是周盼也沒有學過。「姑太太」現在聽到小小輩唱〈布穀〉歌是多麼高興啊……。一首〈布穀〉歌讓曾經脫節的幾個世代

又連結上了，曾經脫鉤的鎖鏈又連上了。原來一九四九年帶走的歌譜、詞曲又回來了，回到這一片祖先世世代代耕耘的土地，一片祖先告誡子孫「日出而作、日落而息」的土地，一片春天播種、秋天收成、永續經營的土地。而今天這塊土地的小幼童又開始學習那些前人創作的經典歌曲，這樣的發現，不是讓人感動、讓人流淚嗎……

在我小時候學習的兒歌中，哪些是本土台灣的？哪些是從大陸帶來台灣的？想想，這重要嗎？似乎是不重要了。重要的是，「布穀」這首美妙、善良、快樂的兒歌又回到「大陸」的這一塊土地傳唱，這才是重要啊。

想像及看到一個畫面，一位滿了白髮的「佬佬姑太太」坐在徐州鄉村的院子裡曬太陽，聽著、聽著……小小小、小孫子唱兒歌。

布穀鳥飛回「大陸」了。「布穀、布穀」，「布穀、布穀」。

二〇四九年。

周賢君二〇一七年一月十八日於哥本哈根

備註：

1.劉雪庵（1905~1986），四川銅梁縣人，一九五七年，中共反右運動，他成為被批鬥的人物。一九六六年，文化大革命爆發，他的作品〈何日君再來〉一曲，被西藏人民配上反迫害的歌詞，流傳華北。因此，他遭受到紅衛兵迫害，關進「牛棚」二十二年，最終雙目失明。他的作品全部被禁唱，直到一九八二年，文化大革命結束後九年，才有人重新演唱他的作品。

歌曲：〈飄零的落花〉、〈喜春來〉、〈中華兒女〉、〈雪花飛〉、〈春遊〉、〈殺敵〉、〈歌勉空軍〉等，詞曲並作。〈流亡三部曲〉、〈松花江上〉張寒暉詞、〈流亡〉、〈上前線〉江陵詞、〈追尋〉許建吾詞、〈柳條長〉矗眉初詞、〈幗國英雄〉桂永清詞、〈春夜洛城聞笛〉李白詩、〈長城謠〉潘子農詞、

〈布穀〉劉大白詞、〈紅豆詞〉曹雪芹詞、〈楓橋夜泊〉張繼詞、〈孤島天堂〉黎楚生詞、〈有一句話〉陳曙風詞、〈何日君再來〉黃嘉謨詞、〈壯志凌雲〉葉逸凡詞、〈保衛領空〉陶偉生詞、〈空軍軍歌〉簡樸詞、〈永生的八一四〉楊泓詞。

2.鋼琴：〈中國組曲〉、〈飛雁〉。

3.作詞：〈總理逝世紀念歌〉、〈蝴蝶〉、〈國慶獻詞〉、〈歡迎運動員〉、〈凱旋〉、〈送畢業同學〉、〈新中國的主人〉、〈農家樂〉、〈遊戲〉、〈搖籃曲〉、〈踏雪尋梅〉等，均黃自作曲。〈田家忙〉、〈漁夫〉、〈催眠歌〉江定仙曲、〈惜春〉、〈良宵同樂歌〉張玉珍曲、〈快活歌〉、〈搖船歌〉應尚能曲。

4.填詞：〈振興中華〉、〈我愛中華〉、〈勵志〉等。

五十五
渡過黑水溝——方建唐的故事

從榾子頭談到逃荒年代

我們這一群俗人喜歡講俗話，我們的俗話也就是幽默的閩南話混著嗝口的國語普通話再夾雜著一點點黃腔、一點點洋涇濱腔，我說的這一群俗人也包括「那個華僑的賤內」。

從認識這位小個子的「賤內」而造就出這一篇小文的主人公是個柬埔寨華僑。你不能不承認她的高級黑幽默，當她自我介紹「倭，就是那個賤內啦」，當她的老公說：「共產黨來，連電線桿都拔腿要跑，就是沒腿啊？」苦笑，從他倆夫婦一到來，直到開著那部四輪傳動的吉普車離開，三個小時我們聊天又吃飯，整場談笑中聽他說故事，說他如何「逃出紅高棉屠殺」的故事，能讓人笑著聽恐怖故事，他也太幽默了吧！他不是等閒之輩喔。

「微信」讓我們碰撞在一起，微信族群內原先談論的主題是「山東榾子頭」的做法，東聊西聊的，發現有一群人都懷念榾子頭。我們結論是戰亂年代「榾子頭」是最好的乾糧。同時也發現，最想念「榾子頭」的卻是走過戰亂年代存活百姓的第二代，那也就是我們這些不知天高地厚、不知感恩圖報的都市小民，八卦聊天的重點竟然是什麼麵粉啦、如何拉筋啦、如何火候控制啦。

十幾年前去過柬埔寨，柬埔寨消失的佛窟文明讓人警惕，不珍惜文化，下一場古文明的消失就是你現在正在拋棄中的文化，我所關心的是中華民族固有文化。旅遊參觀發生在柬埔寨土地上的那一

場大屠殺，都是透過文字、圖片介紹，從沒
有想過，有一天，會遇見一位親歷者以我們
共通的語言福佬話，去述說柬埔寨那一場世
紀大屠殺被他親歷了，他逃難「逃出紅高棉
屠殺」艱辛的過程。

　　他，方建唐，一九五六年生，祖籍廣東普寧人，祖輩「過番
逃荒」，越過「黑水溝」亡命落籍於柬埔寨金邊。方建唐的爺爺原
是清朝末年執鞭於家鄉私塾學校，無奈清廷腐敗，不顧地方民間疾
苦，任由流寇搶劫亂竄，小老百姓為逃避經年累月來犯的搶匪，決
定放棄世代祖先建立的家園，即所謂「過番逃荒」。然而，在一個
不發達的年代，要去另覓一個新的「桃花源」落地生根，談何容
易？「黑水溝」的傳說，「六死三留一回頭」，就是這麼口耳相
傳，或許就是那些「一回頭」的失敗者對大海的形容詞吧。「黑水
溝」這三個漢字組成的專有名詞幾乎是讓所有台灣人無法否定我們
的祖先都來自唐山，來自閩粵，包括：赫赫有名檯面上的陳水扁、
呂秀蓮或連戰，或沒沒無聞的小老百姓我的母親。母親十六世的始
遷祖於明末清初，從福建漳浦橫跨「黑水溝」來到台灣南投落戶，
方建唐先生的祖先也曾打敗「黑水溝」險惡水流，抵達東南亞，最
後落地生根於柬埔寨金邊。

◎◥黑水溝與《薪傳》

　　聽到方建唐祖先橫渡「黑水溝」去到東南亞打拚，才知道過去
我得到的教育不甚正確。台灣的文史傳記教導我們，台灣西海岸處
處有著我們祖先早期移民來台的足跡，從遺跡的挖掘，出現的都是
從福建、廣東家鄉帶出來的罈罈罐罐。除了台灣的原住民，台灣算
是一個移民島國，第一代移民發生於元末明初，第二代明末清初，
第三代一九四九年；結論：都是戰亂年代。文史課本上的「黑水
溝」指的就是台灣海峽。聽到方先生口述他先人移民傳承的故事，

讓我知道「黑水溝」代表著一個未知的海洋鬼門關，他們祖先的「黑水溝」卻是中國南海。若不是早期土匪猖獗、逼人死路，誰又想去挑戰「黑水溝」呢？方先生的祖先就是戰勝了「黑水溝」。

方建唐的阿母說：「那個共產黨來，那個電線桿如果長腳，那個都要跑……」方家長子方建唐腰纏許多碎金箔、一點救命藥、一點點乾糧，他強調黃金大塊沒路用、金錢現鈔沒路用，要想亡命天涯就要腰纏萬金（碎金箔）。二十歲的方建唐目睹高棉共產黨無產階級專政對人民大屠殺，他在厄運臨頭前，早一步加入流民逃亡去越南，以八十萬越幣買到飛機票，一九七五年三月六日抵達台灣。一個月後蔣介石去世，那時他曾懷疑，會不會台海也有危機。到今天他還保留著那張機票的票根，他說這是他的傳家寶。

方先生受台灣政府照顧，公費就讀華僑中學，畢業於中興大學森林系，學業完成後續留台灣落地生根、娶妻生子。隨著大陸改革開放經濟奇蹟，大陸城鄉建設綠化需求，前景一片看好，方先生隨著大陸市場需求的腳步也從台灣轉進大陸去發展，目前在福建漳浦已開發出他自己的一片觀光農業園區。

他，再一次落地生根，而這一次方建唐落地生根的「土方」卻是十九世紀末祖先不得不選擇出走的走投無路的這一片天，這一片地。

方先生回顧他年輕時期勇闖天涯的故事，他大學畢業後順利娶妻生子，又積攢了一點小錢，因為止不住對淪落在柬埔寨親人及老家的思念，於是從越南邊境偷渡回去柬埔寨老家看望幾眼。然而，「波爾布特紅色高棉」波布政權當時尚未垮台，所以方先生是隱瞞妻子前去的，簡單說就是短暫失聯。隨著他精彩刺激、過五關斬六將的情節，我脫序地想像：所有傳世歷險記的故事絕對都如「黑水溝、六死三留一回頭」的人命犧牲比例，曾有無數多人葬身台灣海峽，讓我們今日的後人去評頭論足大藝術家林懷民的雲門舞集《薪傳》劇。舞台劇中，先民克服重重難關渡海拓荒的場景一幕幕，台灣海峽翻騰的不是白色海浪，而是洶湧怒吼的黑浪；那湧動翻騰的

黑色布幔，述說著吞噬人的海浪是黑色的怒吼。舞台上煙霧籠罩，象徵海象暴潮、氤氳滾滾，象徵「黑水溝」的無常。那煙霧彷彿天地不仁的幫兇，逃荒移民者被無情地滅頂隱沒……

　　人命啊人命，不詳數字的生命走進黑水溝，一波又一波；僅僅少數的生命走出黑水溝，延續又延續。生命的延續、生命的傳承如筆者，如方建華，如其他又海漂回歸這塊我們稱呼「祖國」的土地，我們又說我們要從頭開始，我們要落地生根。

方建唐口述，周賢君整理，
二〇一六年四月二十三日於福建漳浦

敬啟：本文所書共產黨為「紅色高棉」一九七五年在柬埔寨所建立
　　　之政權的執政黨，無含沙射影之意，請君無須對號入座。

五十六
認識一位作家老兵

　　與一位不認識的台灣老兵電話聊天，他的最後一段話，就是一直謝謝我的來電，他說：「我們這些老傢伙，是很寂寞的。」掛完電話後，查看手機的通話記錄，這一通電話，我們講了四十二分鐘。

　　老兵伯伯的那一句：「……老傢伙，是很寂寞的。」我似乎曾經聽過……。知道那是父親說過的話語，知道那是老兵的共同語言。

　　回想當時父親還在世，知道父親很想家，知道父親很無助，知道父親很寂寞，但就是抽不出空與父親聊天四十二分鐘……。抽不出空，就是抽不出空。

　　唉，想想，我是怎麼搞的。

　　兩年前去了一趟榮民輔導會找老兵資料，發現榮民文物典藏包山包海，有從我還沒出生的一九五〇年代文物資料，有從滇緬地區已經解密的資料，有從台澎金馬老兵參與地方建設的資料，更多是從全世界各國軍人後援會的合作介紹……。在看多了感謝狀，看多了榮譽金牌後，輔導會的招待人員隨意地說，榮民的心境很是單純，榮民的特色就是想家。比起一般人，榮民最是孤單。不過，倒是有個榮民雖孤單，卻仍想辦法沒事找事做，保持忙碌。招待人員說在我到訪前，他正在忙著一個諮詢案件，一位老兵伯伯要求輔導會協助提供「經國先生語錄」。這位老兵正在著手他的第二本書出版整理，他需要蔣經國先生所有公開發表的談話，當作他的參考資料。

　　那我就很好奇了，這位老兵都是寫些什麼呢？平日聽到的、見到的都是老兵口述歷史，也就是透過專業記者或寫作高手訪問

老兵，然後統籌整理出版。一般而言，台灣老兵的教育程度大都不高，要知道一九三〇至一九五〇年代，中國大環境內憂外患，哪有學校可讀？能活著見證歷史就不錯了。因此，聽到有一位老兵作家存在，不免心生好奇、心存敬佩，急著想知道其書名。再怎麼說，我是老兵第二代，當然想去購買他的書，以示支持呀。可惜，沒人知道該老兵出版品的書名。結果，輔導會給了我老兵的電話，要我自己直接去聯繫吧！一張抄了老兵電話的便條紙夾在行事曆上已有兩年，過了七百多個日子，我才打通這位老兵的電話。

　　老兵叫做楊淵，他的出版品書名為《台灣路——我這樣走過來的》。楊伯伯的書沒有透過台灣書局聯盟連鎖系統販賣，因此無法在一般書店買到他的書。伯伯說，他有空沒空就推著他的小推車，自己在台北車站或新光百貨大樓站前廣場、人潮路口擺攤販賣他的心血結晶，那本書細細記錄了他一生的故事，及他如何走透台灣的故事。

　　電話中伯伯告訴我，台灣的國家圖書館連續訂購五次，光是圖書館他就賣了兩百本。談話間我主動附和，想必伯伯的書是優良讀物，出版品能入庫圖書館是要有一定水準的，起碼是勵志的，圖書館才會訂購這麼多。伯伯說他的文章還上過《聯合報》好幾次，都有拿到稿費呢。稿費合共五千元台幣，大約人民幣一千元，實在是不多。「投稿報社，獲得登出，只是一種肯定。」伯伯補充說。然而，伯伯也向我透露，有時候在車站一整天賣不出一本書，賣得也很累。不過，也無所謂，因為他不須依靠賣書來為生。看來伯伯很樂觀。

　　電話中，當我聽到伯伯的舊資料、老照片都被粗心、不在意的印刷廠給搞丟時，我的心痛如刀割。當下，心裡翻湧出一連串疑問：楊伯伯是單身老榮民嗎？他沒有子女後代可以幫他張羅與印刷廠的交涉嗎？伯伯一生的舊資料、老照片怎可就這樣遺失了啊！但我沒問出口。

　　那四十二分鐘的電話聊天，伯伯談到自己天天游泳一小時，天

天盪鞦韆二十分鐘。對於老人玩盪鞦韆，伯伯特地強調，他是返老還童所以喜歡盪。還聊到之前退輔會通知停發榮民生活津貼，他是如何據理力爭自身權益直至勝利成功。伯伯還多次提到美國援助台灣的事。據我所知，台灣受美國經濟援助是一九五〇至一九七〇年代的事了，電話中我不很確定為何伯伯要提美國經援的事，也似乎掌握不到該話題的重點。總之，伯伯似乎知道很多事，伯伯的故事看來是座寶山，將來慢慢挖吧！

我們約好，應該是說伯伯堅持，他來找我，不讓我去拜訪他。我直覺判斷，應該是因為老兵生活的窩一般都很簡陋，因此他們喜歡與朋友在外頭碰面，不喜歡訪客到家裡來。我們約好下星期一下午，伯伯來找我，他要送我一本他的大作。伯伯要來找我，讓我擔心的是，他一個老人家從永和騎摩托車進台北市，人潮車潮擁擠，交通那麼亂，不知我這樣答應是否太過分，讓他跑這麼一趟，真的於心不忍。伯伯堅持他來找我，只好電話中交代他：「摩托車慢慢地騎，不要趕時間，我整個下午都有空，在家等就是了。」

掛掉電話後，心裡仍很不捨伯伯丟失了所有舊照片的事。提醒自己，見到伯伯時，一定要把「如何存檔舊檔案、舊照片的方式」傳授給伯伯；最簡單的方式就是拿去相館請他們轉檔做數位掃描，把資料存在光碟，甚至是備個好幾片光碟。猜想伯伯應該不會使用電腦，不過有了數位保存，即使發生任何事都好辦，秀出光碟片，後代人就可以繼續幫伯伯辦理他所想要達成的寫作。想到這裡，疑問再起：不知道伯伯有沒有子女？不知道伯伯接受我來幫他做資料的備份嗎？

電話中伯伯告訴我，再過兩天他就要回大陸探親了，因此必須搶時間先來找我。伯伯一直說感謝的話，我則衷心回答：「很高興認識楊伯伯。」

二〇一五年四月　於台北

五十七
一位死過三次的台灣老兵

　　在我認識的榮民當中，有一位學經歷非常豐富的老兵，他曾經做過粗工、踩過三輪車、開過計程車等勞力工作，不過他也擔任過廣播電台的廣播員、政府公務員，甚至是大學教授等受人欣羨和尊敬的工作。

遼瀋會戰的子彈藏在腎臟裡

　　老兵楊淵先生，他自費出版了一本著作《台灣路——我是這樣走過來的》。他賣書的方式很特別，就是直接把一疊書放在小推車上面，有空就推去台北車站的站前廣場賣。他的目的是，產生機會，好讓他面對面與讀者溝通，聽取讀者讀後心得的回饋。他的讀者是車站路過的行人旅客，與他交談的讀者大都是固定在台北車站上下車的人。伯伯說，他需要聽一聽讀者的讀後心聲，那些心聲及迴響可以治癒他自己十三歲被抓壯丁參戰的記憶、十三歲離家出走的痛苦、十三歲面對死亡廝殺的噩夢。

　　《台灣路——我是這樣過來的》書本封面上有兩句話：

　　　　「他為塑造台灣繁榮，每走一步都留了汗。他感受的心路歷程，每遇一事都淌了淚。」
　　　　「這本書是歷史家的提示、劇作家的腳本、文學家的題材、軍人戰場的經驗。」

楊淵先生，我稱呼他楊「杯杯」（伯伯），這個年代在台灣，年輕人發明了一個世代潮語，去稱呼跟著老蔣總統從大陸來台的這一批外省榮民老兵為「老杯杯」，杯杯為諧音詞，年輕人表達俏皮幽默的一種方式！

　　楊杯杯一生受過三次傷，三次都可以要了他的小命，但他都從鬼門關竄過去，再跑回陽間，一個中國近代史最為錯亂的陽間。

　　第一次是一九四八年十一月遼瀋會戰，在戰場上，杯杯的後腰挨了一槍。當時因為天氣極端寒冷，加上年紀還小，身體的復原能力強，槍傷的傷口沒敷藥卻也沒有細菌感染，幾天後竟然就止血結疤、自然痊癒了。

　　受傷的事，久了也就忘了。杯杯在中年六十歲左右，因一次急性腎發炎，產生大量血尿，超音波掃描一團黑東西以為是腫瘤，緊急開刀後取出腫塊。結果發現，腫塊內竟然包著一顆子彈，當場嚇傻了開刀房的醫師。術後恢復知覺，杯杯才憶起那是在十三歲時參加遼瀋會戰所挨的子彈。杯杯對人人都說，那是林彪打的，其實那是林彪部隊打的。在杯杯的書內，他很詳細地介紹那一場戰爭遼瀋會戰，中共的人海戰術，怎麼打、怎麼圍攻。對我而言，戰爭統統是一場場不可思議、無法理解的殘忍。總之，那些顛沛流離在國共戰爭之間的老百姓，活得很悲哀。

古寧頭戰役被削掉頭蓋骨

　　杯杯第二次受傷的故事更神奇。杯杯低下頭讓我按一按他頭頂上的「髮旋」，那地方軟綿綿的，頭皮下方沒有頭蓋骨。我記得小時候曾見過人用髮旋紋路來算命，也有人用以判斷聰明程度，甚至聽過順口溜：「一旋擰，二旋橫，三旋打架不要命。」表示髮旋多的人不好惹。

　　在杯杯十四歲的時候，於一九四九年十月金門古寧頭戰役中，被中共發來的砲彈削掉了一塊頭蓋骨。這場意外，讓杯杯昏迷了一

天一夜,卻未得到及時救治,因為當時根本沒人發現。

　　戰爭結束後工兵清理戰場,連長也著急地四處尋找他自己本連上的失蹤隊員。當時,十四歲大的「杯杯」頭頂血肉模糊,與其他士兵的死屍一起混雜堆疊著,被放在我們一般常見的,那種運工程磚塊砂石的獨輪手推車裡,準備推去「亂葬坑」掩埋掉。所幸,十四歲的杯杯在手推車內動了一下,手臂揮了一下,大喊一句:「壓著我幹嘛?」驚喜萬分的連長才發現他還活著,趕緊把他拉出來,擔架抬著送去醫務室,終於把小生命救了回來。因為這個砲彈的傷害,杯杯終身不時頭痛頭暈,怎麼醫都醫不好。

　　去按一按杯杯頭頂缺一塊的頭蓋骨,其實挺怕人的,因為你會跟著去想像頭骨破裂、血流不止、腦漿濺出等畫面,真無法想像當時怎麼能活人!萬一沒醒過來,不就白白的一條命,草草地被掩埋掉?而且是活埋!好奇地問杯杯,這書內怎麼沒詳細記載他參戰古寧頭受傷的細節,也沒有記載是否受勳章表揚。結果,杯杯竟然有點害羞地回答:「不好意思啦」、「被砲彈炸到真丟臉」、「寫出來,人家會見笑耶」,等等。

　　這讓我聯想到,前兩年我們家的子弟兵,十八歲男孩入伍當砲兵,砲彈抬不動也就算了,才發射幾顆砲彈竟然耳膜破裂受傷回家休公假,讓我們全家人多麼擔心。在家養傷時,聊著聊著,講一堆部隊裡面的笑話;諸如:新兵同學哭爹喊娘,因為受不了南台灣的烈日高陽,在操場上訓練竟然有新兵暈倒。我的天啊!杯杯被砲彈打到的故事,在他們老一輩人的觀念裡,是那麼地含蓄不值得一提,而我們現代的年輕人,花拳繡腿的,稍微操一下,就什麼細節都值得一提再提。

草嶺潭水壩決堤事件中的倖存者

　　杯杯第三次撿回性命的故事,發生在民國四十年五月十八日,他是當年「草嶺潭水壩」決堤事件的五十六名倖存者之一。該事件

中，有七十四名官兵殉難。這群國軍原先被派去搶修通往草嶺潭的公路，竣工後繼續留下，協助整修水潭附近坍方。連長率領兵工弟兄施工鞏固壩堤，先是用很多沙包和磚塊去墊高壩堤，再用砍伐下的林木樹幹去頂壩堤板塊，以增加壩壁強度。沒想到連綿豪雨不斷，雨勢越來越強，草嶺潭水位驟升。連長於是下令，要求全連的弟兄以身軀去頂住壩堤板塊。五月十八日晨，潭壩終於不支潰決，一億餘立方公尺的洪水乍然傾瀉而下，兵工們霎時沒入洪澤中⋯⋯

當壩堤潰決的剎那，杯杯幸運地抓住一根漂流木，才得以獲救生還。因為他幸運地攀爬在一截木頭上而保住了一條小命，而那根木頭正是上級要求他們去砍伐的林木樹幹之一。其他人卻不幸被漂流的樹幹打昏，一億立方公尺的水力衝擊下去，人命只是瞬間的幾口氣，哭喊都沒用，七十四條命眨眼間就沖走了。

最後當局檢討該事件，歸因於梅雨季節降雨量太大，水庫宣泄來不及，以致犧牲這麼多官兵，實在令人遺憾痛心。

杯杯說：「與天鬥、與地鬥，要人定勝天喔！」

「那個時代，死傷多少士兵算什麼？因為士兵的命太賤了！」

杯杯先後去過草嶺兵工殉難紀念碑十多次，去燒紙錢給他的弟兄們。杯杯說，很多殉難弟兄根本找不到屍體，造的墓其實是衣冠塚。

我問：「一個連一百三十人，一口氣死了一大半！那時候會不會在心靈上留下什麼死亡的陰影？會不會害怕什麼倒霉運？」

杯杯回答：「當然，每個人都怕死，不怕死是騙人的。不過，去燒紙錢的時候，有一種怪怪的感覺，一種快樂的感覺，一種活著真好的感覺。然而，那種活著很好卻又腦袋瓜子還記著那麼多弟兄年輕臉孔的畫面，就覺得有點矛盾，心裡怪怪的。」

杯杯再進一步解釋他情緒矛盾的原因：「看看鏡子的自己，八十多歲的老腦袋卻有著那些犧牲掉的弟兄十幾二十歲臉孔的記憶，是不是很奇怪？他們撐過抗戰、內戰砲彈的洗禮，才剛抵達台灣沒兩年，卻被一場惡水給結束掉生命，而且都是年輕的生命，你說公

平嗎？人生很無常啊！」杯杯感嘆著。

　　杯杯說，紀念碑上七十四位犧牲官兵的名字，很多都並非真實姓名。部隊裡按照帶兵人數撥軍餉、發彈藥、給糧食，戰亂期間天天有人犧牲，抓來的新兵不准用自己的名字，要用部隊名冊上已經犧牲老兵的名字，哪有時間隨時去更新名冊？當兵很苦啊。連個碑文上的名字都不是真正犧牲士兵的父母給的，這樣對得起祖先嗎?!

　　　　　　周賢君二〇一六年七月十七日於哥本哈根

五十八
台灣的墾荒老兵楊淵

我是榮民子女,台灣老兵第二代。

過去我對榮民老兵之於台灣的實體建設沒有很清楚的概念,常常人云亦云地以為老兵開拓了一條中部橫貫公路,從台中東勢到花蓮太魯閣,死傷榮民老兵兩百餘人,就是那麼一條公路,沒什麼了不得。

今日我知道得更多了,無法以文字去盡述父輩們一生的無奈,只得以揪心之痛的心情再去走一回榮民老兵在台灣的墾荒之路,把我知道的、漸已消逝的、被遺忘的故事寫出來。

二○○八年馬英九上任後開放兩岸直航,開放大陸同胞旅遊台灣,也增加兩岸之間的學術交流及交換留學生。我非常喜歡瀏覽大陸同胞的台灣遊記報導,分享大陸同胞對台灣人文風俗民情的讚美,沾些「與有榮焉」的喜悅。

有幾篇大陸同胞對台灣的專題報導引起我的注意,是博友或交換留學生對於台灣「三七五減租」、「耕者有其田」早期國民黨政府遷台實施的土地改革政策的特別介紹。我很驚訝為何大陸同胞對台灣早期的土地政策那麼有興趣!我不禁反想:那項土地改革是一個好的政策嗎?值得那麼多專業或非專業人士特闢篇章做特別報導嗎?一個國民黨一九四九年遷台前後實施的土地改革政策,「三七五減租」、「耕者有其田」這樣的字眼對我而言僅僅是個口號,出現在初中教學課本上,對當時一個十二三歲學生的我,根本波瀾不驚,沒啥感覺,也從無真正瞭解這類土地政策對農民的收益,或對

台灣政局穩定產生了何種實質影響。因此,一個土地政策的口號,在考完試後,這類專有名詞就盡快還給老師、拋到腦後了。

　　這兩年反過頭來再從大陸博友文章中去認識學習台灣早期的土改政策,對我來說是很新鮮的一件事。

　　前不久看到一部紀錄片,是有關於共和國建國初期,農民分配土地,農民亦步亦趨地跟著土地丈量員去踩踏屬於他們自己的土地,農民手上揮舞著土地所有權狀。我對於農民樂開懷的笑容印象很深,這乃是中國人「有土斯有財」根深柢固的觀念所呈現出的極樂反應了,我相信當時的中國農民是極為喜樂的。

　　我不禁聯想,遷台後的蔣中正先生可能也看過這類發生於中國土地改革的紀錄片吧!或許也進而影響並推動他施行台灣版本的「三七五減租」、「耕者有其田」等土改政策。兩個政黨實施的土改政策之同異利弊就讓專業學者去研究,不在本文論述範疇了。

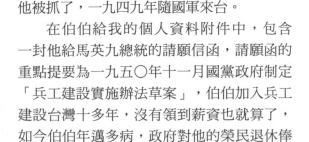

　　榮民楊淵,一九三四年生,江蘇常州人,一九四七年從學校回家的途中遇國民黨抓壯丁。當兵時他僅是一個十三歲的男童,他被抓了,一九四九年隨國軍來台。

　　在伯伯給我的個人資料附件中,包含一封他給馬英九總統的請願信函,請願函的重點提要為一九五〇年十一月國黨政府制定「兵工建設實施辦法草案」,伯伯加入兵工建設台灣十多年,沒有領到薪資也就算了,如今伯伯年邁多病,政府對他的榮民退休俸津貼竟然有意見,讓伯伯對時下政府有了心生不平之氣。

　　看到伯伯的個人書信,字字句句都是嘔心泣血的敘述,早年如何跟著軍隊在天寒地凍的東北打游擊內戰,來到台灣時他還僅是個大孩子,沒爹疼,沒娘愛,白天參加墾荒

楊淵十三歲學生照

建設、開拓公路、建築水壩
……，晚上躲在被窩裡偷偷
哭泣。這些以軍人參與建設
的所有法源基礎就是「兵工
建設實施辦法草案」，這讓
當時國民黨徵召六十萬的軍
人參與台灣的基礎建設具有
正當性，因為工兵的拓荒，
幾年下來台灣增加了百分之
五十八的耕用農地，好讓
「耕者有其田」的政策更加
落實。而「兵工建設實施辦
法草案」內明定的「按工給

價」，普通工日薪台幣五元，後來卻以「政府財政困難」為藉口而
沒有給付工兵薪資，十幾年的工兵建設薪資，不是伯伯一人沒領，
而是所有參與建設的軍人都沒有領取。

　　當國民黨政府開始辦理幾十萬戶台灣農民土地放領時，在軍中
喊的口號則是：「一年準備，二年反攻，三年掃蕩，五年成功。」
那些頂著大太陽墾荒的阿兵哥朝思暮想的都是再忍一下就攻回大陸
去了，大陸美好的山河、肥沃的土地，愛多少有多少，誰也不會在
意台灣那一點點的荒地分配。那時的軍人阿兵哥都很單純，也很服
從軍紀的啊。

　　台灣在一九八〇、一九九〇年代成功轉型為工商業社會成為亞
洲四小龍之一，而原本的土耕農業轉型為高附加價值的精緻農業，
台灣的土地面積本來就很少，高度開發後所有的土地都變成寸土寸
金，現況台灣的農民多半是自耕農，很大的比例都是受惠於當時的
「三七五減租」土改政策。後來農民富有了，老兵也殘弱了，當選
舉季節一到，所有「國民黨是外來政權……老兵是國家負擔」，甚
至喧囂叫罵「中國豬滾回去」，什麼難聽的話語都能說出來。最讓

伯伯不解的是，台灣的土地開發，榮民老兵可是為之流血流汗啊，台灣的國防安全他們這一批人是用無數的生命在捍衛的啊！

　　踩在這塊由十三歲少年兵拓荒的土地上，我不禁思考，台灣人老是說「前人種樹，後人乘涼」，但如果問到老榮民對台灣的貢獻為何，多半人會回答「莫宰羊」，是不知道，也可能是不願知道，甚至直接採取否定的態度！為什麼啊？

　　老兵「情何以堪」！

　　　　　　　　周賢君二〇一五年五月二十三日於哥本哈根

五十九
老兵四十年記憶的地址

兄弟一別四十載

　　榮民丁步履先生，民國二十一年（一九三二年）生，江蘇省徐州邳州市河灘村人。

　　時值國共內戰多年，一九四八年十一月底徐州被共產黨解放，當時丁步履十六歲，與大哥及兩個妹妹尚在徐州市就讀中學，他父親緊急派了一位家族長工揹了一袋麵粉及兩床棉被，通知兄弟二人往南逃命。情形是徐州淪陷、共黨統治，丁家一向親國民黨，父親要求兄弟倆往南方逃命去。長工帶來父親的口信，卻是一塊錢也沒給，而兩個妹妹就被長工領走帶回邳州老家。

　　兄弟兩人沒有機會與家鄉爺爺、奶奶、父親、母親及那一塊土地道別。

　　丁步履先生與長他兩歲的大哥加入流亡學生第二聯合中學行列，跟著大家夥往南逃亡。在蘇州嘉興途中，丁大哥囑咐弟弟繼續往上海方向走，他自己卻轉往杭州又折返北上。一九八九年探親後才知道大哥去了山東，加入後來的濟南大學完成革命解放學生行列，變成共產黨解放軍建國元老，一生平安順利沒有受苦。

　　丁家兄弟兩人在蘇州一別直到四十年後才再度相會。丁步履先生跟著第二聯合中學難民同學往南走，在廣州待了一個月左右，於一九四九年六月二十二日，與八所聯合中學學生合計八千多人，從廣州黃埔碼頭登上「濟和輪」前往澎湖。抵達澎湖後，丁步履先

生加入「澎湖防衛司令部子弟學校」，繼又考取國防部通訊學校，正式成為國民黨終身職業軍人，服役二十三年餘，於一九七二年退伍，轉任國防部內勤管理。

一九八七年十一月二日，台灣政府開放大陸探親，不僅當初跟著蔣介石總統的六十萬老兵雀躍萬分，想要立即回鄉探親，就是一九四九年隨國民黨政府遷台的一百二十萬外省人也同樣思鄉心切。因此，在政府宣布解嚴並開放探親後，申請前往大陸探親出境審查的案件多得承辦人員忙得人仰馬翻，響應之熱烈，真令人無法想像。

丁步履先生我稱呼他丁伯伯。一九八九年三月丁伯伯才五十七歲，他意志堅定地決定提前退休，因為他急著回老家見老父親及老母親，雖然他其實不肯定老人家都還在嗎⋯⋯

丁伯伯從當時的中正機場飛抵香港，停留三天辦理進入大陸的台胞證及入境許可證。因為從沒與老家家人通過信，該如何返鄉探親的路程沒有概念，甚至沒有把握是否能夠安全抵達。因此，在香港期間幾經考慮，決定放棄購買三大件、五小件等免稅電器用品。在香港取得台胞證後搭乘港龍航空飛抵南京，然後就懷抱著「船到橋頭自然直」心態，一切「走一步，算一步」。

兩老兵半路相識相扶持

機場的「對台辦」服務人員安排老兵入住南京鴻賓台胞招待所，在此丁伯伯遇見另一位榮民徐州老鄉，兩人決定結伴同行，這位老鄉的老家在徐州沛縣。

抵達南京後順利兌換外匯券，台胞招待所服務人員幫忙購買南京浦口往連雲港的火車票。為什麼伯伯要求買前往連雲港的火車票呢？伯伯解釋，四十年前他就是搭乘從連雲港往徐州的隴海線去徐州讀書，他的家鄉邳州市就在隴海鐵路上的一個停靠站。不料隔日出租車黃牛晚點，而誤了九點浦口去連雲港的車次。

在浦口火車站站長協助下，兩位老兵改搭下午兩點往徐州的火車。由於當時浦口車站候車大廳條件太差，往來旅客紛雜，為避免行李和財物被扒失竊，站務長安排兩位老兵來到車站公安辦公室稍作休息，兩位老兵才有機會歇歇腿、喝口茶，那是兩位老兵抵達中國後第一次輕鬆喝的一杯茶。當時大陸生產的烏龍茶一般品質不佳，味道苦澀，談不上潤喉解渴，但那杯茶水卻滿足了兩位老兵四十年對於家鄉的想望與期待。後來，兩人在附近麵館簡單吃了碗麵，其餘大部分時間都耗在公安辦公室內一起聊天，因為兩人對眼前的故土，實在有好多的好奇、好多的疑問、好多的不解……。由於南京招待所安排的出租車黃牛誤點，致使兩位老兵伯伯返鄉探親回到中國後的寶貴五個小時都在「蹲派出所」，幸好公安人員的招待頗為體貼溫馨，否則還真倒楣尷尬呢。

　　兩位老兵搭乘去徐州的火車是津浦線，也就是天津為終點，浦口為起始點。由於該班次火車不是過路車，因此火車站務長在沒開放一般旅客進入月台前就安排讓兩位老兵先進入軟座車廂放好行李，坐定等候。在那兒，他們終於見識到大陸人山人海的盛況，數以百千計的旅客揹著麻布袋爭先恐後、慌慌亂亂地進入月台候車、上車，沒能從車廂出入口上車的旅客也都大顯神通想辦法從火車車窗爬入車廂搶占座位，通道甚或火車內的廁所旁也都擠滿蹲坐旅客。

　　南京到徐州四百公里，火車行駛六個小時，晚間八點左右抵達徐州。

　　丁伯伯記得與老鄉兩人提了四口大行李，當時徐州火車站老舊沒有行李推車，也沒有幫忙提行李的苦力或行李服務員，雖然當時大陸的治安很好且號稱「路不拾遺，夜不閉戶」，但眾多的過路人頂多停下腳步好奇地觀看這兩位異地來的陌生人，卻沒人伸出援手幫忙。兩位都是年近六十歲的老兵，也都好些年沒做過粗重體力工作，除了身上側揹的背包裝些貴重物品及隨身藥品，另有四個沒有滑輪的笨重行李箱，全靠兩隻手去提拿。兩位老人家不知哪來的力

氣，過徐州火車站的站前天橋，兩人合作一個人看著行李，另一個
人提行李，這樣一段一段地接駁，下過天橋才找到人力三輪車，將
他們載送去徐州市的台胞招待賓館。

　　我問丁伯伯：「三輪車索費多少？」

　　「就幾毛錢吧！」

　　兩位老兵給了外匯券兩塊錢，喜得三輪車夫眉開眼笑、驚喜萬
分，隔天一大早就守在賓館外，希望能繼續招攬到兩位老兵來徐州
市的市區觀光服務。

　　還是藉由徐州台胞招待所的安排。

　　返鄉的麵包車及開車師傅在探親開放後已經摸索出老兵返鄉的
經營門道，因此索費越來越高昂，三輪車資是幾毛錢，麵包車則要
價每人外匯券一百五十元。

　　沛縣距徐州市五六十公里，位於徐州西方。去沛縣的老鄉在台
灣早已經與親人通上信，有明確地址，因此麵包車先送沛縣的老鄉
回到家，去沛縣老鄉家的路程不到兩個小時就搞定。兩老鄉也就此
互相祝福告別。

◎丶記憶中的故鄉「丁家場」

　　再來就是丁伯伯自己的老家，因為大陸在一九五五年省縣區域
重新劃分，鄉鎮地址名稱更改，丁伯伯提供的老家地址與現代通用
地址稍有不同，再加上在舊社會時期老家地址很簡單，丁伯伯記憶
中的地址是：邳州的「丁家場」，丁家在這塊土地開枝散葉深耕幾
百年，儼然已是大戶人家。丁伯伯本以為很快就會回到家，而且麵
包車師傅打包票一定會找到伯伯的老家，要他放心地待在車上不要
驚慌、不要下車。

　　雖然徐州通往邳州市這段路七十公里，省道公路兩個小時車程
就可搞定，但要找出伯伯的老家「丁家場」就有點困難。在徐州地
圖上邳州市周邊鄉村鎮根本沒有老地名「丁家場」這樣的村落……

憑著丁伯伯的遙遠記憶，邳州是在老家東邊，往東走，盡頭就是連雲港，且老家的南方有隴海鐵路線。根據這樣的線索，大大縮小搜尋範圍，麵包車師傅上車、下車耐心地問公安辦公室、村里辦公室，和生產大隊，最後發現年輕一輩所提供的訊息都是白忙一場，車子老是在那幾平方里路間繞路打轉。直到下午兩點鐘左右，遇上一位熱心的八十歲老人家才終於有了轉機。老人家有著清楚的記憶，他馬上跟上車，指揮開車的師傅進入馬車、騾車、腳板車、腳踏車行駛的鄉間顛簸石頭小路。那一段路伯伯於四十年前從家鄉去徐州讀書走過，雖是記憶深刻，可這時他坐在車上看鄉間的道路、村莊、路人，卻一點也不熟悉了。

那個村子名稱「河灘」，短短的一小段進入村莊的道路，讓伯伯從台灣出發，過境香港，南京停留過夜，轉抵徐州，一路風塵僕僕六天的路程，讓一向身子硬朗沒有心臟病、胃病的伯伯一時因情緒激動而心絞痛及胃糾結。丁伯伯對家鄉的記憶，四十年後已是支離破碎、模模糊糊，對爺爺、奶奶、父親的記憶已然消逝無蹤，對母親的記憶也僅剩下「發黃乾癟瘦弱的臉孔，忙著烙餅，忙著將餅塞進書包」的模糊影像，還有母親細細瑣瑣的叮嚀，叨叨唸唸的交代。那一串如大珠小珠灑落的聲音，四十年前母親的聲音，與土地荒旱搏鬥的聲音，走過日寇侵華女人的聲音，走過國共內戰人民無助的聲音，母親的聲音由悲情走向老邁無聲……。丁伯伯回憶著、想像著母親的聲音。

🎞️ 母親的聲音：「俺小魚兒呀！」

榮民丁步履先生，我的丁伯伯，無法自己走進村莊去尋找那個熟悉的大院子，那個幾十年前母親養育他的院子，丁伯伯也無法從好奇圍觀的村人中指認出長他兩歲的親大哥，及小他五歲的小弟。伯伯心中忐忑不安，卻也乖乖地聽從麵包車師傅的指示守候在村子口，看管車子及行李。師傅及老人兩人很興奮地走進村子去找，去

找丁伯伯失散的家人，去找四十年來守在那一塊土地上的老母親。老母親自責了四十年啊！當初不該主張丁家男孩去逃難，從此老母親有淚哭到無淚，老母親思念、盼望變成絕望。兒子該是早年就客死他鄉了吧！母親把她的悔恨深深地埋在心坎裡……

四十年前出走的那個小夥子，在一九八九年三月十二日這一天，站在河灘村口引頸期待又心急火燎地等待，擔心萬一師傅找不到丁家人怎麼辦？萬一這又是一個撲空的村莊怎麼辦？約莫半個小時後，正當心煩意亂之時，遠遠看到一位灰髮稀疏、八十歲上下的老太太倉倉惶惶、步履蹣跚，拄著一根拐杖，後頭跟著一大票人，遠遠就一路哭喊過來，一路哭喊過來……

「俺兒呀！」

「俺小魚兒呀！」

「俺兒呀！」

「俺小魚兒呀！」

那一瞬間，伯伯恍然大悟，那是母親的聲音，母親呼喚著他的乳名「小魚兒」的聲音，那是母親的聲音……

拄著拐杖倉皇碎步跑來的老太太，就是四十年前……伯伯沒告別就逃亡而未能見上最後一面的老母親。

榮民老兵丁步履先生口述，周賢君記錄，
二〇一四年十月八日於台北

六十
台灣老兵曾經的敵後工作

敵我猜疑氛圍下的兩岸漁民往來

二〇一五年四月回台買了一本書，書名《向前走，別回頭》，是大陸名作家陸幸生先生的報告文學集。為何陸先生選擇在台灣出版這本正體字的書？有何考量不得而知，卻讓我在那一個月份前去廣州差旅時隨身攜帶這本書有了擔憂，心想：一本正體字台灣的出版品會不會被入口海關給檢查沒收啊?!

我會這麼擔憂的原因，是因為早年我曾經被沒收電子線路板的軟體設計存放於卡式磁碟片內、十幾份台灣報紙、兩三本愛情小說書籍及一部工程用水平雷射測量儀器。海關人員沒有刁難我，但他們堅持說「雷射」是武器，所以就沒收處理。從此進出大陸我盡量小心，避免攜帶有違大陸相關法令的物品，省得提心吊膽惴惴不安。

《向前走，別回頭》書內第三輯篇名「大陸第一站」，這一篇重點放在一九八〇年代浙江省沈家門港與台灣漁民的接觸情形，及其間衍生的感人故事。一九八〇年代，出現在沈家門港的台灣漁民都是因為天候變化、颱風肆虐，漁民就近把漁船開進沈家門港避難而產生許多溫馨的故事。根據陸先生所提供的資料，從一九七九年八月至一九八九年十一月，沈家門港台胞站總共接待台灣漁輪一千四百四十五艘，台灣漁民十二萬一千七百五十八人次。

在讀這一段文字時，讓我聯想起早期的台灣電視新聞常常可以

看到大陸漁民偷渡來台，我想台灣方面的處理程序應該是與大陸的作業程序一樣的，只不過記憶中多次看到新聞有大陸漁工寧願被關在台灣的招待所，而且抗議不接受遣返，我就不知道最終結局了。另一記憶更為深刻的是一九七五年越南戰爭的尾聲，幾十萬的海上難民漂流至香港、台灣及東亞，台灣的處理方式是依國際慣例「把他們的漁船或舢舨修理好，給水給食物給柴油，再拖到外海放生，生死由天」。那一個時期我特別害怕台灣也會接連著發生戰爭，害怕有一天我們也淪為海上難民。

陸先生書內提到沈家門港台胞站的特有部門在接待這些不邀自來、聲稱躲避颱風的漁民時，都需要做一道排除「敵人」派遣前來的「騷擾」或「滲透」的審核程序。在此，「敵人」意指國軍，也就是跟著蔣介石總統遷台的那批六十萬軍人。至於如何「騷擾」或如何「滲透」，其實我之前知道得不多，直到認識丁步履伯伯，聽過他的口述歷史，後來又拜讀陸先生的著作之後，關於「騷擾」或「滲透」等字詞，我的概念才比較清楚。

空投騷擾敵後

榮民丁步履，民國二十一年（一九三二年）生，江蘇省徐州邳州市河灘村人。十六歲跟著山東流亡學校來台，被迫服役成為國軍。

丁伯伯接受的軍事任務最主要是搞敵後情報，因此受訓項目除了我猜得到的叢林訓練、求生技能、跳降落傘等，伯伯還告訴我，他們還要揹發報機及修理發報機，而他們的祕密任務亦即「空投」到大陸。伯伯不無慶幸地說：「幸

榮民丁步履，民國21年（1932年）生，江蘇省徐州邳州市河灘村人

好沒真的被『空投』，死了不少人啊。」伯伯補充說，他倒是參加不少次的「對面」海岸線「騷擾」，浙江、福建沿海等地方都有。

我傻乎乎地聽著，也傻呼呼地問伯伯：「天下木無事，……幹嘛沒事幹，去『騷擾』？萬一兩岸又打起來怎麼辦？」

伯伯的回答，解開了我這個對國際局勢及戰爭戰略幾乎一無所知的門外漢的困惑：「那時韓戰（朝鮮戰爭）啊，去騷擾他們，好讓中共的軍事布局分散到南方……」

我懂了，但在伯伯面前我還是假裝聽不懂。伯伯說他們「多半利用颱風天或凌晨多霧時，對岸警戒比較鬆懈，就會去出任務。不時有隊友死在機關槍掃射下或是被風浪捲走」，伯伯說當時就是不怕死。不過，就某個事實而言，當時也無從選擇，軍人就是一個命令一個動作啊！這些過往事蹟，伯伯大都是以輕鬆的心情來口述的。

二〇一五年四月份的這一次回台，知道伯伯正集中心力在抗癌中，醫師診斷出伯伯患有結腸癌第二期。然而，伯伯也不會在我面前顯示出病懨懨的樣子。我不再緊迫盯人地挖掘他的人生故事，而是陪著伯伯在公園散步，隨意聊天。伯伯說他的一生是託「母親」的福報而能在台灣活得那麼久。自從開放探親後，他立即在一九八八年辦理退休，每年回老家陪伴老母親三個月，直到天氣熱得他受不了才回台。伯伯說一個老兵能陪伴母親最後的十年，給母親送終，他毫無遺憾了。

感恩啊！伯伯陪伴他的老母親走完人生最後階段的十年。

感恩啊！伯伯是我的老同鄉，願意告訴我這些故事。

周賢君二〇一五年五月三十一日於哥本哈根

六十一
幾段一九四九的記憶

你們怎麼到台灣的？

小時候，常常稚氣地問父親：「你們怎麼到台灣的？爸爸從哪裡來的啊？」

父親對小女孩的回答是：「台灣有香蕉吃，就來台灣了！」

那時候，小女孩才五六歲，剛上豐原天主堂幼稚園。

父親周昇雷，民國十六年生，服役於徐州裝甲兵戰車營，出任務先遣部隊三十人隨同「中鼎號」軍艦運載第一批故宮國寶，於民國三十七年十二月二十六日抵達台灣基隆港。因當時已有陳誠將軍等在台灣接應遷台事務，因此父親等人及來年隔月裝甲兵大隊一千多人與戰車陸續運抵台灣都是按部就班，依命令行事。我在尋找早期檔案資料時還發現，父親與伯父周昇雲有多餘銀元去拍合照，而我姨父朱更戍的金錢則用於上澡堂洗澡後，拍了一張非常英挺的軍照，這些照片都是在一九四九年的春天寄回去他們各自的家鄉，通知抵達台灣、報一聲平安。

後來移民丹麥的伯母劉爾弟告訴我，她的遷移逃難故事很簡單，就是拿到了鐵路局去台灣的名單，船票也不用買就隨著鐵路局員工及一大堆的機械設備，跟著上船就到台灣基隆港了，那是一九四九年的三月。

大學時期，教民法的教授告訴我們，她在大陸淪陷前一年來台灣度蜜月就回不去了。台北建國南路一家賣八寶窩窩頭的老闆說，

他隨父親在一九四七年就已經抵達台灣，父親是國民政府特派專員來台接收日本投降後有關於台灣銀行業務行政等。

看過很多文獻資料及影片，有關於一九四九年大撤退，兩百萬軍民撤退來台灣的故事，自己也多次問過長輩記憶中的大遷移，整體而言，一九四九年在台灣，我的概念是：「亂中有序」，大家克難相助，共體時艱，並沒有想像中暴民搶食、殺人放火、爭奪地盤、餓莩遍野等事件。

不要道聽塗說，會出事的

榮民丁步履，民國二十一年（一九三二年）生，江蘇省徐州邳州市河灘村人。

跟伯伯聊天，他三不五時給你冒一句「那時胡宗南部署」什麼什麼的，有時一句「電報機譯碼訊號」什麼什麼的。真格的，每次伯伯一說出胡宗南將軍事蹟，咱就想趕緊拿出筆紙，想記錄些小道消息，伯伯馬上嚴肅地警告：「歷史大事、關鍵人物、莫要碰！」伯伯說過很多次了，我們小人物懂得的只是片面，不要道聽塗說，會出事的。

聽過多次早年伯伯在浙江沿海打游擊的故事，聽著挺新鮮。伯伯說打游擊，好去分散中共兵力，牽制部分兵力留在南方，目的是緩和朝鮮戰局緊張局勢。那時伯伯年紀不到二十歲。這幾年伯伯耳朵開始背了，我講話他聽不清楚；他說話鄉音重，咱聽不懂。與伯伯聊天，如果碰到他身體微恙情緒差，不到兩句話不對頭就什麼都不對勁；如果伯伯情緒好，他穿著休閒褲，我穿著拖鞋，就往附近小公園散步去，坐在公園的樹蔭下聊天。伯伯說，當年很瘦弱，空降的補給品，長官胡宗南送他一罐美國奶粉給進補。這是兩年前伯伯告訴我的，那時我才知道伯伯曾經是胡宗南上將的部下。

二〇一六年四月，伯伯再給我補充他打游擊的經歷。那些故事真教我跌破眼鏡，覺得不可思議。這類資料是不可能在其他歷史檔

案中找到的，寫出來算是略作補充當時的部分史實，雖然這是一個小兵的口述歷史。

一九四九年夏天，伯伯隨同山東流亡學生八千人抵達澎湖，學生被迫強徵入伍，丁步履當時十七歲，正是學習能力強的年紀，他被選拔為接受電報訓練，將培養為情報人員，短期在澎湖及台北受美軍軍事訓練後就派去大陳島、一江山打游擊。

大陳島的另類海盜

以下伯伯的口述就如機關槍亂掃，不管時間順序了。

伯伯說：「不用管時間年代了，誰記得那些？⋯⋯。大陳島外的積穀山易守難攻，四個小時就被中共攻下了。晚上六點左右開打，我們這邊的兵艦只看不打，什嘛東西⋯⋯。披山島死多少人沒人知道，百萬大軍搞得一個不留，還有臉來台灣?!老國代都被彈劾了，吃什麼？說穿了就是一群海盜、一票土匪，晚上鐵殼船上岸到村子裡去搶。不然怎麼辦？又沒有支援⋯⋯。最常搶的就是漁船，搶魚貨啊。一次還搶到解放軍慰勞部隊的一千條冷凍豬肉，吃肉吃得都噁心，沒冰箱冰豬肉，都爛掉去了。搶東西不傷人，搶老百姓的東西不傷人家嘛，基本的原則嘛⋯⋯。有一次還造成國際事件，搶劫從上海開去香港的商船，一整船的麵粉，還分給所有島民吃麵粉⋯⋯。英國駐台北的大使抗議，事情鬧大了，鬧國際了！⋯⋯。那時雜牌軍很多，番號很多，有兵沒有將，各自想辦法。王相義部隊幾百人是正規軍，胡宗南沒來之前沒補給，⋯⋯後來才有後援補給，才有東西吃。跟了胡宗南一年多，一九五一年左右。」

問伯伯如何知道英國大使抗議海盜劫船的這個細節，伯伯使了一個頗為自得的眼神說：「收到蔣經國電報嘍，大罵駐軍胡作非為⋯⋯」

伯伯是電報通訊兵，那些往來電報都是伯伯經手解碼的。

再問有沒有什麼打游擊戰功？伯伯反過頭問「其他戰友的戰功

算不算數？」……月黑風高的某一夜，一群游擊隊水鬼搭乘橡皮艇從一江山島摸黑上岸浙江台州，幾人飛毛腿似的直奔臨海東塍村，其實一江山島距離台州市不過區區十海里，台州至東塍村不過短短二十公里，當時正是「中華人民共和國」建國初年，沿海地區還沒真正落實管制，因此國軍游擊隊大膽便衣前往出任務，他們要去「劫」一個重要人物，此人是當時中華民國的參謀總長陸軍中將周至柔的母親侯氏，游擊隊員幾人輪番上陣揹著侯氏跑回沿海的接應小艇，硬是把「周老夫人侯氏」給「劫」回中華民國國土。

伯伯說，立下此戰功後，那幾位游擊隊員都嘛驕傲得要死，從此在部隊不怕犯事，有了免死金牌耶。

繼續再追問：「啥事記憶最深刻？」

伯伯說：「在戰亂中長大，說不怕死是騙人的。一輩子沒出過遠門，第一次出門就是十七歲逃難，走大半年從徐州逃去廣州。你看大陸多大啊！後來流落到浙江沿海小島，那時候才幾歲，哪有什麼概念台灣島多大、金門島馬祖島多大！那麼大的江山幾個月就淪陷，那幾個小島四個小時就淪陷！那時候就覺得快要滅頂、將要被砲彈炸成肉醬！……那時哪有想國家興亡！……那時直直就認為國家滅亡了，撐住幾個小島算是國家嗎？幾個小時就打下來！當海盜算什麼？打游擊講得很好聽，實際上就是海盜。那時也有很多兄弟上岸後就脫隊落跑回家，後來又聽說當過『蔣軍』的在大陸都被鬥爭屠殺了，幸好沒回去也對。那時要回家也不是很難，一念之間而已。」

「打游擊講得很好聽，實際上就是海盜。」這句話，伯伯重複講了好多次。

以前伯伯告訴我他是搞情報、打游擊的，直到這一天伯伯自嘲地說：「說穿了就是海盜，哪還那麼冠冕堂皇，什麼打游擊！……」

伯伯說這句話的當時正值癌症化療治療中。伯伯一生軍旅生活四十載，我想年輕時期的他，對當時出生入死的奮鬥，一定是把

「國家興亡，匹夫有責」的古訓銘刻在心，所以才那麼在意他們所防守的小島，四個小時就被中共攻陷一事。而小島駐軍到處去搶劫的打游擊行動，現在伯伯釋懷了，自嘲為「海盜」。可見伯伯是個多麼正直的人，一個短時期為了生存活命而結夥搶劫的記憶，在伯伯生命記憶中是一段抹不去的陰影。

伯伯又罵人了：「妳文章寫得不好，不要亂寫。」

伯伯猜得到我肯定會把他的「海盜」故事轉換成文字稿，我只好回答老人家說：「伯伯你那個讀私塾、四書五經的、文謅謅的文章我寫不來。」

老人家瞪一眼說：「我雖當過海盜，可我沒殺過人喔，不可亂寫……」

祝福老人家健康。

周賢君二○一六年五月五日於台北

六十二
台灣老兵闞守貴落葉歸根於家鄉

老兵闞守貴落葉歸根於家鄉。他的姓氏讀音與看見的「看」同音。

二〇一五年四月回娘家時向阿姨要她們的返鄉照片看看，沒讀過書的阿姨講土話回答我：「兜在闞伯伯伊兒。……闞伯伯死底大陸，兜無相片倘拿。」

我的阿姨王愛女士，嫁給我姨丈朱更戌先生時已經二十三歲，在那個年代算是嫁得晚的。我姨丈是跟著父親一起出來的裝甲兵，因為在台灣的工作職務比較敏感，一九八七年開放大陸探親時不便回去，他一直等到一九九四年辦理提早退休才得以返鄉。

另一位伯伯闞守貴與我的姨丈同是安徽碭山的老鄉，闞伯伯先前已回大陸兩三次，對於返鄉探親的作業程序及路途細節已經摸得一清二楚，因此姨丈的第一次返鄉探親是由闞伯伯帶的路，我的姨丈、阿姨兩人就是跟著走就對了。早期從台灣出發返鄉探親必須從香港辦理台胞證，然後從香港搭機到南京，再轉搭火車到徐州，這一趟路程我走過幾次。

阿姨說：「火車坐好久，躺著睡覺過一夜才抵達碭山。」

「沿路從台灣出發，闞伯伯就一路在拍照，照不停。」

「奈知他就死在大陸了……」

姨丈朱更戌老家安徽省碭山縣曹莊鎮酒店張莊，闞伯伯的老家就在隔壁村兩公里遠。闞伯伯出手大方，不要說他發了多少紅包，就連我的阿姨都收到一千元人民幣紅包。要知道，一九九四年我的夢月大哥民工薪資大約一個月掙一百二十元而已。

「闞伯伯在菜市場買一個店鋪房子送給鄰居，金子啊、美金啊、大件小件的啊，什麼的，都送給了鄰居。」

阿姨沒讀書沒文化，我就要用各種角度去問：為什麼要買不動產送給鄰居？

阿姨回答：「又沒多少錢，台幣不到二十萬。」

唉呦，我又不是問多少錢，我是問：「為什麼」送給鄰居？

阿姨才又回答：「闞伯伯的父母餓死沒人埋，是鄰居幫忙埋的。」

瞭解。這段歷史阿姨就比較沒有概念，闞伯伯的父母應該是死於三年饑荒時期（我猜的），鄰居幫忙埋葬，因此闞伯伯感恩回饋，傾盡心力及積蓄，連續返鄉探親報恩，報恩在老家的鄰居同鄉身上。

闞伯伯多次宴請鄉親好友吃飯喝酒發紅包，阿姨說：「他們私釀的酒比台灣的高粱酒好喝……」

「隔天就發現死在村子招待所房間內……」

「一路都在拍照還好好的啊……」

「死了，哪裡拿照片?!」

聽到阿姨說旅途過程，結局竟然是闞伯伯死在大陸，心中真的是一片酸楚，真為闞伯伯不值得。至今沒人知道闞伯伯的死因。阿姨說闞伯伯中等身材、瘦瘦的、不到七十歲。

「一路旅遊心情愉快，有說有笑。」

「很會鑽喔！很會買車票！」

「發現的時候身體都冰涼了……」

住在高雄的表妹去過闞伯伯的家，表妹說：「他的房間牆壁滿滿的都是探親的照片……」

闞伯伯為人非常慷慨海派，記得表妹結婚時闞伯伯包的禮金「超大包」。

「闞伯伯是單身老兵沒結婚。」

……

我心裡納悶著，東猜西想：闞伯伯沒有兄弟姊妹嗎？找不到兄弟姊妹及其他親友了嗎？如果闞伯伯在大陸還有其他親友，這樣大手筆買個店鋪房子送給鄰居，公開宴請以示報恩，會不會引起親友間心生嫉妒、產生嫌隙而送掉闞伯伯老命？

阿姨說：「不知道他有沒有其他親友，來吃飯喝酒的人很多喔……」

我又想：如果沒有近親要求救濟的困擾，那就是闞伯伯喝多了以致心肌梗塞……。太不值了，太不值了。不過，私釀的酒安全嗎？

榮民老兵闞守貴一九九四年四月落葉歸根於家鄉，我的姨丈同行，也是姨丈的第一次返鄉探親，沒有探親照片留底。

周賢君二〇一五年六月十三日於哥本哈根

六十三
兩則來台灣打工的故事

來台打工半年成「萬元戶」

二〇一五年九月初參加「哥本哈根的台灣電影節」開幕酒會，有台灣製作的八部電影在丹麥戲院上映。看過第一部中英雙語的《看見台灣》後，我立刻預訂《賽德克巴萊》的電影票，再擇期觀賞；這是一部日據期間，台灣原住民為保護「語言及文化傳承」的抗日故事。

在台灣電影節開幕酒會中，我認識了一位新移民來丹麥的台灣新娘。舉凡剛結婚來丹麥定居的，使館辦事處人員都這麼稱呼我們為「新娘子」，而我們這些「新娘子」有可能是二十五歲，也有可能是五十歲；有可能是小新娘，也有可能是老新娘。

新認識的這位朋友，一見如故，電影劇情的話題我們都沒聊上半句，就僅聊家庭背景。聊著聊著，才發現新朋友與我有相似的背景，她也是台灣老兵的子女，但她們家是直到兩岸於一九八七年開放探親後，她與兄妹才知道她的父親在廣東省梅縣還另有妻兒子女。想必，她家的故事也是豐富多彩、引人入勝，將來我會多多挖些她們家的寶藏故事。

因為朋友的父親去世得早，因此沒有趕上探親的熱潮。

朋友說：「假若父親知道終有開放探親的一天，父親就不會那麼鬱鬱寡歡而早逝！」

「為了返鄉的那麼一天，父親一定會好好珍惜身子的。可惜

啊，父親沒等到！」

朋友接下來的敘述，就是有關她的母親如何代夫婿返鄉探親，如何把亡夫的神主牌帶回老家，其他關於帶多少金子、買電視更不在話下了。她的母親真是厲害，甚至安排丈夫在大陸的孫子來台探親，一探就是個大半年，目的是在台灣打工賺錢，賺到錢後回家鄉蓋樓房。

我特地問朋友如何安排大陸親友在台灣打工，得到的回答很簡單：她妹妹在鄉公所工作，認識很多建築商，安排打工，一天一千元台幣，也就是一個月可以賺一千元美金——一九九〇年代，這相當於七千元人民幣，待半年賺的錢回大陸就瞬間成了「萬元戶」。後來大陸經濟起飛，大陸親友現在已是經營「電子線路板回收處理」的產業。這個我懂，這是個很賺錢的行業，代價卻是高度汙染，損害身體健康及環保。

當朋友敘述她家如何安排親友來台打工時，我聯想到我的姨丈朱更戍也是安排他的大陸弟弟來台打工這事。

二叔不忘受助恩

一九九九年十二月十一日，父親幫我舉辦一個簡單隆重的訂婚儀式，我的阿姨及姨丈兩位客串我婚禮上的證婚人。首先我給父母奉上甜茶，表達感謝養育之恩。媽媽幫我的夫婿掛上一條金鍊子，順便給他十二個紅包去分紅。一個洋女婿，什麼都不懂，媽媽跟著說，我們跟著做。家中小朋友端橘子、撒花生，都可從我的夫婿手中收到一個紅包，當然也包括我的客串證婚人阿姨及姨丈。

晚上在飯店聚餐，父親預先訂了六桌喜宴，來參加訂婚禮的都是父親的軍中老戰友。

一位中年人，年紀五十歲上下，在我敬酒時，很順口地叫我：「賢君啊！恭喜啊！」

「賢君啊！妳真是漂亮！」

筆者的訂婚宴，上方照片為證婚人，下方照片右邊站立者為來台探親打工的朱更聚先生。

這位我不認識的皮膚黝黑的中年人，姓名朱更聚，他是我姨丈朱更戌分離四十多年的大陸弟弟。姨丈於一九九四年四月辦理提早退休回大陸探親與他相認的。

在此順便提一個笑話：朱更聚在家鄉四十多年當「老大」，他下面還有兩個小的，弟弟、妹妹叫了一輩子「大哥」；但是，在我姨丈朱更戌返家後，朱更聚變成了「二哥」，一時大家都改不過口來呢。這個笑話是我阿姨講給我聽的。

一九九九年九月，台灣正值橘子及柿子成熟季節，二叔朱更聚來台探親三個月，我姨丈卻為二叔排滿了打工行程，幾乎沒有時間在台灣觀光旅遊。聽說，二叔不但探了他大哥的親，還在台灣學習不少蔬果種植技術，當然也賺了很多錢帶回大陸去，真是一舉數得。

今年（二○一五）五月寫〈台灣老兵闞守貴落葉歸根於家鄉〉這一篇時，我從阿姨處得到二叔家的電話號碼，我想從二叔那兒查證老兵闞守貴的側面故事。

電話從丹麥打去時，我原先恐怕大陸農民會把我當國際詐騙，拒絕我的電話，想不到簡單地自我介紹，清楚說明我去電的目的後，一切變得非常順利。總之，我的目的就是收集「老兵闞守貴暴斃在家鄉」的不幸事件。

在二叔給我述說陳年往事前，先搶著說：「賢君啊，我等這個向妳感謝的機會，等了二十五年啊！」

當時，我愣了一下，不得頭緒，不知道二叔胡說些什麼，二叔要感謝的事情又是什麼。強忍著好奇，靜下心來，等候他說。

早年，姨丈的老家原是江蘇碭山，因大陸省縣重新劃分，姨丈

直到一九九○年才找到親人，取得安徽碭山的新地址。那時姨丈仍服務於台中縣政府兵役科。講到兵役資料，對國家安全的影響似乎是可大可小。總而言之，我的姨丈還是以最謹慎的態度去與大陸親友交往，所以雙方書信往來及通訊聯絡，都是經過仔細斟酌的考量。姨丈於一九九○年匯給二叔的第一筆匯款兩千美元，二叔說，匯款人就是周賢君。這件事的前因後果，對我來說已經很模糊。那時我大學剛畢業，對於父執輩的諸多家鄉事，我在態度上都願意參與。說白了，一個舉手之勞的事，大人們給我一點小費，好讓我買火車票回家看望父母，再來又順便幫忙辦理雜事，還得了一個「謝」字，何樂而不為。

想不到，一九九○年的一筆匯款，在匯款單上的匯款人「周賢君」三個小字，烙印在二叔的心中十個年頭。他原本準備在我的訂婚禮上，當面感謝，但他太客氣了，不敢占據我的親友敬酒時間；就這樣，又讓他懸念著等候另一個十五年。二叔告訴我，原以為「周賢君」是一位老兵，想不到在一九九九年的婚禮上終於看到「周賢君」是一位美麗的新娘。「一位美麗的新娘」不都是婚禮上，一句標準讚美詞嗎？然而，這句話從二叔口中說出，卻是代表著他已熟悉十年的一個名字，他等待了十年啊。而我，當時還只是把他當作陌生人。

從小，父親給我們的教導，施恩不求報，欠債不求還；反過來說，父親卻強調「不忘受助恩」。當二叔表達二十五年前的受助恩，及聽到他給我的感謝詞時，我是多麼地受當不起，心情又是多麼地沉重。二叔朱更聚先生雖是鄉村的一個小農民，或許他根本沒受多少文化教育，但從他身上看到的道德情操，正是我們中國傳統美德的表現喔。這就是我們今日所看到，廣大的中國底層農民啊。我感觸很深。

我的姨丈朱更戌現在已是快九十歲高齡，患有阿茲海默氏症，生活一切作息，二十四小時的照顧，完全要家人隨侍在側，其中的辛苦只有經歷過的人才能體會。二叔定期電話問候，我的阿姨僅能

客客氣氣地一語帶過，誰都不敢去碰觸「二叔很想見大哥，最後一次」的話題。我的阿姨告訴我，她日日夜夜、把屎把尿的，哪有體力接待二叔，電話都只是噓寒問暖，不敢多言其他。

　　是啊，家家有本難唸的經，我的姨丈已經不會說話，一切對家鄉的記憶都已經被他自己封存打包，我們再也無法知道姨丈發愣時，是回憶他的哪一段過往，或是姨丈早已擺脫人生禁錮的折磨，姨丈可能完全無所求了。然而，二叔呢？

　　「二叔想見大哥，最後一次！」這看來是不可能了。

　　到今天，我們都還在吃國共內戰產生的苦果哪。

周賢君於二〇一五年九月十二日

六十四
滯留越南富國島三年半的
台灣老兵

🎞 富台新村的緣起

有一個計畫叫「富台計畫」，乍看這個名詞會讓人誤以為是一個台灣政府提出的振興經濟方案，或什麼脫貧解困計畫。錯，這是一九五三年，將滯留在越南的三萬名國軍帶回台灣的方案。

一八八四年中法戰爭，清朝戰敗，割讓越南成為法國殖民地（當時名稱為「法占安南」）。越南豐富的資源引起法國的覬覦，如鴻基煤礦是當時世界的三大礦源之一；另外，越南橡膠產量豐富，更為法國帶來可觀的經濟收益。

徐蚌會戰後，國民黨兵敗如山倒，一九四九年下半年國軍在大陸已大抵失勢，停留在湘、貴地區黃杰等率領的六大軍系部隊決定往越南方向退守。他們計畫從越南北方的海防港離境轉去台灣，因此黃杰與越南的宗主國法國簽訂「峙馬屯」協議，「假道入越，轉回台灣」。想不到國軍進入越南後，武器彈藥依協議繳械給了法國當局，法國卻無意放人，反而軟禁國軍三萬人在富國島三年半之久。

綜觀一九五〇年初的東亞情勢，法國在二戰期間，歐洲本土受德國重創，百廢待興。法國殖民的越南地區也曾短暫被日本占據，遭受蹂躪摧殘。一九四五年德、日戰敗受降後，緊接著法越戰爭，共黨勢力抬頭。一九五四年越共獨立，擺脫法國的殖民。越南獨立前，正值國軍滯留富國島期間，法國玩兩面手法，挾持這批國軍，

目地是向美國要軍事援助、彈藥武器等；再者，是想徵用這批不請自來的國軍，加入法國對越南共產黨的戰爭，甚至徵調國軍當煤礦、橡膠開採奴工。因此這批流落異鄉的國軍遭受許多法國不人道的對待，也差點淪為另一批「亞細亞的孤兒」。

美國方面，因為韓戰（一九五〇年六月二十五日至一九五三年七月二十七日）爆發，東南亞的越南（法屬）、緬甸（英屬）陸續淪入國際共產聯盟危機，美國冀望英、法兩國苦撐，阻止國際共產勢力的擴張，只好繼續軍事支援英法。對於國軍三萬人的處置，雖多有討論，是允許國軍「就地武裝」加入法軍對抗越共呢？或「遣運台灣」？美國遲遲無法下定論。

中共的共和國方面對留越國軍的處理態度又是如何？茲因這部分資料查證收集困難，任何涉及歷史事件都須以嚴肅的態度做資料分析整理，共和國對留越國軍的處理態度為何，筆者不妄加揣測撰寫，待將來取得正確學術資料，再回頭補充不晚。

在台灣的國民黨政府，一方面得應付剛遷台兩百萬人口的安置落戶，還有當時韓戰爆發，國際局勢詭譎，為牽制中共對韓戰的兵力部署，蔣中正總統利用金門、馬祖、福建、浙江沿海上的零星陣地島嶼，不時做突擊騷擾。這個時期的國黨政府已是泥菩薩過江自身難保，因此不願得罪法國，不積極主張接回滯留在越南的三萬名國軍，況且接回三萬名士兵的安置費用對當時國黨財政負擔是雪上加霜，因此對該批滯越國軍的去留問題是消極處理，一切屈就聽命於美國的決定。

滯留越南的三萬名國軍部隊，三年半期間，餐風露宿，過的是極端辛苦的難民生活，一九五一年底國軍部隊甚至發動絕食抗議表達去台的決心。然而，由於整個亞洲的局勢變化莫測，國軍三萬人滯留越南問題牽動著中、台、美、法的外交斡旋及亞洲局勢的考量。最終美國、法國同意，一九五三年五月十六日至六月二十八日，讓蔣介石總統派遣海軍登陸艇與運輸船隊共七個批次，從越南富國島接回軍民共三萬零八十七人。此項接國軍返回台灣的作業，

稱為「富台計畫」。這三萬多人包含軍人、眷屬、豫衡聯中流亡學生、平民等，來到台灣後被安置在台北、桃園、台中、台南、台東等眷村中的「富台新村」。

在大潤發遇見富國島老兵

二〇一五年四月六日下午，在台北某區的大潤發超市遇見榮民老兵陳伯伯。其實，我與這位老兵只有兩面之緣，總共二十分鐘的交談，算是陌生人，照道理不可能收集足夠文字資料去寫一篇老兵故事。

伯伯說：「網上資料很多，自己去找。」

待我跳進網際網路的資訊世界，竟然出現一筆又一筆寫不完的滄桑故事。

在超市推著購物車閒晃，走過一位也是推著購物車的老人，我返回頭去問：

「伯伯，您是榮民老兵嗎？」

「是啊！有什麼事嗎？」

「伯伯，我可以採訪您的故事嗎？」

伯伯變臉了，直接回答：「不接受記者採訪！」

「伯伯，我不是記者。……我是榮民第二代，寫老兵故事……」

眼淚倏然在眼眶中打轉，怯生生地跟伯伯說：「不好意思，昨天才幫爸爸掃墓，心裡還在難受中……」

伯伯老軍人嚴肅的表情整個鬆懈下來，他甚至開始安慰我，也開始述說他的故事。那又是一段後生晚輩陌生的歷史，一段我們不知道它曾經存在又千真萬確的歷史。

他是一九五三年六月二十二日從富國島抵達台灣的，伯伯說：「這個日子一輩子不會忘記。跟著黃杰出來，……法國調停保護的，不然早就被屠殺了！……」

伯伯溫文儒雅，一個字、一個字地，慢慢將故事吐出來，講的

都是我插不上話的歷史。

伯伯說：「資料很多，自己去電腦查啊！」

短暫隨意地閒聊之後，知道伯伯在服役二十多年後於一九八七年少校退伍，轉入民間經營電子產品製造。

好奇地問伯伯：「您是軍人出身，怎麼有能力經營電子行業？」

不甘示弱地馬上告訴伯伯，我自己就是做電子零件出口的，以表示我們是同一國，拉進我們的距離。伯伯說他的工廠在汐止，○○實業有限公司，生產電源供應器，屬於電腦周邊產品。這個產品我懂，因為我曾經參與過。就是因為參與了、失敗了，才知道電源供應器是有技術門檻的。

伯伯說：「可請求工研院或政府相關部門輔導啊。」

聊天中伯伯也提到大陸進步一日千里，在那邊經營管理，台商幹部都是汲汲營營很辛苦……。我猜伯伯可能也有回大陸投資設廠吧。為不拖延伯伯太多的購物時間，我問伯伯最後的一個問題是：「您成功的關鍵是……？」

簡短的一句：「用人得當。」伯伯這麼回答我。

我們拍了幾張合照，真感謝伯伯告訴我他的故事。推著購物車在超市閒晃時，我的思緒已跑去那個動亂戰爭的場景……。心裡無限感傷和敬佩，深深體會到他們才真正是大時代的兒女、大時代的無名英雄啊。

陳伯伯出生湖南長沙，一九五三年六月二十二日從富國島抵達台灣，國軍服役二十年，少校退伍轉而從商。

現在在越南還有一個留越國軍紀念碑，默默地聳立在富國島的暹羅灣上，有一大群人離開祖國去了台灣，還有一小群人化成骨灰混入南洋小島黃沙中。一個我們不熟悉的小島上，還有一個紀念碑見證著、述說著那個戰亂時代顛沛流離的故事。

周賢君二〇一五年六月十五日於哥本哈根

六十五
回顧1987年榮民老兵返鄉活動的歷史背景

　　一九八七至一九八九年，我在一家貿易公司當業務助理，我們公司專營紡織布匹外銷到香港及中東地區的貿易。外銷到香港的布匹，多半是精梳棉成分的高檔品，很重視定型不褪色等問題，香港買家進口後會再運至內陸加工做成衣。外銷到中東的布匹，多半是尼龍纖維製品的低檔貨，訂單量大、毛利潤卻很低。紡織工業在當時的台灣已是夕陽工業，毛利潤一般而言都是3%，低得可憐，因此禁不起任何風吹草動。不料，那幾年我們卻面臨台灣大罷工的風潮及台幣匯率劇升的難關。

　　一九八〇年代，亞洲四小龍包含韓國、台灣、香港及新加坡。韓國說，他們不是亞洲四小龍，他們是亞洲一隻大老虎，因為他們國力強盛，遠超過其他國家；且一九八八年奧運將在漢城舉行，韓國可不願意跟我們排排站，他們跩得不可一世。不過，奧運舉行前，讓韓國灰頭土臉的卻是社會抗爭事件特別多。從一九八五年直到一九八八年，台灣的電視充滿韓國大學生集體罷課、遊行、抗爭、自焚等暴力事件的新聞……。最讓我印象深刻的是，韓國學生製作汽油彈丟往鎮暴警察，以及警察噴水予以驅趕的畫面。那些畫面可真是驚心動魄、豁出去不要命，看了讓人捏把冷汗，深怕一發不可收拾。韓國人的脾氣原來是那麼地火爆啊！

　　早期我的父親給的教育就是：「軍人與學生是沒有自由可言的。」因此，我的中小學上課從不因生病感冒而請假，我的九年義務教育是全勤的。高中畢業後在郵局工作四年，那時期接受的職業

道德教育就是：「電信、郵政、鐵路運輸等服務業，是國家經濟及國防動脈」，不得罷工。因此，我關於「軍人與鐵路運輸業絕不可以罷工」的理念，根深柢固。

想不到從電視上看到韓國學生抗爭的畫面，後來竟然也出現在台灣了。台灣也出現很多團體罷工抗爭事件，包括原先我被洗腦的軍人團體及交通事業團體。

台灣罷工抗爭風潮開始

一九八〇年代的台灣經濟雖享受世界刮目相看的光榮，經濟成長的結果其實也背負著慘痛的代價：台灣的環境、台灣的土地受著可怕的重度汙染；台灣的人力資源受到可悲的重度剝削。一九八〇年代，人民的民主自由意識抬頭，台灣人懂得要保護土地、保護自身權益，因此一系列為環境保護的抗爭就陸續展開。記憶最深刻的是台灣人開始說「不」，不讓杜邦來台設廠，一個巨額的投資案竟然被人民否定掉了。而我一生被灌輸的教育和理念——「電信、郵政、鐵路運輸等服務業不得罷工」，被顛覆了，在那個年代，鐵路運輸的員工也參與罷工了……

那時候的罷工案件多到讓人看得眼花撩亂、一頭霧水，最終變得麻木無感，從原本的震驚緊張變成彈性疲乏。看新聞就只看到警察維安與罷工團體之間的拉鋸戰，好像在看武打片；看驅逐水車驅散抗爭民眾與幾萬人身穿雨衣霸占政府機關的周邊道路，我的重點變成「場面壯觀」好奇抗爭的人數而已。那時我太年輕，錯以為這些活動是嘉年華聚會，不瞭解這是社會改革或工業改革的步驟進程之一，而錯失瞭解罷工的前因後果及罷工後的影響性。

美國逼迫台幣匯率劇烈升值三十五趴

永遠搞不懂台幣的匯率為何與美國的貿易順差、逆差有關係！

我受的教育就是自由市場、自由競爭，匯率漲跌應該是跟著市場機制走浮動匯率。結果不是。一九八〇年代美國為解決他們自己的貿易赤字及金融危機，解決辦法就是亞洲的新興國家日、韓、台、港……的貨幣都要升值。一九八五至一九八七年，台幣對美元從四十比一變成三十比一，往後兩年還升至二十五比一。台幣升值的意義就是，以前我們外銷出口一個貨櫃的紡織品，同是三萬美元的信用狀押匯，在升值前可得台幣一百二十萬元，被美國逼迫升值後只有兌領台幣七十五萬元，前後落差將近四成的收益，因此台灣的產業倒閉破產的一大片，搬的搬（遷廠東南亞）、倒的倒，哀鴻遍野。

　　我們公司特別關心各個紡織廠、染整廠惡性罷工及倒閉的訊息，因為我們接了外銷單後，需要買棉紗交付生產線。結果，一大堆的工廠罷工，無法生產棉紗，變成都要想辦法去調貨，都是抱著現金買別人囤積的棉紗。我們也很注意海運貨櫃封關時間點，交了貨，備齊信用狀等押匯文件趕快跑去銀行押匯。那時的匯率恐怖到瞬間升值把辛苦出貨的毛利都吃掉了，因此老闆都交代我出門去銀行可以坐計程車，一方面保護押匯文件不要搞丟，再者搶時間把文件送抵銀行。這樣提早送達文件幾十分鐘，有時就可拿到較好的匯率、多賺幾千元台幣。

　　我常跑銀行送押匯文件的地點就是台北車站對面的中國國際商業銀行總行，來回都會經過忠孝東路、中山南路口，那個路段有政府重要部會機關，如台北市議會、行政院、立法院、監察院，一路往前走還有外交部、中正紀念堂及總統府等。這個區域就是抗爭及遊行隊伍的「熱區」。

　　一九八七年五月十日母親節，一群榮民老兵身穿印著「想家」字樣的白色襯

某一天辦完事後經過那個抗爭的「熱區」，照片取自網路

衣,手持標語:「白髮娘盼兒歸,紅粧守空幃!」「捉我來當兵,送我回家去!」吸引全台島民的注意。「紅粧守空幃」的那幾個字重重地打擊我的父親,他從不在兒女面前掉眼淚,但那一陣子我的父親哭了很多次⋯⋯。每一看到老兵上電視抗爭,父親就必哭。父親還得工作上班,不能來台北加入抗爭隊伍,因此天天守著電視關心進度。我父親就是在大陸討媳婦入門兩年,卻讓新嫁娘守空閨一輩子的負心漢,我的台灣人母親就是這麼形容我父親的。

當時台灣島民已漸漸習慣環保抗爭、勞工抗爭⋯⋯,抗爭多到變成麻痺。老兵終於發聲了,當出現榮民老兵也開始組團走入抗爭行列,爭取老兵返鄉探親的權益時,台灣的民眾嚇一跳,維安鎮暴警察卻傻眼。老兵並不是暴民啊!老兵想家、想媽媽是天理啊!鎮暴警察的警棍、噴水車驅散設備可以用來對付其他的抗爭團體,卻不該用來對付這一批白髮蒼蒼的老人吧!有的老榮民手持蔣介石總統相片,老淚縱橫哭著:「讓我回家吧!讓我回家吧!」有的老榮民坐在輪椅上,有的老榮民穿上全身雨衣準備應戰被水噴,有的老榮民自掏腰包印很多宣傳單請求聯署⋯⋯。抗爭的大團體占據行政院的路口,道路被堵死,計程車過不去,必須要用步行的方式走過那個「熱點區域」。那兒有太多的抗爭團體,環境保護的、勞工權益的、惡性罷工的,不勝枚舉。我的身上流著榮民的血,自然而然引領著我走入的是榮民的隊伍,看到他們在六月艷陽天頂著大太陽的辛苦,他們流淚流汗我鼻酸,收集很多宣傳單帶回家給我的榮民老父親,以及許多未能前來支援的鄰居老兵伯伯。當我在請求聯署的大布條上一口氣簽上我所認識老兵的名字時,感謝感動的老伯伯聲淚泣下,連同口水都收不住,直說:「謝謝,謝謝!」我也差點哭出來。試著想像我的老爸爸也跪倒在那邊懇求政府寬容大量放他們回家吧,放他們回家吧。當時好心疼喔。

榮民伯伯的幾個月抗爭期間,台灣發生重要的國策轉變,台灣解嚴了,連帶報禁解除了,集會遊行管制解除了,出入境的管制解除了,金融外匯也更加活絡了!一九八七年十月十五日,台灣政府

宣布開放台灣居民到大陸探親。十月十六日,大陸公布《關於台灣同胞來祖國大陸探親旅遊接待辦法的通知》,榮民老兵「終於」可以回家了。

我是榮民老兵第二代,從一九八八年開始,我需要幫很多位老兵寫信、寄信、尋親、買美金、買黃金、買機票及找旅行社。當時還是公務員的姨丈朱更戌顧忌又更多,都是央求使用我的身分證去匯款回大陸(我辦事姨丈就貼補我回家的車票錢,雙方都高興)。姨丈的顧忌就是他在台中縣政府兵役科工作,他負責辦理登錄台灣中部地區年輕人的兵役資料,不方便與大陸親友往來,以免受懲處。

回頭談談台幣匯率。在一九九〇年左右,台幣兌換美元已是被逼迫升值到二十五比一,也就是早期來回香港機票美金四百元,原先須準備台幣一萬六千元去買,到了一九九〇年只要台幣一萬元。金子更是變得很便宜,老兵當然很高興,

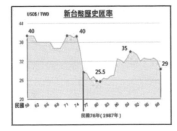

台幣升值後去香港買三大件五小件都變便宜了,買美金現鈔變便宜了。老兵當然不瞭解台幣升值對於外銷不利,要回大陸老家高興都來不及,哪有空理會台灣的外銷業務,況且他們也不懂。

因公司的國際貿易,我們在銀行有美元帳戶,與銀行行員搞熟了,我們的美元買賣都是用議價匯率,永遠是比市場的掛牌匯率好。我的叔叔、伯伯及姨丈們個個都變成匯率大師,他們會老遠從桃園跑來找我,在我這兒換美元。見面時大家都捨不得去吃館子,把積省下來的小錢去做更有意義的用途,帶回家及當作回家的旅費。「回家」兩個字對老兵而言有了新的定義,「回家」變成了歸心似箭,急著要走。

我們的國家積欠榮民老兵太多太多了,加諸在老兵身上的鴻溝禁錮太重太重了,老兵想家的淚水擊垮法令的限制,變成一股無法

阻擋的洪流。一九八七年,台灣老兵的抗爭改變了海峽兩岸的近代史,把等待四十年的百萬老兵及他們的子女帶回家,帶回到我們血液中的根、血液中的祖國,帶回我們幾十年說不出口、講不明白的中國。那個中國,說是那麼地近,卻又是那麼地遙遠,點點滴滴,我們得重新去認識我們的母親,我們的祖國。老兵大喊哭著說:「我回來了!」「我回來了!」

　　回過頭去追憶,一九八七年去銀行押匯的路上,我見證台灣人民意識覺醒、捍衛權利的抗爭;我也見證台幣劇烈升值,致使台灣的工業必須轉型。在這條去銀行押匯的路上,我更見證了榮民老兵抗爭的時間點選得恰恰好,活動一出擊就是絕對地成功,幾乎是台灣歷史上最正面、最有影響力的抗爭活動。

周賢君二〇一五年六月三日於哥本哈根

六十六
老兵元配子女來台奔喪分家產

大陸地區人民在台的家產繼承問題

　　多次大陸親友提問，大陸兒女繼承台灣老兵遺產的相關問題。雖然我的父親在海峽兩岸都有子女，且父親已在二〇〇六年去世，但父親對於他身後都早有交代及安排，因此我家沒有出現家產繼承的紛爭。對於台灣老兵家產繼承問題，知道事情可輕可重，答不出來我也不敢裝懂，只能推薦去查查「兩岸人民關係條例」的規定。說實在話，兩岸設立的「海基會」或「海協會」，我都還搞不清楚哪一個單位是代表台灣，哪一個單位是屬於大陸。更何況那一類法律專業條文都寫得艱澀難懂，往往差一個字，差了十萬八千里，真所謂「深文峻法」。所以，才需要有律師執照的專業人處理相關諮詢訴訟。況且法律又有時效性，今日我們搞懂了法律條文，明日又發表更新版，法律問題還是交給專業律師吧！為何要交給專業律師？查了一下最新版的條例，「台灣地區與大陸地區人民關係條例」修正日期：民國一百年（二〇一一）十二月二十一日細目條文九十六條，一共二萬三千四百零四字。

　　兩萬多字！！！因此，法律問題必須向律師諮詢。

　　正如上述，一般人所關心的遺產繼承問題明列於「台灣地區與大陸地區人民關係條例」的第六十五、六十六及六十七條。依照兩岸人民關係條例的規定，大陸地區人民在台的繼承要件整理如下：

一、須大陸地區之繼承人：大陸地區繼承人之身分或戶籍資
　　料，須經大陸公證後，由省市公證人協會副本寄來台
　　灣，再經台灣地區「財團法人海峽交流基金會」驗證。

二、應於繼承開始起三年內，以書面向被繼承人住所地之法
　　院為繼承之表示，超過時間視為拋棄其繼承權。

三、繼承所得財產總額，每人不得超過新台幣貳百萬元。

四、遺產中，有為台灣地區繼承人賴以居住之不動產者，大
　　陸地區繼承人不得繼承之，其價額不計入遺產總額。

五、不得在台灣地區取得或設定不動產。

六、繼承取得以不動產為標的之權利者，應將該權利折算為
　　價金。

七、在大陸地區作成之民事確定裁判，民事仲裁判斷，不違
　　背台灣地區公共秩序或善良風俗者，得聲請法院裁定認
　　可或判斷，以給付為內容者，得為強制執行。

徐州老鄉來台奔喪

有一則故事發生於一九九三或一九九四年春節過年期間，確切
哪一年現在已經無從查起。

那年春節前夕，我滿心期待著回家與父母團聚，帶著準備好的
紅包，一包給父親台幣一萬兩千元，一包給母親也是同樣的數目，
紅包帶有微微的香水味增添喜氣。紅包內的現鈔是在銀行排隊更換
的新鈔，新鈔也有滿滿的鈔票味，好讓收到鈔票的人收到後，先聞
到紅包香水味，又聞到鈔票金錢味，再來稱讚兒女的孝心，這兩個
紅包可是女兒一個月的薪水。父母不嫌少，女兒也不嫌多。小時
候，過年前必須買新衣、買新鞋，想到的是裝扮漂亮好過年；成人
完成學業、進入社會後，衣著裝飾不再重要，薪水月餉就是急著想
要快快交給老父親、老母親：「女兒——回家來過年了！」

大年初二的家中有訪客，是大陸來的同胞，是徐州來的老鄉。

兩位兄弟約莫四十五歲，第一眼見面時驚訝發現他倆不似我在徐州的夢月哥臉上有歲月摧殘的皺紋，握手時發現他們手上沒有農耕扒土留下的老繭，第一句問好時也發現他倆沒有普遍大陸人因營養不良而出現的口角炎或黃眼白……，他倆是小學教師。父親跟著國軍一九四九年到台灣，他們的父親屬於國軍哪個軍種，我們也不曉得，但找上我們，與我們聯絡純粹是因為「同是徐州老鄉」。

兩位兄弟如何找上我老爸的小妹，也就是我現在還住在徐州的小姑姑，拿到我家的聯絡方式及電話號碼，都不重要。總而言之，他倆在來台奔喪前得到台灣老兵的聯絡電話，以便在居台期間，奔喪後的家產分配，萬一事情不順利找找老鄉求救。這是他們唯一能想得到的不是辦法的辦法。

在投靠我家前，兩個兄弟已經待過台中清泉崗的楊伯伯家小住幾天。雖然楊伯伯不是徐州人，但楊伯伯單身無家累，除夕、過年招待遠來的老鄉，無須經過任何人的同意。況且自從伯伯退伍後這是第一次不須孤單地自己守歲，楊伯伯幾乎是不願放人走。不過，老兵之間早就有約定，且已喬好時間表，年初二輪到我爸來照顧兩兄弟，再下去還另有其他老兵也願意幫忙接待。我老爸的家裡也才一間多餘的客房，這一間客房其實是給不常回來且在台北讀書、在台北工作的女兒回娘家時使用的——那就是我啦！客房必須讓出來，我又該去與誰擠三晚？太不重要，所以忘了。

蒙古烤肉與紅包

記得年初二晚上，我們全家到豐原市圓環東路、南陽路口的「大碗公」蒙古烤肉自助餐廳去吃飯，自助餐的沙拉吧、飲料、玉米濃湯、烤肉區——牛、豬、雞、羊肉配上蔥、大蒜、菠菜、豆芽菜、紅蘿蔔……台灣的蔬菜講不完。跟兩兄弟解釋過如何搭配醬料混進自己挑選的食材，就「哇啦」（哇啦！法文）開戰了！每個人捧著一個大碗公自己去自助餐檯夾取喜愛的食物，我們習慣以沙拉

來開味，慢慢才進入主食。而我的主食通常是五六片羊肉片拌炒很多洋蔥及紅蘿蔔，最後再以水果或冰淇淋壓胃。兩位兄弟我稱呼大哥及二哥，跟著我們繞一下瞭解用餐規則。所謂自助餐也就是無限量供應，但最好拿多少吃多少，這是基本的規矩。那一次在自助餐用餐，是他倆兄弟人生經歷的第一次，現今富裕的大陸同胞讀者，一九九三、九四年徐州真的是沒有這種大排場自助餐。

　　兩位哥哥吃得非常多、非常多，達到令人擔心的程度。且兩位哥哥幾乎不碰青菜或水果，也就是他們只吃肉，每種肉都吃。然而，每種肉都炒得太鹹又太油，因此回到家不到兩三個小時後就出現狀況了，兩人開始腹瀉又腹瀉。幸好給他們使用的那一間客房內有廁所……。整晚我們就是聽著馬桶沖水、進水的聲音，其實老爸、老媽都緊繃著神經，如果不對勁，省立醫院就在附近……

　　兩位哥哥在我家度過一個病懨懨的新年。第二天也就是年初三，兩位兄弟不藥而癒，我們帶著他們到附近風景區晃晃，他們來台參加完喪禮後，竟然沒有任何人帶他們到重要名勝古蹟參觀！他們的在台親人，也就是台灣的妹妹，丟給他們的台幣兩萬元僅夠十天左右的吃住。因此，在輪到清泉崗楊伯伯或我爸招待時，兩兄弟的盤纏其實是已經見底了。

　　老爸招我在房間內說小聲話，要我同意這個數目：三千元的紅包，準備了兩個，是給兩位哥哥的新年紅包。再加上大碗公吃飯花費，那一年我孝敬給老爸的過年禮，在父親的口袋只算是過境、停留不久。兩位哥哥收下紅包，禁不住眼眶中打轉的眼淚痛哭失聲。我們完全料想不到，年初三是多麼喜慶的節日，原以為是紅包太大包，讓他們很感動。六千元台幣相當於二百四十美元，是兩位哥哥教師工作兩個月的薪資；提醒一下，當時乃一九九三、九四年。後來才知道失控痛哭是因為他們感觸很深、很激動，瞬間打開心門說出他們的故事。而我的父親是一位老軍人，男兒有淚不輕彈，軍人只有熱血哪有熱淚，父親不善安撫哭泣的場面，更何況那是兩個大男人。媽媽倒了杯熱茶，大家靜聽他們的困境與委屈。

🎞 博愛特區西服店與養女

　　兩位哥哥的父親退伍後在台北市博愛區經營西服店，一個六十平方米左右的自營店面就在衡陽路上，附近行政院、中山堂、國軍英雄館、台灣大學、東吳大學等，各大政府機構、醫院、學校，各個政府高官人員都需要量身訂做筆挺的西裝，好襯托出官員的尊爵高位。聽說他們的父親曾經拜師上海老師傅，在台北經營的西服店已打出名號，服務過許多高官貴人。哥哥說西裝店內牆壁上掛滿政府官員稱讚的照片，我沒親臨現場，只能去猜測照片應是立法委員、國大代表、名教授、名歌星之類的。那個時代，開店面的都是需要這一種形式的名人廣告。

　　兩位哥哥的父親還有另外一個公寓，也是在衡陽路附近，當住家；至於現金遺產沒人清楚有多少。在瞭解大概情況後，父親在往後幾天通了許多電話。由於是過年期間，政府機關或律師事務所全都休假沒營業。幾位老兵通話後的結論，兄弟倆必須委任律師透過海基會爭取遺產分配。在當時我們就已知道「大陸地區繼承人，每人不得超過新台幣貳百萬元」，兩人可分配遺產總額新台幣四百萬元，依當時匯率相當於美元約十六萬元；這十六萬美元可買下我夢月哥住的整個村莊。但是，兩位哥哥連想要聘請台灣律師的律師費台幣五萬元都沒有。更可悲的是，喪禮後搭機返美的妹妹是個養女，是兩位哥哥的父親領養帶大送去美國讀書的女兒。

🎞 故事結局如何？

　　故事的來龍去脈，至今我沒弄得太懂。諸如兩位哥哥來到我家求救前發生的事──誰幫他們辦理來台探親、探病、奔喪手續申請入台，我不曉得；有沒有見到他們自己父親的最後一面，我也不曉得。只知道兄弟倆參加了父親的告別式，隔天他們在台灣的妹妹給

兄弟倆一人台幣一萬元，就搭機回美國了。那麼，家產如何分配？

「妹妹很忙，必須馬上回美國。」兄弟倆這麼跟我老爸說。

這一個故事，剛開始我的態度是「知道有這麼一回事」，不過有一點「好奇他們的發展結局」。父親一直警告，沒能力就「少管人家閒事」。好吧！「少管人家閒事」。

二十年過了，一直沒有答案，那到底「故事結局如何」？？？

回憶起當時的資訊，心裡有數：「應該是不妙！」

這兩年心裡想「將心比心」，人生父母養，那個女兒如真是一走了之，財產獨吞，那就很不公道！

去年打一通電話給徐州的小姑姑問此事，我真的是希望兩位兄弟依法分配到他們應得的財產。他們的父親遺產總額，在經過老兵討論後估算不動產價值起碼台幣兩千萬，那是一九九〇年代的台幣兩千萬；我認為老兵沒估算到西服店商標招牌的無形資產，那也是一大筆金額。總而言之，那一筆龐大遺產，是我認識過老兵遺產中最高額的一位。

二〇〇八年返鄉探親，我還是嘗試著找這兩位兄弟，打聽的結果，姑姑說他們搬去南京了。或許兩位哥哥來台奔喪分遺產的結局，在我心中永遠會是個懸案。

周賢君二〇一四年六月八日於哥本哈根

六十七
只差一步就搭上探親的班機

　　走在城鄉邊緣的和平東路底，稀稀疏疏的路人誰也不理誰，頂著清藍留白的穹蒼，本該是心情一彎彩虹，但心緒卻被一句俗語「人生曲曲折折，最終總是有個圓滿的結局」扣鎖著。那不是真的，不是真的！那只是電視節目的一句台詞，僅是一句台詞。

　　去老兵宿舍聊天。先前伯伯提過他有兄弟共三人，在開放返鄉探親後才知道他的父母和兄弟都已去世，最後終只能與分別五十年的大嫂及侄子相認。

　　十月三十一日是蔣介石誕辰紀念日，這一篇文章特別寫入這一個偉人的紀念日，幫助我記住是在這一天聽到榮民郭景松悲慘的故事，一位我原本不認識的榮民，但他的故事卻深深地觸動著我的心弦。

　　郭景松一九二〇年生，郭景芝一九二六年生，兄弟倆江蘇省邳縣人，現改制為邳州市。

　　一九四八年十二月，國民黨政府徐蚌會戰（淮海戰役）全面潰敗，郭景松帶著小他六歲的二弟郭景芝往南逃難，當時北江蘇已全面解放。在內戰期間，兩黨好抓年輕力壯男丁來補充因戰爭打得火烈而快速折損的兵力。不料兩兄弟逃到鎮江還是被抓——被國軍給抓壯丁了，最終還是難免當兵的命運！

　　雖說是被國軍抓壯丁，其實兄弟倆倒也是心甘情願。他倆願意跟著國軍走，主要原因是大環境混亂、人心惶惶，個把月逃難，流離失所，有一餐沒半頓，抓就抓吧！有氣無力懶得抗拒，跟著國

軍在上海停留數月，期間還曾寄信回邳州報訊息；繼而情勢急轉直下，就上船糊裡糊塗到了台灣高雄。

之前聽過伯伯郭景芝早期從軍經歷，金門待兩年，馬祖待兩年，澎湖待兩年……，部隊伙食惡劣吃不飽，軍餉台幣十四元，一包菸「新樂園」一塊二。伯伯說，一輩子就是記得這一組數字，及那一段苦日子……。我沒有特別補問他的大哥郭景松的早期從軍史，我想都是大同小異吧。我的父親、我的姨丈、我的伯父，大家都如此，當他們訴說早期從軍史都是三兩句外島服役幾年、軍餉幾塊錢、不夠買幾包菸等等這些字眼。我所訪問過的所有榮民老兵也都是以同樣的字眼、類似的形容詞去回憶剛到台灣頭幾年的從軍歷史。

大哥郭景松於一九六〇年因軍中廚房鋁製壓力鍋氣壓爆炸傷及顏面、右眼、右肩，傷後退伍自營謀生，參加中橫公路開拓，留在梨山種高山茶，轉任大陸工程當技工；又曾與朋友合夥種蘭花，卻難敵颱風肆虐，一夜成空；也做過各種小生意，但都是大事無成、小狀況不斷收場；滯台五十年就是老光棍一個，結交的朋友都是軍中結識的狐群狗黨，玩的就是那些小把戲，騙吃騙喝，賺的不夠賭個小麻將、泡個小妞、喝點小酒，因此每每一陣子債主逼急了就要向二弟求救借錢應急來救命。而服役四十二年的二弟只是一個管理大頭兵的老士官長，每一毛錢都是東攢西攢、經年累月辛苦儉省下來的。

流浪來台幾十年，兄弟倆關係時疏時密，雖偶有口角意見不合，但終究是血親，兄長的爛攤子，二弟郭景芝還是願意幫忙處理，大事小事，從一九六〇至一九九〇年，三十年渾渾噩噩總是能應付過去。

「想想不也都是一些小事嘛！」

「老哥哥孤單一人就是重義氣、好交朋友嘛！」

最後一件事最遺憾，也一言難盡，榮民郭景芝使不上力也幫不上哥哥的忙。他回憶著，眼眶噙著基於軍人的自尊，忍著不掉落

的眼淚。他告訴我，一九八八年底，他的親大哥心情愉悅地展示給他看將去大陸的機票、出境許可證、探親注意事項等旅行細節，但在去榮民輔導會領取老兵探親補助款台幣兩萬元的路上，大哥興奮過度、心神不寧而發生了一場嚴重車禍，造成右手截肢，住院三個月。大哥車禍後遺症的腦震盪卻因驚嚇過度而造成失智癡呆，在大哥住院三個月期間，郭伯伯每星期都要抽空前往陪伴照顧。郭伯伯是職業軍人，無法全職看護受重傷的哥哥，除了要處理車禍和解事宜，收到和解賠償台幣四萬元，還要處理大哥私事……

　　榮民郭景芝伯伯徐徐緩緩地告訴我，兩岸隔離幾十年期間，兄弟倆從未與大陸通信，深怕台灣寄去的信件害了老家父母及其他家人，因此大陸親友根本不知兩兄弟是生是死，也不知道大哥即將返鄉探親。陪伴著躺在病床上只差一步就上了飛機探親去的親大哥，郭伯伯給家鄉親友捎了多封信解釋兄弟倆還活著、兄弟倆在台灣及大哥發生車禍經過。那些信沒報佳音卻先傳惡訊，實在是讓伯伯不知如何下筆去寄信。

　　郭伯伯陪伴大哥等待大陸親人回信的這段期間，大哥在榮民總醫院住院三個月，後轉進宜蘭的榮民療養院，前前後後才一年多，大哥無法按照既定計畫搭飛機探親，他放下一切希望，放下想家思親的折磨，放下他回家的權利，大哥終因多重器官衰竭……走了。

　　我自己強忍著眼淚，再問一句：「郭伯伯，您的老大哥有沒有什麼遺言？」

　　「大哥都失智了……都沒了語言能力……就是發呆昏睡……」伯伯看著遠方嘆口氣慢慢地回答我，「喔對了，把家鄉來的回信唸給我哥哥聽，他哭了……」

　　「把家鄉來的回信唸給我哥哥聽，他哭了……」

　　一九九○年春天，郭景芝申請提早退役，結束他四十二年的軍旅生涯，開始當平民老百姓，變成榮民老兵。他帶著大哥的骨灰罈，帶著台灣政府補發給兄弟倆「戰士授田證補償金」折合美金一萬五千元，回江蘇邳州探親。那美金現鈔總數的一半是大哥的賣命

錢……

是夜，心有所思，無法入眠。

郭伯伯最後的那一句話，一直盤旋、縈繞在我的腦海裡：

「喔對了，把家鄉來的回信唸給我哥哥聽，他哭了……」

老哥哥不是失智了嗎？知道二弟陪伴在他病床邊嗎？家鄉寄來的那一封家書寫著什麼？是否文詞激烈、情感豐富，讓大哥突然清醒？但想想那戰亂時代，老大哥的元配應該是沒受教育吧？是不是大娘幾句簡單易懂的問候語讓大哥流淚？幾十年的孤寡生活，大娘都是怎麼撐過來的啊？信中寫了怨言嗎？或者大娘苦苦哀求快回來吧？或者大娘鼓勵且期盼夫婿快快康健返鄉團圓？

或者……

或者伯伯心裡清楚太晚了，一切太晚了，他再也搭不上那班飛機了……

所以，他掉淚了……

周賢君二〇一四年十月三十一日於台北

六十八
乞丐老兵

　　一九七〇年代我讀國小時期，台灣的民間還看得到乞丐，媽媽會交代不要與陌生人說話，不可收人家的糖吃，否則哪一天可能被丐幫頭頭抓去當小乞丐要飯。

　　在我二十初歲第一次談戀愛時，一次與男友相約下班後，共同騎摩托車去逛「大甲慈濟宮建醮慶典」，據說那晚有十萬的外地人擠進去小小的大甲鎮，當時大甲鎮居民也才五萬人口。

　　一九八五年，那一年參加的建醮大拜拜，至今記憶還非常清楚，慈濟宮周遭方圓百公尺內，大家擠破頭為的都是想看媽祖神像及幾十隻供奉的神豬，一個小小廟前廣場，在人潮擁擠幾近癱瘓狀況下，我還記得三件事：

　　第一件印象深刻的就是參觀幾十隻參加比賽的千斤重大神豬公，不管是否得到名次的大豬公，每隻都咬著橘子以示吉利，身上還被插滿點綴的小紅花及紅色彩帶去帶動歡樂喜慶的氣氛。

　　第二件事情就不是印象而是記憶，因為人潮擁擠，推擠的力量很大，隨時可能與男友失散，因此男友緊緊地抓著本姑娘的小手，我還記得當時感受的那個觸電電流，那可能是因我倆之間有磁場差異，才感受得到那麼強烈的觸感。被觸電後就是心跳加快、冷汗熱汗直流，而建醮慶典免費吃的流水席都吃了些什麼，反而全忘了。一個牽手觸電的記憶記得那麼深，終究那是第一次被異性牽手嘛！

　　第三件，就是乞丐怎麼那麼多？我還以為一九八〇年代在台灣應該是沒有乞丐這個行業，不料，大甲慈濟宮建醮慶典，半個月的

免費流水席吸引全台的丐幫在此聚會，那是我最後一次在台灣看到有組織的結夥丐幫。那些乞丐會成為小團體分散窩在路邊角落，如果有小孩子的，就可以判斷是一個小丐幫家庭，也有丐媽媽懷裡還奶著小嬰兒。而老乞丐也會三三五五集結窩在一起，這些乞丐都無法上流水席跟著我們一起品嚐享受饗宴，因為當時觀念：他們不是人，他們是乞丐。

乞丐吃的就是我們飽食後剩下的殘餘菜餚。最讓我痛苦及難受的是，發現乞丐群竟還分門別類，吸引我關心的只有一類，就是不與人結夥成幫、單獨流浪的退伍殘障乞丐老兵，缺腿或缺胳臂等的都有；他們其實都是在抗戰中受傷或內戰中受傷，但又幸運跟隨國民黨政府撤退到台灣的軍人，卻因殘障而被除役變成自食其力、自力更生的退伍軍人，後來成為乞丐老兵。

我記得我在小乞丐的托缽中投入零錢，而且要確定零錢投入時鏗鏘作響，這樣我心裡有了虛偽的滿足。我記得我在老乞丐的托缽中捐出我所分配到的祈福麵龜，我想老乞丐都沒有牙齒了，麵龜應該是咬得動吧？我記得我想多投些錢給乞丐老兵，但又怕其他乞丐眼紅過來搶，因此我把百元鈔票摺疊成方方正正變成一小塊狀，還要確定乞丐老兵的眼神與我正好四目相對，好讓他及時收下我給他的小錢，也希望他趕緊再放進自己的口袋去。老乞丐輕輕一聲回答：「謝謝。」他的外省口音更讓我確定他是老兵淪落為乞丐。

隨著人潮的擁擠，我繼續搜尋著其他的老兵乞丐。我又如何去判斷哪些乞丐是大陸來的老兵呢？我的想法：如果是小兒麻痺或腦性麻痺等身障乞丐，那多半是本土台灣人；如果是缺腿少胳臂的乞丐，則多半是外省老兵，因為唯有參與過戰爭受過砲彈傷害，才有可能被截肢，也無法待在軍中繼續服役。

二〇一五年十月，初秋的一個晚上，在台北市住家附近一個清淨的小公園，我遇見一位雲遊四海、無家可歸的老兵，我幾次嘗試給他台幣一百塊去吃一碗熱呼呼的麵湯，他都堅持不要，我只好陪他坐在公園石頭椅子上聊天，天南地北討論《易經》。天曉得我哪

懂得什麼《易經》或四書五經?!老兵夾克的口袋內還有讀過的舊報紙，他是讀過書的，他什麼都不接受捐助。我提出打電話給警察，幫助他回去榮民之家安頓的建議，他堅持，如真格我這麼做他會馬上走人。最後，我能貢獻的就是陪他在小公園裡耗時間、聊《易經》。與雲遊四海的老兵聊天時，他的話題帶動我回憶起一九八五年那晚參加大甲建醮看見的殘障乞丐老兵，也帶動我想像戰爭家破人亡、百姓流離失所的悲哀。

　　日前把這篇〈乞丐老兵〉的草稿在電話中口述唸給媽媽聽，媽媽立即對我做更正；她說早期哪有那麼多乞丐！廟會當中看到的乞丐多半是農閒時，貧困人家外出托缽行乞的一種習俗，這種生活方式其來有自，其實自古就有了。貧窮人挑一件破衣服外出行乞，在外流浪十天半個月，一段時間後還是會回到家鄉繼續務農。他們的那一套「乞丐」裝扮其實是有行頭的，有講究的，他們會保存破舊衣服等待下一次的廟會繼續使用。

　　媽媽又補充，老蔣總統去世時，靈柩移往大溪慈湖的路上，路上兩旁跪著很多哭泣的乞丐，媽媽說她自己也是跟著哭，跟著傷心，感覺天就要塌下來了。我插嘴問：「妳怎麼知道去慈湖的路上有很多乞丐？」媽媽回答說：「電視播的，那些乞丐可是哭得天翻地覆吶……」其實，我也清清楚楚記得一九七五年時，將老蔣總統靈柩從台北國父紀念館移去慈湖暫厝的影像，不過我沒注意到馬路上是否有乞丐。

二○一六年八月二十三日於丹麥哥本哈根
八二三對多少人還有意義呢？

六十九
二〇一二年度感動中國十大人物，
台灣老兵高秉涵（上）

　　老兵高秉涵，揹百個骨灰罈回大陸，功高義薄雲天。

　　在大陸博客網站上與伯伯互通有無幾次後，有一次在博客上給伯伯留言：「十月回台拜訪您。」結果沒下文。想說沒關係，伯伯忙。他好像很久很久沒更新他的網頁，應該是沒有收到我的留言。他是高秉涵老先生、老律師。

　　與高秉涵律師認識的過程是有點小插曲，算是歪打、正著、硬著陸，硬是亂扯認識的。二〇一五年十月回台時，趁夢月哥尚未抵達台灣，而我自己的公事又告一段落，趕緊打一通電話給伯伯，伯伯的電話號碼上網簡單可得。

　　電話中：「伯伯，我下午有空，可以去拜訪您嗎？」

　　「我是榮民老兵子女，我的名字叫周賢君。」

　　呵呵，當時還聽不出伯伯反應，他心裡鐵定有點莫名其妙，怎麼就突然收到這通電話，說著馬上要來拜訪他。

　　老人家很客氣地問：「妳知道我是誰嗎？」

　　「妳確定我認識你嗎？」

　　……

　　言下之意，人家高老先生根本不認識這個電話中的女子。

　　結果，這個老兵第二代周賢君很堅定地說互相認識，在博客上交流很多次。伯伯有點百口莫辯，因此就這樣答應約見面，時間十月二十六日下午兩點鐘，會面地點在伯伯的律師事務所。

高秉涵先生，一九三五年十二月出生，山東菏澤人。十三歲隨山東流亡學校隨國軍來台，服役十年，任職國軍軍法官，少校退伍。

　　高秉涵先生一生獲獎無數，簡列如下：

2015年「愛心獎」，主辦單位：港澳台灣慈善基金會。
2014年度第三十六屆全國榮民楷模，總統馬英九頒獎。
2012年度執業律師四十周年傑出服務獎，總統馬英九頒獎。
2012年度感動中國十大人物，主辦單位：中央電視台。
2012年度華視《點燈》節目第四屆「點亮生命之燈」首獎。

　　其他各種的榮譽狀、感謝狀、獎狀，數不勝數，不一一列舉。特別要提的是，高秉涵先生捐助家鄉建橋修路、籌資建設菏澤學院教學大樓、菏澤賈坊中學設立獎學金。二〇一五年十二月，在香港榮獲愛心獎八萬美元，也全數捐助家鄉的盲啞學校及台灣的榮民老兵急難救助基金。

　　以上，列表人物高秉涵先生，今年八十歲，三十多年來，他克服萬難，獨自揹了一百多個骨灰罈回大陸，送台灣老兵回家，完成老兵落葉歸根的心願。更可貴的是，高老先生不認識這些往生的朋友，骨灰罈送達地點更是遍及大陸各省區。

　　他，高秉涵老先生，中央電視台柴靜小姐專訪製作專輯，香港鳳凰衛視陳曉楠小姐專訪製作《冷暖人生》紀錄片。當然，高老先生在台灣螢光幕前、報章雜誌上更是紅人老兵。目前以高老先生一生背景故事為雛形的電視連續劇，暫定名《安魂者》，正在湖南電視台籌備開拍。

　　高老先生的律師樓辦公室，約莫二十平方米大，擺放兩張辦公桌及兩個檔案櫃。當老先先幫我泡咖啡時，我約略巡視一下這個不起眼的辦公室，發現沒有任何文明辦公器材，只有一部電話機及一部傳真機，沒有電腦設備，他的往來書信和文件都是高律師親手執

筆發函。伯伯告訴我，他年紀大了，沒時間也沒精力學習電腦那玩意兒，他的博客是授權給山東菏澤的代理人操作的。那時我才恍然大悟，原來我自以為在博客上已經認識高老伯伯好一陣子，其實是一場雞同鴨講。我真有點不好意思，毛遂自薦，就真的跑來採訪台灣的榮民大善人，而老先生在這種情況下還願意接見我，真讓我感覺幸運又感激。

七十
二〇一二年度感動中國十大人物，
台灣老兵高秉涵（下）

　　手中抱著一個去世已經十年的老兵骨灰罈，罈子很沉重，心情很沉重，辦公室內的氣氛也是很沉重，重得再沒有氣力去看身旁檔案櫃，櫃中還躺著、擺放著另外四個骨灰罈。我不是身在靈骨塔墓葬園，我是在站在高秉涵老律師二十平方米的小辦公室內。

　　高伯伯不是揹過百來個老兵骨灰罈回大陸嗎？

　　問伯伯：「這善行的過程中，對您最困難的是什麼？」

　　「喔！那太多了！」伯伯回答。

　　「那印象最深的是什麼？」

　　伯伯想了一下說：「機場海關懷疑罈子內是毒品。查了查，還打開罈子聞一聞，誤了飛機班點。」

　　「那帶老兵回家，最困難的是什麼？」

　　他回答：「最難的是明明找到線索了啊，老兵的戶籍跟大陸的卻對不上，那就卡死了。」

　　伯伯接著解釋，很多遷台後的老兵更改姓名或更改輩分排行都有可能；早期部隊充替名額，名字頂替都有可能。

　　「每每一個案件都是辦了三五年才下來。」

　　「現在法律寬鬆了，大陸家屬領回骨灰的手續作業放寬了……」

　　伯伯遞給我一張「亡故榮民骨灰發還大陸地區家屬作業規定」，這是一個前兩年才剛簡化作業程序的規定。

　　伯伯還遞給幾份文件及一個尋人啟事讓我自己讀，他去接一通電話。後來伯伯說這一個尋人啟事讓他印象太深刻了，對方是個大陸來台的交換留學博士生，學生一進這律師事務所，不分青紅皂白，還沒說明來由，一進門就下跪、叩大禮，跪求幫忙尋找祖輩親戚。因為辦公室內沒有影印機，伯伯允許我整個案件資料的來龍去脈拍照留底。當時我對這是否涉及隱私權也沒有概念，直覺反應沒有經過當事人家屬同意不曉得可否逕行拍照留底，有些疑慮。後來回到工作室，心想我們的一切作為都是心存善念，哪須顧忌這麼多！又因為特別想寫這一則故事，所以就重點摘要寫出這故事真善美的一面，而高律師兩年時間政府檔案繁瑣穿梭的細節就不詳細敘述。

　　故事是這樣的：來台交換留學生周先生心中一直記得老祖母的遺願，祖母很確定她的兄長田國文跟隨國軍去了台灣，因二〇一二年感動中國十大人物高秉涵先生是唯一的台灣得獎人，而且高律師做的善事就是帶老兵回家，是周先生尋找舅姥爺田國文先生的唯一希望；穿插的一句話，高老律師的善行義舉是無價的，不求報酬的，因此高律師贏得世界華人的尊重；尋人案件的結局，老兵田國

文，一九二六年生，山東安邱人，資料上有看到大陸妻子的名字，以及兒子的名字，此文不予列示。可惜讓人不忍的是，田國文先生於一九五三年於台灣彰化員林演習時中彈身亡，可幸的是伯伯找到民國四十一年十月十五日陸軍九七四一部隊第三營機槍連全體官兵合照，田國文蹲立於左邊第三排第三位，這張照片是機槍連戰友提供的。皇天不負苦心人，周先生完成了祖母交代的遺願。而我想最重要的，老兵田國文在大陸的兒子終於看到、摸到他的生身父親的影像了，六十五個年頭啊，老兵的兒子在大陸現在也是一個老頭兒了。

走筆至此，心有感慨，不知道這樣的結局對那一位老兒子是一個遲來喜悅呢？還是一個再一次折磨的悲劇？

高伯伯的年紀實在也是很大了，每個骨灰罈都重達六七公斤，看過伯伯的電視紀錄片，他曾同時揹過三個老兵骨灰罈回大陸，一路上冥想默唸：「老哥哥，我們上飛機啊，要跟著！」「老哥哥，下車嘍！」………「老哥哥，回到家了！」

伯伯要我看，老哥哥是不是都微笑著。對，我懷中的老兵鍾玉陸，湖南昭陽人，鍾老先生真的是微笑著，老先生慈眉善目對著我們微笑著，這是他最後遺願的微笑。

最後伯伯給我一張名片，名片的背後寫著「感恩」兩個字。伯伯反過來說感謝我來採訪他，他感謝我把「帶老兵骨灰回家」的故事再一次寫出來。伯伯的感恩感謝一開始讓我感到很惶恐而有點羞怯，後來我懂得了，伯伯其實想把心存感恩的理念傳授給我。他說，讓我們更有動力去做使命中我們想做的事，哪怕是一件小事，心踏實就好了。伯伯說，他時時刻刻都存著感恩的心，時時刻刻都

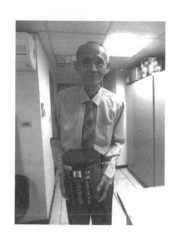

默唸著：「老哥哥，回到家了。」是那種喜悅，讓伯伯一點都不寂寞。

　　走出高老先生溫暖的辦公室，那兒充滿過許多曾經的老兵的微笑，我也心存感恩了。

　　啊！十月台北的陽光多燦爛，清甜的空氣讓人屏息凝思，小腦袋瓜子裡充滿溫馨美麗的畫面。伯伯說：「總是人間有陰暗，我們要照亮它。」我懂得，我想的，就是把高秉涵老律師的故事寫出來，他也是一位榮民老兵，我的父輩。

　　小腦袋瓜子在想的，就是把等待骨灰罈送回老家的故事寫出來，骨灰罈上老兵的遺照都有最後一抹的微笑，那時刻，真的是懂得「老兵不死，他們只是遠離」的情境，我們都心存感恩。

　　　　　　　周賢君二〇一五年十月二十六日於台北

七十一
北京清華學生來台掃墓失聯
三十年的老兵

　　最近參與了一件「善事」，寫出來與所有的朋友分享，因為要
成就這一件事，是累積許多人士的參與，累積點點滴滴的善行成就
的一件事情，這一件事情目前的結局是，終於找到消失了三十年的
老兵的骨灰罈。

　　自從開始收集整理台灣榮民故事後，陸續有大陸同胞透過博
客、微博，請求協助尋找他們失蹤六七十年以上的家屬，有從黑龍
江的，有從上海的，有從重慶的，也有從浙江寧波發來的訊息；反
過來，台灣老兵想要尋找其大陸家人的有：山東棗莊的、山東青州
的、湖南常德的、廣西柳州的。這幾個兩岸尋人委託一直盤旋在我
的心頭，找到機會我就會問一問，沒有消息我也盡量不氣餒，因為
我告訴自己，必須平常心做這一件事，這樣才會持久。曾拜託過朋
友直接就跑去台北市的寧波同鄉協會集中墓園，一個一個找，沒著
落。也曾經親自跑去戶政事務所用電腦資料檢索，找到同名同姓，
出生年紀吻合，祖籍卻是不符合，而白高興一場。曾透過大陸方的
老兵協會刊登尋人啟事，人肉搜尋，到現在都沒消息，也應該是希
望渺茫。曾花錢請徵信社找人，結果不了了之。

　　在二十一世紀電子資訊時代，其實要找人應該是不難，我的
小學同學在畢業失聯四十四年後透過臉書找到了我，而我已經在丹
麥僑居快二十年。我的先生透過臉書找到他兒時的玩伴，而且那個
人移民去了南非五十年。臉書是一個西方世界最普及的社交聯絡軟
體，幾乎現代人都有使用。然而，我重點報導的主角人物是台灣老

兵，他們現今都介於八十歲至一百歲之間，老兵教育普遍不高，使用臉書的老兵可能就不多了。加上大陸地區無法使用臉書，因此我無法使用以「臉書」為工具來搜尋我想要找的人物。

在尋找親人的過程中，發現大陸地區因省縣劃分多次改制，家鄉的地址一旦更改，讓老兵尋找家鄉的過程就增加不少困難。反之，很多來台灣的老兵曾經改名換姓，最主要原因是，早期部隊裡，許多新兵都是頂替已經犧牲的老兵，部隊補給名冊未及更新，因此新兵使用頂替的假名，如果老兵自己沒有去返鄉探親，去認祖歸宗，大陸的親屬根本不可能從正式管道找到他們的來台家屬，因為尋親姓名、籍貫等資訊都是不符合的。我曾聽過大陸同胞的說法，他們說國軍殺人殺太多了，殺了共產黨同胞，因此國軍來台灣後，藉機改名換姓；對於這樣的說法，都被我所遇見的榮民老兵所駁斥否認。

實務上，在搜尋失蹤人物時，我面臨最大的挫折是，自從兩岸於一九八八年開放探親後，雙方約定以國際紅十字會為尋人窗口，為保護個人資訊安全，尋人服務須檢附「文書驗證文件」，而那「文書驗證文件」需要在海基會辦理認證手續；反過來說，在台灣尚未提示尋人機制前，大陸方同胞先要取得親屬證明，經過海協會認證，才能正式遞交尋人申請書。像我這類不是律師執業者，也沒有徵信社找人經驗，要找人真的是大海撈針，很難很難。

前不久，在臉書的社交網站，我就只是隨意留言：「拜託，有哪一位大大？可不可以教個撇步尋找失蹤老兵？」「撇步」一詞就是捷徑、技巧的意思。線上的朋友要我試試紅十字會，另外的朋友要我試試「退輔會」，也就是國軍退除役官兵輔導委員會。我一一地回答：「都是鐵板一塊啦！」有關尋人的事，那些衙門都很鄭重其事、慎重地要求正式行文尋人啟事申請，而我非家屬本人，為保護個人資訊安全……，一切免談。一位網友簡短地回文：「不管死了不，試試軍人公墓安厝查詢網站。」朋友連結給我這個網站。結果我把名單中幾位老兵姓名一一登陸，賓果！出現兩位榮民李希賢

先生，一位安厝於台中市軍人忠靈祠，另一位安厝於新北市軍人忠靈祠。

找到人的這一刻是二〇一六年六月二十七日丹麥時間下午六點鐘，台灣時間晚上十二點，我顫抖又興奮地馬上打字回覆線上的朋友，告知他們，真的是有效、真的是找到一位老兵的線索了。台灣臉書的朋友回覆，非常高興幫了這個忙，也分享我的喜悅。

再來聯絡李希賢先生在大陸的家屬，事情就進行得很順利。從家屬給我的祖籍地、出生年月日等資料，我再打電話去新北市軍人忠靈祠管理單位，確認出安厝於此三十年的老先生骨灰罈就是新認識網友「安冬」的姥爺。

事情的進展瞬間起了變化，接下來的日子，我的大頭開始想像，老兵在大陸的家屬包括女兒、孫子、孫女、重孫子、重孫女，這麼一大票的家族從長至幼、從上到下，一定是人人欣喜若狂，也一定是急切地想要看長輩的照片。我於是又打電話回台灣的忠靈祠，電腦檔案上沒有附註老兵的照片，因為三十年前忠靈祠檔案管理還沒有進入電腦化。辦事員回答，或許骨灰罈上有老兵的照片。或許。

我同時也查詢到，河北唐山市不在開放來台自由行的城市之一，因此我原本想鼓勵家屬盡快來台自由行的想法只好作罷。瞬間又想到，我目前正在參與的清華學生訪華行程規劃，暑假期間北京清華大學約有八個學生將要去台灣，收集訪問榮民老兵的人文研究，何不委任學生就近去一趟新北市軍人忠靈祠，替唐山的家屬們代為掃墓，順便拍些照片回來。有了這樣的構想後，我馬上與學生聯繫，也立即得到了學生的回覆，他們絕對鼎力支持，答應一定幫這個忙，而且這是一件很有意義的事。

等一切事情有了眉目之後，我與台灣聯合報報社的朋友聯絡，約定採訪上報「北京清華學生來台掃墓失聯三十年的老兵」。

姥爺，我們想念您

（已逝老兵李希賢先生在大陸孫女所寫祭文）

姥爺：您在天堂好嗎？您在天堂可聽到我的呼喚？我是您的外孫女。在遙遠的天國，您已經生活了快三十年了。想必您在那裡見到了自己的親人，您的父母早已經在那裡等著您，九○年代您的哥哥、妹妹都到天堂與您相會，後來您的弟弟也到了天國，您見到您的日思夜想的親人了嗎？不知他們可告訴您：我們都很想念您，我們一直在找您。

姥爺，您在世時，可能有人稱呼您：哥哥、弟弟、叔叔、伯伯、爺爺。我相信：一定沒有人稱呼您──姥爺。姥爺，我是您唯一的女兒──賀蓮的女兒，是您的親外孫女呀。姥爺，您在天堂睡了那麼多年，您是要醒一醒了，您可聽到我的呼喚？怎麼？還是沒有聽見？讓我大聲地喊一喊──姥───爺，您聽到了嗎？

我很小的時候，不知道我有姥爺。見到的只有姥姥，也從來沒有問過姥爺的事。可是當我於一九七八年八月考上了我們豐潤縣的重點中學──車軸山中學時，我隱約的知道家裡有點事瞞著我，因為爸爸用自行車帶著行李、帶著我到學校報到以後，媽媽才放下了心，她唯恐學校會不要我。學校是擇優錄取，為啥會不要我呢？我不知道為什麼。似乎這裡有些事在瞞著我。當時我很小，也不想知道為什麼。

一九七九年春節，姥姥的侄子來看望姥姥，大人們嘀嘀咕咕地在小聲議論著，好像在迴避著孩子。我也不想多問，記得當時媽媽從高板上的笸籮裡拿出一張紙，給他們看。然後悄悄地議論著。我知道所有的祕密就在那個笸籮裡。有一天，我趁著大人不在家，就把那個藏著祕密的笸籮拿出來，找到那張紙。看到那張紙，我好像明白了什麼，又好像不明白，因為那只是一張紙，那張紙是一封信──〈告台灣同胞書〉，問候台胞春節愉快。當時不懂台灣同胞與

我們有啥關係，為啥大人總是很小心地談論這件事，並有意迴避著我們小孩子。後來從大人的談話中我得知原來姥爺──您在台灣，我的媽媽是台屬。

一九八六年八月二十二傍晚，我們突然接到一封北京來信。我記得很清楚那是一個藍紅道道的信封，好像是航空信封的樣子。收信地址是：河北省豐潤縣豆各莊村後街，收信人一欄寫著：李希光先生。我的潛意識裡就認為是姥爺您寫來的，因為我們在北京沒有親戚。我建議打開看看，可是我姥姥很規矩，她認為收信人是我的大姥爺，您的哥哥──李希光，就不讓打開。可是我就堅持要打開看看，我說：「是姥爺的信我們看看，提前高興又何妨呢？大姥爺知道也不會怪罪的。」可是姥姥媽媽就認為這樣不好。可是我有強烈的探知欲望，非得打開，所以媽媽姥姥讓步了。我就用刀片把信口小心地打開。現在我仍然清楚地記得：信的開頭沒有稱呼，末尾也沒有署名，只是找人。我記得找的人有：李希光、李希伯、李伯增、李仲增、菜籽莊的徐冠洲、小令公莊的于澤民、羅文口的王某……媽媽讀著信，姥姥說，找的都是他自己的親人，除了哥哥、弟弟就是侄子，還有幾個有名氣的親戚。我們一看也是，那麼多人，就是沒有找媽媽和姥姥。我想到北京去打聽您的消息，就和媽媽談論怎樣去北京的事。可是一直在旁邊聽著的姥姥說話了，雖然語調不高，但是也很有道理：「他不要老婆，但是他有女兒，一個連女兒都不要的人，你還要去找什麼爸爸。」我們仔細一回味，姥姥說的句句在理。姥姥苦爬苦做，尊老敬小。解放前夕已經很難維持大家庭的生活了，大家各找活路。我的三姥爺、大姑姥姥參軍南下，成了解放軍。大姥爺一家到東北解放區搞工業建設。家裡只剩下姥姥、媽媽以及媽媽的爺爺、奶奶和她的小姑姑。可說家裡是老的老小的小。在外邊的各家也各有各的難處。經濟上自顧不暇，還有其他的原因，他們無心也無暇與老家聯繫（後來條件好了，他們都盡力幫助姥姥、媽媽）。大姑姥姥在部隊，和家裡的聯繫最多。但當時在供給制的時候是沒有錢幫助家裡的。後來條件允許了，掙工資

了，她不時地給家裡的老人寄錢，接濟家裡。兩個老人老了，很多活計是姥姥在做。姥姥為兩個老人送了終。姥姥兩隻小腳，下地幹活，供媽媽上學，是多麼地艱難。媽媽是姥姥的唯一希望。姥姥年輕時是個漂亮的女人，有人看著她們娘倆艱難的生活，勸姥姥再嫁，可她搖頭拒絕了。她為媽媽付出了一生的幸福。為了我們一家她也辛勤的勞作。我的父親——一位中學教師，於一九八〇年猝死在工作崗位上。而當時剛剛搞聯產承包，把地分給各家耕種。媽媽瘦弱的身體，三個孩子還小，我的小弟弟剛剛九歲，妹妹十二歲，我最大才十六歲，在車軸山中學讀書。姥姥當時已經是六十五歲的老人了。媽媽中年喪夫，而對姥姥來說可是老年喪子。可想而知，對她的打擊有多大，她本想投奔自己的唯一的女兒，讓女兒女婿為她養老送終的，可是我的爸爸卻一句話都沒有留下，匆匆離開了我們……。堅強的姥姥，幫助媽媽維持這個家，她要幫媽媽把我們姊弟三人培養大，為了幫助女兒，為了她的三個可憐的外孫女、外孫子，姥姥忙裡忙外，有淚不流。她是我們家的功臣。沒有姥姥，就沒有媽媽。沒有媽媽，哪有我們？姥姥苦苦地掙扎，苦苦地等待，可是此時此刻，看著信您卻隻字沒提她和媽媽。我們難以想像她的心裡有多難過。所以，我們不怪罪她的這種說法，從情理上說也不應該違背她的意志。

於是決定把信寄給遠在東北的我大姥爺——李希光大人。我們接到北京來信不久，統戰部的工作人員也到我家走訪。他們告訴我們，老家在豐潤的谷有奇先生以到日本旅遊為藉口，繞道回大陸探親，是他給我們寫的信。信是從谷先生的妹妹家寄來的。過了大約有一個多月，我們接到了大姥爺的來信，他也告訴了我們這件事。可是等我的大姥爺與谷先生的妹妹聯繫上，谷先生已經回台。當時不能三通，信件要轉寄，需要時間很長。所以，等我們再得知消息時，已經是一九八六年的十一月份了。是谷先生的妹妹谷有容女士寄來的信。她告知我們，姥爺您已經於谷先生回台不久去世。我們從谷先生那裡得知您患有膀胱癌，做了六次手術。在住院治病期

間，與您合夥做生意的兩個合夥人竟然捲款潛逃。稅捐處找您要三百萬台幣的稅款，而您拿不出，所以被告到法院。您很苦惱。找朋友經過一年多時間才把法院的案子撤掉。是一次在麵店吃飯，您與谷先生相識的。谷先生的原話是這樣說的：「多年來李先生鄉音未改，攀談起來還是豐潤老鄉。而兩人的老家距離僅有十幾公里。所以談起來十分親切。」您就把自己的苦惱告訴了谷先生。託付他幫忙找家人。可是當他從大陸回到台灣之後，竟然沒有得到家人的任何消息。可想而知您是多麼失望。您找那麼多人，可是一點消息都沒有得到。可是遠在大陸的我們，哪裡知道您在患病？哪裡知道您在那裡孤身一人？因為您當初離開大陸時已經有一位朱婉華女士和您一起生活多年了。我們哪裡知道後來您與她分手了呢？姥姥、媽媽以為朱女士早該為您生兒育女多個了呢。所以姥姥、媽媽對您的不找他們，也是理解的，絲毫沒有怨恨之意。姥爺或許您是擔心姥姥已經改嫁他人，您才不找姥姥，擔心您那瘦弱多病的女兒，也許已經隨著姥姥改嫁？您難道不知道嗎，姥姥出生於立有貞節牌樓的何氏家族，從一而終的思想已經植根於她的骨髓，多麼困難的條件也不會改變她的思想的。她就選擇苦苦地等待，等待。姥姥她從滿頭黑髮等到白髮蒼蒼，從青年等到暮年，而且絲毫也沒覺得委屈，您一字不提找姥姥和媽媽，對姥姥的心靈該是多麼大的傷害。

可是在得知您的死訊那一刻，我們沒有絲毫責怪您的想法。我們只是在責怪自己的心胸狹小，我們的不大度，促使姥爺您早早離開了這個世界，因為也許您得到家裡的消息會多存活幾天、幾個月呢。

後來我們仔細思考：或許是姥爺您擔心給女兒添麻煩呢，也未可知。因為兩岸的敵對狀態，您對大陸的狀況毫不知情，您在外邊聽了很多這樣那樣的消息，您對大陸、對家鄉有懷疑態度。可是我媽媽是您在這個世界的唯一存續，她是您最親的人。您為啥不找找您唯一的女兒呢？何況媽媽她已經因為在台灣有個父親而失去了升學、就業的機會，對一個人的人生說，有比從小失去父親的關愛、

學齡時期失去了升學的機會、人到中年又失去了丈夫的打擊更大的嗎？她還會因此失去什麼呢？媽媽雖然身體瘦弱，可是她的內心是堅強的，堅毅的。在困難面前沒有低過頭，從來是有尊嚴的活著，即使生活再困難，她也沒有向困難低過頭。爸爸去世之後，她和姥姥兩個寡婦領著我們三個孩子生活，孤獨，孤單，無助。可是她從來沒有改變過自己的信念——把自己的孩子培養成人。

　　媽媽曾經告訴我：在她上中學時，她的班主任老師是您的同學馮某才，當他看到媽媽的登記表時就打聽您，媽媽誠實地承認她就是您的女兒。馮老師似乎一切都明白了。因為他對您很瞭解。雖然媽媽和姥姥一起生活，家庭很困難；雖然她的學習用品簡單、陳陋。可是因為她有一位國軍父親，在那個講政治的年代，她就完全沒有可能得到「人民助學金」。因為政治上的原因本來就沉默不語的媽媽因為助學金的事就更加內向了。她那瘦弱的肩膀很難擔負政治上的包袱，這包袱壓得她有點喘不過氣來。但是，沒有因此影響她的學習成績。她的學習成績總是優秀的，代數、俄語、歷史基本總是滿分。

　　媽媽在初中畢業以後，考上了五年制大專。她高興地早早地託人把行李就捎到了學校所在地——唐山，她是那麼心儀那所學校。因為畢業以後就可以當醫師了，就可以掙錢孝敬姥姥了。媽媽整個暑假就生活在美好的希望中。可是就在開學的前一天，媽媽接到了通知：因為肺病，不能入學。接到這個消息，不啻為當頭一棒。不知媽媽是怎樣熬過當時的打擊的。因為媽媽內心很清楚，她在上初中時身體不好休學一年，經過治療身體已經好了。在入學考試前已經經過體檢：左肺尖鈣化。這說明媽媽的肺結核病已經治好了，允許她報考。現在來這樣一個通知只是一個藉口而已。所以當我考上重點中學時，媽媽還是擔心我也會像她的命運一樣被學校找藉口退回。她唯恐自己的厄運也會降臨到她的女兒——我的頭上。可是這一次媽媽錯了，因為國家的政策已經變得好了。從我的入學，媽媽的擔心足以看清升學這件事對媽媽的傷害有多深，她已經成了驚弓

之鳥了。

　　後來媽媽又幾次參加考試，可是因為同樣的原因不能入學。後來媽媽在本村學校當代課老師，雖然媽媽的教學能力很強，可是還是因為這個原因不能轉正。家庭出身給媽媽帶來的不公正待遇太多了。前幾年，國家對代課老師的情況進行登記，媽媽又哭哭啼啼地講起自己的悲慘遭遇。

　　不能升學，不能做自己喜歡的事，只是因為一件事：您在台灣，媽媽家庭出身不好。這怨誰？怨您嗎？而您又怨誰呢？我們老百姓有能力選擇自己的生活嗎？在浩浩蕩蕩的歷史長河中，我們都像一粒沙子，我們個人的力量太渺小了。不隨波逐流又會如何？怨只能怨我們家的人命運不濟，趕上了動亂時代。我們只能選擇默默承受，忍受一切。歷史讓我們做出犧牲，讓幾代人做出犧牲。讓父母失去兒女，讓妻子失去丈夫，讓兒女失去爹娘。苦水倒來倒去只是苦。我不知道世上有沒有靈魂，如果有靈魂，我祈盼：讓您再與我的姥姥相遇，與我的媽媽相逢，讓您一家三口團團圓圓，快快樂樂地生活在一起，永不分離！

　　到了八○年代，人們不再羞於談起自己台灣有親人。得知您的死訊，您的哥哥並不死心。他讓他的兒子——您的侄子到北京找您的老友李濟深先生的兒子——李佩玉先生，打聽您的下落。王錫爵先生從台灣駕機起義回到了北京，媽媽寫信給王先生。但是，都沒有得到您的資訊。

　　在湖南的您的弟弟——我的三姥爺也託人找您。他得到的消息讓我們幾乎昏厥說：您在台灣窮困潦倒，身邊的朋友不是死亡（提到一位李琰），就是到了南部。生命的最後階段住在一位開水電行的劉先生家。原以為劉先生是您的一位老兵朋友呢，可後來得知他的年齡比媽媽的年齡還小。他為什麼好心把一位孤老弄到他家呢？我們從谷有奇那裡得知，他說您以前有錢有勢。您生病，是谷先生一位席姓朋友和另外兩個朋友四個人以及一些愛心人士的幫助照料。怎麼我們從湖南聽到的消息是這樣呢？兩種說法我們不知採信

哪一種？為啥截然相反呢？我們不貪圖錢財，媽媽雖然困難，但是她把苦難埋在心底。她最思念的是父親，是父親的愛。是誰在說謊呢？在生命的最後階段您貧病交加，姥爺您是被誰欺騙了，走到了這一步呢？

劉先生傳出的話說您到台灣後與朱女士因為感情不和離婚，那個女的又嫁給了一位飯店老闆，因為不生育，過繼一個女兒。後來朱女士已經死亡。總之，我們要找的資訊已經完全斷了，非死即亡，要不就是到了南部。我們該信相信哪位先生的話呢？我們迷茫了。後來三姥爺告訴我們劉先生要於一九八九年六月回湖南老家探親，他要把姥爺的骨灰幫忙帶回家。聽到這個消息我們那個感動啊！我們在心裡盤算著該怎樣感謝人家劉先生，是這樣還是那樣，可無論怎樣也表達不了我們的感激之情。在危難時刻幫忙，在人死之後還主動把骨灰幫著帶回家，這是怎樣的恩情呀？

我們苦苦地盼望，幾乎就在倒計時，又得知劉先生因為六月北京的動亂不回家了。我們也就把希望變成了失望。

與此同時，我們又從您豆各莊老家得到消息，原來您在信上找的菜籽莊的徐冠州，他的侄子徐廣義也在台灣。我就展開了自己的外交優勢，打聽到徐廣義要回家探親，聽說人家回家了就告訴媽媽去打探。媽媽兩次去打探卻毫無結果，因為劉先生從不接電話，而是讓他的太太接電話。我們也不知道為什麼？劉先生既然是您的好友，為什麼不把您的事情講出來呢？難道他在迴避著什麼嗎？

為了找您，我們灰心了，喪氣了。可是自從看過電視連續劇《原鄉》，我的內心又不安分起來，難道就沒有姥爺的任何消息了嗎？難道台灣就沒有姥爺您的故舊好友在世嗎，告訴我們姥爺您的生活細節嗎？我們多想知道您是在那裡怎樣生活的。可是您再也不會說一句話，一個字了。我們到那裡去找哇？

今年一個偶然的機會，我從博客上認識了周賢君女士，是她的博客名字吸引了我「——台灣老兵第二代」。也許是因為她與媽媽是相同的階級——老兵二代，使我有興趣讀她的文字。讀著讀

著，我淚流滿面。可是今生今世媽媽無緣與老兵父親相見了，因為她的老兵父親已於三十年前離世，個中苦痛只有自知。夜深人靜的時候，可能是老兵想家的時候，也是孤單的媽媽思念自己親人的時候。無聲的淚，汩汩流。可是卻無法平息媽媽那顆思念親人的心。媽媽僅僅一週歲多一點，他的爸爸——您就離開了家，去到所謂的中國地做事。因為那裡沒有日本人，姥爺您不想給日本人做事。可是姥爺的家鄉卻是在敵占區，無法通音信。媽媽只是在心裡想爸爸。凡是自己沒有的，她總是想擁有。媽媽她最嫉妒的是別人有爸爸，而自己的爸爸不在家。每當看見別人的爸爸回家，她都會跑回自己家，問姥姥：「我的爸爸啥時回家？」她天天盼，日日盼，從天明盼到天黑，從春天盼到冬天。可是一天天過去了，一年年過去了，還是盼不到爸爸的身影。當她剛剛學會寫字，她就學習「爸爸」兩個字怎麼寫。她想給她的爸爸寫信。她想把爸爸叫回家。學的字多了，她真的給爸爸寫了一封簡短的信，連同自己練了多日的一篇最好的毛筆字，要三孃代為郵寄給遠方的爸爸。因為姥姥不識字，媽媽就把信和毛筆字一起放心地交給了她識字的三孃。可是貪心的三孃，昧心留下了寄信的一元錢郵費，而把媽媽的信和毛筆字給藏匿起來。同時她也把媽媽的思父之情給藏匿起來……。可憐的媽媽在多年後才得知真相。

在一九四八年春末夏初，媽媽終於盼到了他的爸爸回家。可是這時媽媽剛剛十歲了。她盼爸爸回家用了十年的時間。可想而知她當時的欣喜，可是見了爸爸，她卻不敢說話。只是遠遠地看著他，不敢上前親近。一是因為有那麼多長輩要親近這位離家多年的人，二是因為多年不見，媽媽和她的爸爸是陌生的，是有隔膜的。可她又擔心爸爸不告而別，所以她不敢睡覺，唯恐爸爸在她睡覺時悄悄地離開家。可她的爸爸還是走了。到了北京的南苑。因為她的爸爸是一名軍人，一名空軍政治教官。爸爸答應她，會回家來看她的……。可是，她的爸爸這次走得更遠了，從北京到了台灣。把他日夜思念爸爸的女兒留在了大陸。從我十多歲開始，媽媽就唸叨著她

的爸爸。從少年到青年，從青年到老年，從乳臭未乾到滿頭白髮，媽媽思念親人的心路該有多長？到如今，媽媽思念親人的眼淚流乾了，也沒有盼到姥爺的身影。她思念親人的痛苦我耳聞目睹。可是我們卻不知老兵思鄉的痛苦，我們不知老兵的生活有多難，從沒有人為我們講起，因為我們並沒有那邊的生活經歷。姥爺已離開人世，這就像一隻風箏斷了線，您在台孤身一人，無兒無女，有誰會知道您生活的細節呢？

姥爺，我想知道您生活的細節，我向在天國的您熱切的呼喚：姥爺——您回家吧！家裡有您的親親的女兒，親親的外孫、外孫女、重孫子、重孫女，一大幫人熱熱鬧鬧，都望眼欲穿的等著您，念著您。

您回家吧，我的姥爺！

六月二十七日在周賢君女士及眾多愛心人士幫忙下，找到了您在台灣的陵墓。周女士幾天忙碌顧不得吃飯、睡覺，遠在丹麥哥本哈根的她與台灣連線聯繫，與我聯繫，忙得不亦樂乎。得知這個消息，我是既激動又難過。激動的是，為了我的一句請「幫忙」的話，周女士的熱情幫助。我們非親非故，可是就是因為愛，因為善良的人性，使她熱心老兵的事情，她不遺餘力地幫助我們。我們可以想像她找人的難度。活人都不好找，何況找一個已經去世多年的人！無論是多麼難找，她都想找到您。因為我們都為了一個夢，為了我們共同的夢，那就是團圓的夢。為了這個夢多少人付出了努力，付出了勞動，我們不得而知。是因為世界擁有愛，擁有熱心腸的人才會促成這件事。周女士告訴我：暑假期間北京清華大學的學生約八個人將要去台灣，收集訪問榮民老兵的人文研究，於是她就委任學生就近去一趟新北市軍人忠靈祠，替我們代為您掃墓，順便拍些照片回來。這個要求也立即得到學生的回覆。承諾他們絕對鼎力支持，答應一定幫這個忙，而且他們認為這是一件很有意義的事。我們一家非常感謝他們！他們為我們圓了一個夢！他們是替您的後人——我們做的事情，他們是不是很偉大？這些孩子可能是平

生第一次做這樣的事，還是為我們家，如果您在天有靈，您一定要給這些孩子降平安，送吉祥！

因為兩岸的現狀，我們還不能親自到台灣為您掃墓。千言萬語只是這樣幾句話：姥爺我們想念您，我們有很多話要向您講。我的姥姥於一九九八年六月九日永遠地離開了我們。在她的墓裡有一個您的磚刻的牌位，上面刻著您的生卒年月。十八年過去了，我還清楚地記得當時媽媽的哭喊聲，她哭了姥姥，哭姥爺您，那聲音撕心裂肺：「媽媽呀，您如今終於見到了我的爸爸；爸爸您死都沒有回家。您何時回家？我們三口何時再相見，再團圓？」媽媽的哭聲是那麼地悲慘，令在場的親友個個低頭落淚。

姥爺，您聽到了您外孫女的聲音了嗎？您聽到我的哭訴了嗎？在台灣新北市的寂靜的地宮有您的骨灰罈。三十年的地下生活，或許您習慣了安靜、寂靜。今天您的親人在大陸這邊深情地呼喚您，您聽到了嗎？姥爺我們想您！我們思念的淚水已經匯成了一條河——一條思念的河。台灣海峽是阻斷我們相見的天然屏障，這條海峽裡流著的海水也有我們思念親人的淚水啊！可是除了天然屏障還有人為的屏障。我們呼籲：拆除阻斷我們來往的人為屏障吧，因為兩岸的和平共處是造福兩岸人民的。人情、人心、人倫呼喚著和平，呼喚著統一，呼喚著兩岸交流。因為兩岸同胞誰也離不開誰，我們同根同祖。台海和平穩定是兩岸民眾最大的紅利。我們盼望著有一天，我們自由行走在寶島台灣，到那裡看望我們的親人——姥爺，到那裡瞭解姥爺的生前身後事，看看姥爺留在那裡的足跡⋯⋯

我們盼望著那一天早日到來！

姥爺，安息吧！

您的外孫女　安冬於二〇一六年七月五日

七十二
給台灣老兵李希賢先生的一封信

李杯杯您好，我叫周賢君，我是榮民老兵第二代。

這個年代，台灣年輕人稱呼榮民老兵為「老杯杯」，我們是取其諧音「杯杯」，感覺比較幽默些，相信您很熟悉這個聲音，也會接受小輩我這麼稱呼您。接下來，我要向您報告這三十年，都發生了些什麼事。世界大事我就不浪費時間去整理，我只專注在榮民老兵關注的兩岸事務上，向您約略做簡報。

知道您是在一九八六年九月二十五日去世，安奉於新北市軍人忠靈祠。

回顧一九八六年那一年，我父親透過美國洛杉磯轉信，也是取得與家鄉親人的聯絡。從此，我是我的父親及其他許多老兵杯杯們最得力的助手，我常常幫助他們寫信、匯錢回大陸、辦理各種旅行證件及訂購機票等等，因此老兵返鄉探親的門一開，我是第一線的參與者及見證人，以下過程讓我一一向您報告。

一九八七年六月，有很多外省人與老兵組成「外省人返鄉探親促進會」，並展開「老兵返鄉探親」運動，要求政府開放探親。

一九八七年總統蔣經國先生宣布《台灣省戒嚴令》同年七月十五日起解嚴。杯杯，我要跟您解釋，必須要先解嚴，才有辦法小三通，才有辦法開放探親，老兵回大陸探親，才不會被扣上一個大帽子，才不會犯涉嫌洩漏國家機密的重罪。

一九八七年十一月二日開放大陸探親。杯杯，我要告訴您，一九八七年六至七月我參加「老兵返鄉探親」運動兩次，而且在大布

條上的聯合聲明簽字，我都是簽上我父親「周昇雷」的名字。

　　一九八八年一月十三日總統蔣經國先生去世。

　　一九八八年四月十八日開辦兩岸（間接）通郵，我們終於可以大大方方從台灣寄信去大陸，不用偷偷摸摸怕被抓。同年，我們家匯款美金六百元回大陸，蓋三間磚瓦房，為第一次探親做準備。

　　一九八九年六月，北京發生動亂，許多人都取消回去大陸探親，我與父親母親共三人排隊等候台灣政府發的出境許可證，直到一九八九年九月二日才終於成行，不過都還是要從第三地轉機飛去大陸。

　　一九九〇年一月三日，台灣政府開始發放戰士授田補償金及榮民生活津貼。在此，要拜託杯杯，多多保佑我，我想查一查，您的權益是否仍處於有效期？您的家屬是否仍能申請您的那一份戰士授田補償金？

　　一九九〇年一月，台灣政府公布《對大陸地區間接投資或技術合作管理辦法》，有條件開放台商間接對大陸投資。在我的觀念上，老兵回鄉探親，中共在各地成立「對台辦，招商小組」或「台灣老兵招待所」解決老兵回鄉探親旅途上的不便或各種困難事務，老兵先於台商進入大陸，這是很重要的一大步，奠定台商開始對大陸投資設廠的基石。。

　　一九九二年李登輝總統的任內，有一個辜汪會談，是一個沒有簽任何書面協議的會議，俗稱「九二共識」，共識內容很有爭議，小輩不懂政治，因此無法向您報告這個所謂的「九二共識」對兩岸發展的影響。

　　一九九六年三月，台海發生飛彈危機，我收拾細軟，跑去桃園復興山上躲五天，我的老兵爸爸這麼要求的。

　　二〇〇〇年三月二十一日開始試辦金門、馬祖、澎湖地區與大陸地區通航，通稱小三通。

　　我的父親於二〇〇六年去世，二〇〇〇年至二〇〇八年為總統陳水扁先生執政，他與對岸關係弄僵，結果我的親大哥無法來台

奔喪。

　　二○○八年七月十八日，總統馬英九先生開放大陸地區人民來台觀光旅遊，兩岸之間也開放許多城市定點直飛，其意義就是老兵返鄉探親不用再去第三地轉機，節省許多時間、金錢及寶貴的體力。

　　二○一六年七月底，北京清華大學學生林曉雪等七人來台做「榮民老兵人文研究」，我與您外孫女安冬委任這些學生先來看您。安冬及安冬的母親李賀蓮女士，也就是您一九四九年見過的十歲女兒，他們都正在辦理申請來台的手續，很快就會來台灣與您見面喔。

　　以上，就是我要向杯杯您報告的過去三十年兩岸之間交流的大事紀，我只專注對我們榮民老兵有重大影響的事項，其他政治、經濟事件太多了，我就不一一列舉，以免擾您清眠。

　　杯杯啊，當我聽到安冬敘說一九八六年，一位名義上去日本旅遊，實際上是偷跑回大陸探親的老兵，他為您在唐山的家人捎來訊息，您已於一九八六年去世的消息，我直覺地想像出一個畫面

二○一八年五月一日作者前往新北市忠靈祠掃墓，並以電腦方式播放唐山親屬影片給在天之靈的老兵觀看

「馬上相逢無紙筆，憑君傳語報平安」，您的老兵朋友不是帶去平安的喜訊，他帶去給您家人的消息是，您在台孤獨一生、已經悄然離世。杯杯，我們中國的歷史，改朝換代那麼多，小老百姓都是在戰爭刀口下僥倖生存的。我小時候學到那一句著名的唐朝詩句：「馬上相逢無紙筆，憑君傳語報平安。」老師的解釋是，大將軍保疆衛國，沒有時間給家鄉親人寫信。當時的我年紀很輕，對於如此的詩句，感受卻是

不會很深的。但是，聽到您於一九八六年託人捎信息回家鄉，我的心真的是隱隱作疼，這是「憑君傳語」報什麼呢？家鄉親人怎能受得了？這是我們小老百姓，活在戰爭刀口下的悲哀啊。

　　杯杯啊，找到您，我滿腦子想著，您安寢的櫃子該是累積厚厚的灰塵了，但您從沒放棄希望吧，是您冥冥之中的安排，讓您外孫女安冬與我相互認識的。

周賢君二〇一六年七月六日於哥本哈根

七十三
幼年兵的一頓飯

有一張照片，花了兩年的時間才讀懂了它。

問伯伯說：「有沒有早期軍中的生活照？黑白的那種？」

伯伯瞪人，不甚高興地問：「你想幹什麼？」

又問伯伯：「有沒有從大陸帶來的照片？」

伯伯撓撓不多的頭髮給妳白眼：「人家是帶著兩條腿逃難，哪有什麼老家照片？」伯伯生氣了。

又過了一年，看伯伯翻照片，逮住機會趕緊問：「伯伯，這張吃飯的照片，哪一位是您？您坐在哪裡？」

伯伯還是有點生氣模樣，拒絕回答，趕緊把相簿收起來，不給人家看，那是伯伯孤兒院幼年兵時期的生活照。

有一天，例行的電話問安，伯伯竟然願意自己講述那一張照片。電話那頭出現平緩感嘆的聲音：「美國記者來拍攝幼年兵的生活照，拍了很多照片，貼在軍營公布欄上……被我攢了一張，留念。」

伯伯的那一句話──「美國記者來拍攝……」，我好像曾在哪本書讀過？

掛了電話馬上去找出桑品載先生著的《小孩老人一張面孔》，爾雅出版社出版的。快速流覽找到第一百一十六至一百一十七頁：「第九隊輪到最後，『表演』吃飯……隊長叫大家只顧吃飯不許看，但誰忍得了……」桑品載先生當時十二歲，所拍攝的幼年兵照片上了美國《時代》（Time）雜誌，猜測是一九五〇年。

我在想，為桑品載拍照的那個美國人，不知是否與拍攝這張「伯伯們」吃飯照片的美國人，為同一人？

幼年兵的一頓飯

我想不管如何，都不重要。

後來又想，桑品載那張登在《時代》雜誌的照片，怎麼那麼清晰？我手上的這張集體「吃飯」合照怎麼那麼陳舊蠟黃？

想想，一張六十五前的照片，民間的私人收藏，能保留下來就不錯了。

數數集體「吃飯」合照內，數出了「七十七」個小光頭，也就是有七十七張嘴巴，七十七個小腦袋，七十七條小生命，他們來自大陸東南西北七十七個家庭，也就是有七十七個老娘牽腸掛肚等戰爭結束、等兒子回家……。有的老娘等瞎了，有的老娘等瘋了，有的老娘等得說不出話了……

唉，不可以再無限延伸想像了……，不然苦了自己，又要難過失眠一夜。

伯伯說，早期吃飯配鹽巴，吃不飽。

伯伯說，在部隊裡就是「挨揍」。

伯伯也說：「能活到今天，不錯了。」

花了兩年的時間才讀懂了這張照片——伯伯送給我的遺物，伯伯也走了。

周賢君二〇一五十月十八日　台北

七十四
老兵的小半張照片

　　這個年代在台灣，我們叫榮民老兵為「老杯杯」，「杯杯」是諧音詞，尊敬的伯父、尊敬的長輩之意。

　　杯杯說那麼多的老照片都是垃圾，他只珍藏這一張，是杯杯從皮夾掏出的一個「小半張」的照片。因為那張照片原先有著杯杯的父母親的影像照片，但很久很久以前，杯杯把父母親的照片剪下來，再剪成小碎塊，然後兌著一大口水喝，把碎照片吞進肚子去了，這樣杯杯父親母親的影像就死死地牢記在腦海裡。這是杯杯告訴我的故事。

　　杯杯說，一九六〇年代前後，他突然有了感應，母親痛苦煎熬、母親不在世了，兒子卻沒辦法送終啊！杯杯就日思夜想很痛苦，很痛苦啊。

　　那是一張老照片，在杯杯還是孩童時期四歲時的全家合照，杯杯說那是在瀋陽縣城裡的一家老照相館拍攝的。當時老百姓都還是穿著傳統的長袍馬褂，而杯杯父親母親的儀容打扮又是如何？我沒問也無法猜測，腦海裡思索著，這個杯杯是怎麼想的，竟然做出吃掉父親母親照片的動作？留下這個「小半張」的照片的意義是什麼？這算是一種自戀嗎？

　　照片的左下角有著些微褪白磨損，就可猜測出應該是杯杯經年累月使用左手拇指和食指「捏著」小照片看，這些留白是幾十年的指甲夾持，再老眼細讀，而且念想、回憶等等重複動作所產生的磨損。

21.08.2016　　　　21.08.2016

　　杯杯幾十年來保存的這張小半截照片，他是用左手拿著看著照片，看著憶著已經吞進肚內父母的影像。許多夜深人靜無法入眠的時刻，在獨居的一盞老燈陪伴下，另一隻手，也就是右手，右手練毛筆字寫家書。照片的背面有著杯杯自勉的留字：「自憐終勝人憐，我影四歲。」杯杯說，他曾經有很長的時期心情很沮喪，他才不要任何人來可憐他、安慰他。有一個時期很會喝酒，喝很多酒，喝了酒後大醉，再睡他三天三夜。在部隊裡，這就算是縱酒滋事，該受處罰。杯杯說他很願意受處罰啊，去值夜班崗哨站衛兵，頂多操場多跑幾圈，耗掉那多餘的痛苦心力。那時候多麼想家，想大陸的家啊？怎麼辦？一個大男人、男子漢，誰說男人就不會哭？到頭來，情緒崩潰時，照樣也是淚潸潸、枕頭濕答答的一片，去接受處罰換換心情，好啊！

　　「待在部隊裡哪有隱私，想都別想往大陸寄信去？」杯杯寫的很多毛筆字書信都扔到字紙簍去了，「那時還要思想檢查，寫信要很小心喔。噯，久了就痲痺了！」

　　「當時就是有很強烈的感應，母親走了，母親走了。」杯杯用很疲乏的語氣自言自語。

　　再問杯杯，那關於您父親呢？「我們那裡人不叫爸爸父親啦。」

　　「我當小孩子時期管父親叫『大大』，年紀大一點以後叫父親『爺』。」

　　杯杯的「爺」在日本人占領東北後，一次的村莊搜刮，被日本

人痛揍一頓，日兵抄完家，掠奪一切物資後，臨走前反過身來又用刺刀捅了「爺」一刀，刀傷本來也不是很重，怎奈「爺」原就有癆病，被那個日本人那麼一捅，「爺」反而真的是倒下了，兩個月後「爺」就走了。

「民國二十四年『爺』就走了，我才十歲就當孤兒了。」杯杯說。

「家破人亡，誰不痛恨日本人！」杯杯更是加強語氣地說。

跟杯杯講，我要把這故事記錄下來。

杯杯輕蔑地回答：「我又沒有參加抗日，又沒有貢獻，有什麼好寫的？」

杯杯沒有理會我，我的心裡默默地回答：「周遭的人又有幾個經歷過抗日呢？你們那一代受苦的百姓不就是戰爭的一部分嗎？」

這時刻突然有了概念。

這小半張照片原先是一家小老百姓的家庭合照。

這小半張照片曾經見證日本侵略中國。

這小半張照片經歷內戰洗禮。

這小半張照片飄洋過海來到台灣。

這小半張照片在三年飢荒時期？或文革時期？讓「杯杯」感應，他徹底家破人亡了。

剩下的這一小截照片，累積至今八十六個年頭的故事，或許故事內容無足輕重，我都應該將它寫出來。而杯杯也已是安息。

七十五
沒有親人的葬禮

燒成了灰還是想回大陸

上次與老兵伯伯聊天時，他還一大串罵了一堆「不肖殯葬業者，專啃榮民的死人錢」，想不到半年後再去看伯伯，他已經往生了，而且是「沒有親人送終的葬禮」。

伯伯說啊，明明有喪葬補助費，依照規定辦理嘛！

伯伯還說：「那個別家死人的東西，怎麼可以給榮民重複使用呢？我們就那麼下賤嗎？真是狗眼看人低，那個慎終什麼的？慎終？」

我附和伯伯說：「慎終追遠。」

「對對對，慎終追遠，慎終追遠嘛！」

「我們家鄉啊，葬禮辦得比婚禮還隆重……。頭髮白了，老態龍鍾了，晚輩就要開始準備『壽棺』，這樣才能讓老人長命百歲。」

一聽，我搶著要插話：「這樣不是詛咒老人家快快去死嗎？」

伯伯輕蔑地回答：「風俗習慣不同啦！」

伯伯您哪裡人啊？我知道他是廣西人，跟著李彌大將軍出來的，打過什麼戰爭。這事問過很多次，都被伯伯四兩撥千金轉去聊別的話題。

伯伯悶悶著說：「人生一場，悲哀啊！」

「燒成了灰，其實還是很想回大陸，不然丟到台灣海峽餵魚好

了。」

「最後的一件事，辦得像樣一點嘛！又不是要風風光光，連個花圈都用人家用過還撿剩的，馬裡個逼！」

那天伯伯不知道怎麼搞得，看過電視新聞報導後就一直發牢騷。

單身老兵晚年多唏噓

我知道伯伯其實有討老婆，也就是大陸配偶，台灣人簡稱她們為「陸配」，還聽過難聽的說法為「粉紅兵團」或「老兵收屍隊」。伯伯假裝我不知道他討的陸配年紀差四十歲，伯伯假裝我不知道他的陸配來台灣住半年後就落跑了。在我面前伯伯一直假裝他還是個單身老兵，但其他的老兵會扯他後腿，告訴我他早就被甩了，多沒面子啊，還損失一些錢。這些老兵會互相扯後腿，這些老兵又會互相尊重對方的陸配，實在是很奇怪。

伯伯住的老兵單身宿舍單位面積多大？一般人可能沒有概念。兩室一浴，大約八坪大，給兩個老兵共用。也就是每個人有自己的房間，有獨立出入鐵門，兩人共用相通的衛浴。一個三坪的房間放著一張單人床，一張小書桌，書桌上方一個小衣櫃，阿里阿渣什麼東西都有。聽起來這種免費的宿舍，給單身老兵住的條件算是不差。如果你回頭想想，那樣狹小的空間，連張雙人床都放不下，這種環境像不像監獄？我看也差不多。然而，伯伯們住了三十年。

伯伯曾回憶，他在南洋染整廠當搬運工時，那時候住得可是兩百坪大倉庫，有時候出貨前就乾脆睡在布匹上。王伯伯是我伯父周昇雲年輕時期在南洋染整廠的同事，伯父是卡車司機，王伯伯跟車搬運工兼打雜。我的伯父在服兵役六年後因為肺癆而去住療養院三年，肺癆治癒後就退伍。伯父的退伍金，如何以金錢計算呢？中山裝兩套、蚊帳一個、棉被一條、烤釉磁的洗臉盆一個，這就是我伯父服兵役九年的退伍金。而跟著伯父卡車搬運工多年的王伯伯如何退伍的？為何年輕時沒結婚？怎麼住進來老兵單身宿舍？諸多問題

問過很多次，他們一句話就給你擋掉：「條件不好，誰要嫁你？」這種回答幾乎是單身老兵的標準答案。然而，去探究那個年代，軍人薪資極端微薄，軍人厭倦軍營生活、嚮往家庭生活，因此軍人莫不想盡辦法離開部隊。當然，辦法還是有的。

以我家為例：父親在戰車營的弟兄四個人，娶了我媽媽家族的四個姊妹。因此，我小時候稱呼父親裝甲兵的兄弟為叔叔或伯伯，後來他們結婚後，我們小輩的都必須改口稱呼姨丈。小時候，常常聽到、看到父親張羅介紹其他老兵的相親、結婚，甚至是領養孩子，都不是為了賺紅包錢，都是在宣揚追求一種「有家真好的感覺」。

在台灣，我們那個年代的五六年級生，也就是一九五〇年代或一九六〇年代出生的人都知道，老兵疼老婆，老兵疼兒女，因為老兵在部隊苦熬一二十年，他們都很珍惜少數的台灣女人願意嫁給這些身無分文、四十歲上下的阿兵哥。我的觀察，阿兵哥在台灣能結婚，第一臉皮要厚，第二呼朋引伴春風互吹。我在我自己父親的這個軍營內看到一個氛圍，當然那是在前題——兩岸的敵對戰線僅限於金門、馬祖，而台灣本島官兵對什麼「一年準備，兩年反攻，三年掃蕩，五年成功」口號，已經是當成順口溜，不提沒關係，一提有人就要哭、有人就要罵：「胡說八道，欺騙老百姓。」罵過以後再吃喝一頓，就又開始拉關係、找管道，他們打忙團轉的重心只有幾件事——想盡辦法退伍找工作，牽拖關係物色結婚對象。退伍要送紅包，找工作要送紅包，結婚更是要送紅包。我的童年就是看到父親的這一幫朋友弟兄，瞎忙著那個在台灣辦理「落地生根」的「氛圍」。然而，這種氛圍沒有發生在王伯伯身上，因此他錯失中年結婚的機會。

雖然伯伯假裝他是單身老兵，實際上幾年前他也從大陸帶回一個陸配，老兵單身宿舍房間那麼小甚至放不下雙人床，那配偶住哪兒？

原來，住在單身宿舍的老兵都是經濟條件差的老兵，在一棟

可以容納八百個人的五層樓房裡，住著兩百多位老兵，三百多位陸配（二〇一五年十月）。他們各自有各自的房間，他們也會再去占用其他的空房間當作廚房（去世老兵的空房）、當作儲藏室或者是其他娛樂用途（下棋、打麻將）；誰也管不著，因為太複雜、太難處理了。聽其他的老兵說，他們的老婆嫁來台灣的代價，平均要繳五萬元人民幣介紹費，這些還有一點點積蓄的單身老兵就會被「仲介」緊迫盯人直到達陣，直到解放成功。這就是我觀察到，現代七八十歲老兵被追著去結婚的現象，非常有別於五十年前我父輩阿兵哥落地生根的結婚氛圍。

　　二〇一六年四月，又去老兵宿舍看王伯伯，得知他已經走了。他得到一個標準的老兵身後事標準葬禮，台幣四萬元搞定，火葬後永居軍人公墓。

　　伯伯的葬禮，花圈上有他的名字，花圈不會重複被使用，但這是一個沒有親人的葬禮。

周賢君二〇一六年六月十五日於哥本哈根

七十六
台灣老兵時間不多了，我知道

姨丈（朱更戌）不認得人了，這是必然的結果。

本是逗逗他，訓練訓練他記憶嘛！

「姨丈，我是誰？」

要大聲喊，姨丈才聽得見。還要先搭著姨丈肩頭，俯下身軀看著姨丈，輕聲細語地慢慢加重音量才不會嚇著他。

「姨丈你是哪裡人？」

有時他回答安徽碭山，有時他回答江蘇碭山。沒關係，他聽得懂我們的問題，有回答就好，答錯也無所謂。

姨丈癡呆了，沉默不語了，陷入他久久的沉思了，這是必然的結果。

沒關係，我有姨丈一生的書信資料，我會慢慢整理追述。追述老兵的故事。

楊伯伯住院了，打電話去問安，年輕伯母接的電話。

明瞭再也沒有機會見到北北了，明瞭再也沒有機會聽到那些久遠的苦故事了，明瞭再也沒有機會逗他窮開心了，明瞭再也沒機會看到他爽朗豪邁的笑容了……

其實我早就心裡有數，這是必然的結果。

睹物思情，一個楊伯伯送我的咖啡杯。一個被我用來放牙刷的咖啡杯。

楊伯伯又氣憤憤地大罵：「這次選舉會輸得很慘，怎麼辦啊？？？」

女孩的眼神盯著角落的咖啡杯看。

北北說：「喔！那是地攤貨不值錢」

馬上逗趣地反問：「北北生肖屬豬啊？」

本以為成功轉移話題，卻引來火山爆發、暴跳如雷⋯⋯

「民X黨又在罵中國豬滾回去！」

所以，就買了「十塊錢地攤貨」。

「要就拿走吧！」

「地攤貨！」

一個拿在手上十塊錢的咖啡杯，北北接著感嘆：「一生活得不如豬呦⋯⋯」

「中國豬滾回去！」

「滾回去！」

⋯⋯

記住楊伯伯發飆又豪邁的影像。

見不到楊伯伯了，我知道。

七十七
走過特殊年代的兩位老北京

　　電話中與蔣大哥約見面聚餐（二〇一五年十月二十二日晚上我們吃烤鴨去），我提到也順同邀一位九十一歲的抗日老兵，他是滿族、正黃旗人。老先生旗名愛新覺羅・毓潤，漢名傅敏，老先生的高祖父為道光皇帝。

渭水歸根，歸根渭水

　　蔣維華，旅美僑胞，我喊他蔣大哥。其父親蔣時欽，祖父蔣渭水。這次他是特地回來台灣參加祖父「渭水歸根」的遷葬儀式，遷葬宜蘭「渭水之丘」。

　　與蔣先生第一次的碰面是二〇一四年的中秋節，在我丹麥的家。我們這些海外遊子能在中秋佳節聚會，雖然沒有應景月餅或是傳統中式佳餚可以撫平思鄉的心靈苦楚，心情各自承受無名的感傷，我們都還是很珍惜這得來不易的聚會。我記得我做一道拿手的提拉米蘇當餐後甜點，蔣先生一連吃三塊，他說這是他這輩子吃過最好吃的提拉米蘇。我也是這麼有自信，相信我的這個糕點真的是不錯，有口皆碑。

　　這一次在台灣是第二次碰面。蔣先生地球不知道又跑了多少圈，記得剛認識時，我問：「就這樣漂泊，苦不苦？」他告訴我：年輕時當知青，十九歲下鄉苦過很多年；現在國際旅行，雖然餐風露宿，其實都不算苦。蔣大哥與嫂子在退休後，賣掉紐約的房子，

一切家當濃縮到變成兩個人四十公斤的行李，就開始了他們的國際背包客旅行了。

那一日與蔣先生碰面的第一個話題，他說回鄉祭祖，看到在祖墳上有一個祖先的墓碑就是刻上道光年間什麼的；他說他們家算是很早就落籍台灣了。而這天早上，蔣先生正是去國家史料檔案館，收集拍照一些新發現的史料及陸續公開展覽的珍藏——也就是他的祖父蔣渭水先生因為抗日而被日本政府判決監禁的判決書。蔣渭水先生進出監獄十多次，那些文獻資料，在戰後台灣光復，日本總督府移交給國民政府，保存至今。大陸同胞來台環島旅遊，多半會使用到台北往宜蘭之間的第五號國道高速公路，為紀念蔣渭水先生對台灣抗日的貢獻，此公路命名為「蔣渭水高速公路」。為何蔣維華先生成長於大陸北京還當知青呢？蓋因一九四七年二二八事件，蔣渭水三子蔣時欽先生帶著妻小從台灣逃亡，經由香港再轉往北京定居，卻因受到中國早期各種的政治運動波及，而讓蔣時欽先生英年早逝、抑鬱而終，因此蔣大哥年幼時過得很苦。

在蔣大哥得知與我們一起餐敘的另一位主客是愛新覺羅家族的後裔及老先生是抗日老兵後，我原以為我們這一次餐敘，可能多少會聊到政治話題或國內外局勢，結果……

愛新覺羅氏的玩家貨

　　老先生盛裝出席。在沒用完餐前，我就忍不住問伯伯，他身上的這些朝珠配飾有沒有什麼特殊典故。記得上次伯伯來訪時，他從上衣口袋隨意掏出一個「老的鼻煙壺」，特別的是，這個鼻煙壺是完整的一顆「虎眼石」打磨而成，價值不菲；另外還有一件，一根輕盈的竹節拐杖，拐杖上鑲有二十六顆紅寶石及兩顆翡翠，我也觀察到拐杖上另刻有蝙蝠等圖騰，象徵福氣。伯伯認同地遞給我那根拐杖，讓我摸一摸、碰一碰，使得我真是愛不釋手——呵呵，最後還是要乖乖地繳回去啦！這拐杖很輕盈又不受力，應該是沒有輔佐支撐功能的。

　　伯伯說：「這類玩家的東西是樣子貨。」

　　「拐杖是四川笻竹，實心的。」

　　伯伯的話——「玩家的東西是樣子貨」，深深觸動了我，領悟到：時下媚洋一族，拎法國潮牌包包、穿名家設計服飾，人人想盡辦法炫富，不也都是擺些「樣子」嘛，而那些身外之物就是「樣子貨」！然而，伯伯隨身的這些「樣子貨」卻是那麼獨特有貴氣，不是金錢可以買得來的。

京腔京調話烤鴨

　　選定北京烤鴨餐廳，部分原因是我的外國先生對吃北京烤鴨情有獨鍾。本來還有一點點遲疑：這家台灣人做的北京烤鴨料理，合不合格？會不會不對味？想不到大盤在前，蔣大哥連吃四份。當然是餅皮包上鮮嫩的鴨肉、酥脆的鴨皮及沾上醬汁的大蒜，捲起來一口咬下，口內爆漿多汁、層次分明。蔣大哥讚不絕口，直直說這是他吃過最好吃的北京烤鴨。我原以為蔣大哥的稱讚有點不合理，他可是老北京呢，應該是吃過無數次正宗的北京烤鴨！蔣大哥馬上解釋，他待在大陸的三十年，那是什麼年代啊？哪有烤鴨吃？哪有這麼享受？講到傷心處，我接不上話，我們就轉話題了，各自默默地去咀嚼及消化口中與心中的混合感受。

　　那一餐，我很感謝我的夫婿耐心地獨自吃烤鴨配紅酒喝，雖然三不五時蔣大哥也會以英語穿插地與先生聊幾句，但整場餐宴上我們是以中文為主要語言。

　　我的耳邊雖然聽到的話題都是圍繞在北京烤鴨的味道、北京著名餐廳、北京特色甜點、北京的那幾道城牆、北京人的休閒方式等，慢慢地，我退出了他兩人聊天的話題，坐在兩位走過特殊年代的老北京身旁。在那當下，我不想「不懂裝懂」去插話，他們兩人聊的話題，有些聽得懂，有些聽不懂。他們兩人年齡看似有距離，但他們的話語卻是那麼地投合融洽！直到好一會兒，才讓我抓到重點，他倆語言的口音很特別，讓他們一見如故，沒有距離，是否那特別的口音就是「京片子」、「京腔」呢？想了想，該就是這獨特的北京腔調，讓初見面的老先生與蔣大哥沒有距離吧。

　　又想：台灣出生的蔣大哥，回台返鄉探親，他滿口的京片子，是否會與台灣的親友格格不入呢？

　　在北京恭親王府長大的傅伯伯，來台落籍六十餘年，想必，傅伯伯在我們這些小輩身上，也找不到他思念的京片子。

我知道了，就是這共有的口音、獨特的腔調，讓他爺倆聊天、話家常，沒有距離。

　　採訪老兵的歷程中，我常做筆記，我雖接觸過全省大江南北的老兵，記錄他們的歷史轉折故事不難，要去抓住父輩們想家思親、塵封已久的心思也不會很難，如果要升級，使用伯伯熟悉的口音語言交流，幾乎是不可能。感謝這一場盛宴，在十月最美麗的季節的台北，讓我參與老北京人講京話、聽聽京片子原音的機會。

　　我俯下身子，貼近伯伯耳根子，跟伯伯說：「蔣大哥住在地球的另一頭，說不準，也不知道，還有沒有下一次的見面。」

　　伯伯會意地點頭，他知道我不善言語的感受，我們真的是珍惜當下的相識及相聚。

　　伯伯送給我們年輕人的勵志語為：「知足常樂，笑口常開。」

　　蔣大哥則說：「老先生的故事是座寶山。」

　　他肯定我收集老兵故事的歷史意義。

　　　　周賢君二〇一五年十月二十五日台灣光復節於台北

七十八
逃難年代的袖珍地圖

荷露烹茶絲巾

　　自從那一次與傅敏老先先一起吃飯後，與傅伯伯的感情就瞬間昇華，我們的關係有如長輩對小輩、父親對女兒、老兵對小兵、老師對學生這麼一般又非同尋常的關係。吃飯時，發現到伯伯的手臂上有四個小小的刺青字「效忠總統」，伯伯很大方地就捲起衣袖讓我拍照。他特地解釋，效忠的對象乃是老蔣總統也。再仔細地端詳伯伯那幾個褪色的刺青字，似乎被老人家讀出我懷疑的心意，伯伯俏皮的說：「字雖小，愛國心可不小，刺青很痛欸！」我們都哈哈大笑了。

　　別看傅伯伯老軍人一個，他可是黃埔十八期，參加抗日四年，服兵役三十三年，又《青年日報》記者幹二十八年，退休後在古董界體驗人生。

　　伯伯告訴我，他少年時就讀北平至誠中學，北平被日本軍閥占領後，學校改制，外語學習改成日語。因為強烈愛國心的驅使，他堅決拒絕學習日語，他不想當漢奸，不想為日本人服務。由於伯伯年輕力盛欠思考，帶領學生隊伍抗議，結果被抓入日本大牢監禁三個月，父母大人賣掉當時北平斜街上的一家店面，湊足銀兩買通獄卒，才讓傅伯伯順利逃出來。接著受國民黨「藍衣社」及「鐵血鋤奸團」的便衣特警保護，把當時年僅十七歲的傅伯伯送去成都，在成都進入黃埔軍校就讀及從軍，這是伯伯早年的故事。

這一天，伯伯來家裡坐坐，伯伯帶給我一箱枇杷及兩顆韓國高接梨。收到伯伯這麼沉重的伴手禮讓我很羞愧，實際上我從沒有機會拜訪伯伯，從未準備任何禮品孝敬他老人家，卻一次又一次收他送給我的禮物。老先生送過我小甜點、水果禮盒、一條絲巾，絲巾上有著乾隆皇帝〈荷露烹茶〉的詩句。使用「荷露」的，不是還有《紅樓夢》裡面的妙玉嗎？記得她也是用荷葉上的晨露來烹茶。我們對古人的雅興，真的是可望而不可及啊！傅伯伯送給我的絲巾上的詩句如下：

〈荷露烹茶〉
秋荷葉上露珠流，柄柄傾來盞盞收。
白帝精靈青女氣，惠山竹鼎越窯甌。
學仙笑彼金盤妄，宜詠欣茲玉乳浮。
李相若曾經識此，底須置驛遠馳求。

每每想起伯伯，我就會抬頭看一眼衣帽架上掛著的這一條絲巾。

從皇宮大院到紅塵凡間

雖說傅伯伯身上流淌著的是皇家貴族血液，可別就以為他有任何作威作福樣，伯伯可是一位平易近人、和藹可親的老人。就連伯伯對我說他心裡的一件事時，他也是輕描淡寫，不讓我感受那是一件七十年積累沉悶的內心事。他說那事兒時，那一刻間，神思恍恍，似乎時光倒流，他自個兒回去到一個我不認識的世界，那個世界真正是一個皇宮大院，真正是庭院深又深，真正是生人勿近，我完全沒有概念的北京恭親王府。

我問過伯伯，身為皇室後代，對於王朝被滅亡有任何椎心之痛嗎？伯伯說，他生長的年代已沒有沾到什麼榮華富貴，倒是因為日本侵略中國，讓他一生顛沛流離、家破人亡。還說，帝制時代，院

牆外面的奴才其實毫無生命價值可言。

　　「舊時代的奴隸制度，妳們現代人是無法想像的，不會懂得的，還是民主好！」傅伯伯這麼跟我解釋。

　　這一天，我們不聊時事，不聊大陸，不聊病痛，不聊人生。

　　說著、說著，論到古董天地，那可是伯伯的專業。就著他手上的這一根拐杖，伯伯的話匣子一開，他的古董經就有如連珠炮、大珠小珠落一盤。老佛爺捋捋鬍子，他講的古董心得都成了順口溜，我根本記不住也學不來，什麼文人雅士吟詩誦詞、思古之幽情、寄情於山水，什麼世事無常、人生百態，工匠把詩詞入畫於古董中，山水也入畫於古董中，古董有了文藝加持，古董就產生了生命，這樣才是有收藏價值的古董。

　　伯伯遞給我他手上的這根拐杖，拐杖被伯伯琢磨把玩養了三十年「人氣」，是一根原先黃金琥珀色變成深咖啡色的竹節拐杖。拐杖上鑲有二十六顆紅寶石及兩顆翡翠，拐杖上另刻有蝙蝠等圖騰象徵福氣。拎著伯伯的這根拐杖，讓人愛不釋手。

　　伯伯說：「這不是妳等女流之輩可以用的東西。身外之物，樣子貨，擺擺樣子是也！」

　　其實，我多麼想多把玩把玩幾秒鐘，沾沾貴族氣也好嘛！

那一片秋海棠葉

　　伯伯又從口袋內很小心地掏出一件珍藏品給我看，原來是一本袖珍版「中國分省精圖」，民國三十八年上海的「亞光輿地學社」所出版。該地圖的中華民國的版圖圖樣有如秋海棠葉。我趕緊接過來看，很小心地去翻閱這本沒有裝訂成冊的地圖，每個省份都是獨立的一張圖文的圖紙。

　　伯伯語重心長地說：「那些花瓶，那根拐杖，都是身外之物啊！」

　　「只有這一本跟著我一輩子的中國地圖冊才是『心裡的』東西

啊！」

我馬上翻去河北省頁面，找到地圖上顯示「北平市」的這一小塊地兒。老先生無語，老先生看著我。

我又翻去江蘇省找到徐州市，告訴伯伯我的祖籍在徐州銅山縣，就是隴海鐵路與津浦鐵路的交會點。

老先生說話了：「現代人都不在乎我們的祖籍、我們的根，人不應該忘祖啊，飲水要思源啊！」

伯伯失落地、小心地把地圖冊收起來了。兩人的心都沉沉的，各有所思。

與傅伯伯見過面的隔天，電話響起。伯伯要我趕緊下樓去會他，他正等在大樓管理處。伯伯告訴我，他一夜沒睡好，他的雙眼眼泡下垂了，如同他的鬍子也垂得更是長吁吁的……。伯伯交給我、送給我、這一本、這一夜，讓他失眠的中國地圖，一本掌上型袖珍地圖，一本伯伯曾經保管六七十年的地圖。這本地圖，可能當初是他僅花了二元二角金圓去購得的，也有可能是那時代國軍士兵的標準配備……

我突然有一個消極的疑問，一個負面的疑問，那就是：民國三十八年「亞光輿地學社」印製的這一款袖珍中國分省精圖，就只有手掌大，這明明是給逃難人使用的嘛！地圖內極微小的印刷字哪能當作軍事作戰資料！也不應當是學生教材教科書！我在想，是否日本侵略中國以後，中國就進入戰爭逃難的年代，百姓習慣帶著中國地圖跑，這是一本逃難工具書？

我生命中曾經認識一位仙風

道骨的老人，他是隨著老蔣總統遷台的國軍老兵，他感嘆：當代戰
爭，他們打過；當代悲歌，他們唱過；當代苦難，他們吃過。

他經歷過國破家亡、走投無路。他問：「國在哪兒？家在哪
兒？」

我想，如果把國家的概念化作那一片秋海棠葉，那一片秋海
棠葉是否已從歷史舞台枯萎殞落？落葉是否就深深地埋在老兵的
記憶中？

憶傅敏老先生
周賢君二〇一六年十二月三十日於哥本哈根

七十九
抗日老兵見證紅色追夢人

　　抗日老兵蔣天機，民國九年生（一九二〇），江蘇豐縣人，是中國著名國學大師蔣天樞先生（1903-1988）的堂弟。蔣天機於民國二十八年從中央陸軍軍官學校第十五期步兵科畢業，參加抗日戰爭八年，沒有參加內戰，一九四九年隨國民政府遷台，一九七〇年上校退伍。

🎞 蔣天機先生的抗日戰役

　　二〇一六年十月，兩次拜訪蔣老先生，採訪他對日抗戰的記憶。採訪過程中，我發現，蔣老先生不因九十七歲高齡就失去對軍事作戰描述的準確性，反而是我這個採訪者因缺乏軍事教育背景，比較難去跟上蔣老先生論述抗戰時期複雜的時空背景。我只能抓住部分重點，去闡述抗戰時期國軍面臨的困難。例如，蔣老先生參與作戰期間，使用過五六個士兵才能扛得動的俄式重型機關槍，卻常常是有槍沒有子彈，造成背負重機關槍行軍是一個大累贅。他也說，配備俄式步槍，所補給的子彈卻是型號不符合。還有根據一九三七年八月二十一日，中蘇簽署《中蘇互不侵犯條約》，蘇聯對中國應援助重型武器，部分區域防守，國軍需要的是裝甲車及砲車，蘇聯卻只支援輕武器。從蔣老先生的口述資料，我可以發現當時國軍配發給蔣老先生所屬的五十三師，守衛山西時的武器彈藥配備是很克難的。

　　蔣老先生參加抗日戰爭的六次戰鬥經驗中，其中兩起戰鬥至今仍記憶猶新、歷歷在目。

　　蔣老先生親筆記錄的原文，轉引如下：

　　　第一次：民國二十九年（一九四○）五月一日，自山西呂梁山夜行下山，潛入民村，其時因日軍進攻湖北襄陽、樊城。熱戰中，駐山西日軍乃南下助攻潼關。我團於四日凌晨圍攻汾城，我排攻東門，師部工兵未能配合爆破城門，反見有農民抬著接長三節木梯抱來，但為時已晚。晨曦已過，顯見訓練不夠，也可見裝備不足。當即，奉令依墳座交互掩護，退出。旋見日機低飛掃射，對此，訓練指令不得沿田埂，直線掩身，必宜散開，乃無一傷亡。木梯登城，已是古代工具，竟見於己身，能不一嘆。

　　　第二次：同年五月八日夜，緊急集合，全營急行軍。廿餘公里外一個大村莊。據報是有自太原南下日軍，已三夜（火車夜行）。途中，營長指派我排（時在第九連），任左衛，必須立即脫隊於農田（麥地二十公分高）。約夜四時，至「城牆」外，一兵突越大車路，竟被城上的日軍擊中要害。第一班立即架放輕機槍，對「女牆」掃射。全排迅即通過，所到之處竟是一座逾五公尺高的立土，順西門約三十米，東西寬約六米，窄處四米，背後麥田梯形漸高，對我排不利。令三兵疊羅漢探視，上加刺刀，頂以軍帽舉出，竟被一槍擊中，足見日兵是一狙擊手。

　　　我排任務是左衛，此時處於城之西南角，一座斷崖下。正面因敵之第一槍而未能衝到南門，日光漸曉，忽聞炮聲，直擊二線，機（槍）連及營部，被迫分散。此地傍汾河西岸，進攻途中不見民舍土墳，僅少許單樹。此時已定心觀戰，悟及是日軍之防禦所除。我營漸退，我排獨守（地

利），班長勸（我）退，（我）不允。日炮百餘，已逾時。暫停，我營已退到射程外。城上日寇見機可出擊，乃開南門，大呼小叫：「快下來，發財了。」（不懂日語，猜想的）此時我第一班正潛傍崖邊，槍指南門外。數分鐘，果見廿餘人大呼小叫，不像軍隊，前首大叫「衝」，我班即時掃射。一盤未完，已全倒下。傷者及未中槍者，爬行欲返，續被步槍班（伍）小組擊中。我兵有令，不准出聲，因慮敵之後援。如此相持，近時。當時第二班藏我身後高地，第三班（步槍班）監視西門，均能力持鎮靜，忘了疲倦。

　　日前見報，馬總統訪中美洲，某國以雙倍禮炮（四十二響）歡迎，比起我這次日寇以逾百響的砲聲迎我二十歲的生日（五月九日），顯有不足，有此加冠大禮，誠足自豪。

（原文結束）

🎞️ 西線無戰事的意涵

　　採訪蔣老先生過程中，有一個時代背景的字詞──「西線無戰事」，他說過三四次。閱讀蔣老先生自己的個人簡述文〈非鐵非士遇亂流〉，也看到他使用「西線無戰事」這一個字詞。

　　上網搜尋「西線無戰事」該詞典故如下：

　　一九一八年第一次世界大戰的末期，德國報紙刊載：「西線無戰事，只有一小兵陣亡。」目的是安撫德國老百姓，一切都沒事，前線很順利。後來德國作家埃里希‧瑪利亞‧雷馬克以《西線無戰事》為小說書名，主題是描述第一次世界大戰，戰場上的殘酷，然而德國政府卻為即將失敗的戰事粉飾太平，又為安撫百姓做出種種虛假欺騙作為。此小說被美國人拍成電影，於一九三〇年上映。不過，因該電影有強烈的反諷反戰意味，德國納粹上台後，此書變成禁書，此電影也禁止播映。

　　「西線無戰事」這一個詞語也被蔣公所使用，它出現於《蔣公

日記》，民國二十九年（一九四〇）元月份的反省錄五條中的第一
條。其內容如下：

> 「歐戰爆發與俄瓜分波蘭後，一時軍事沉靜，西線無戰事，
> 故此際英俄、俄倭、中俄、美俄等，採聯合的外交活動，可
> 謂合縱連橫，變化莫測。俄對我接濟的希望可斷矣，而英俄
> 態度轉緩，則對我有利，義大利則表示支持汪逆，日本內閣
> 改組，內部矛盾益增。」

　　這兒的「西線無戰事」，應該是指日寇逞取長江流域圖小利，
不識我國歷史改朝換代，多是自北南下，況我地廣民眾，日寇不足
廣覆，或是西北無利可圖，非其國力可及。

　　在過去幾次採訪老兵口述史中，我也曾多次聽過老兵隨口迸
出一句「西線無戰事」這樣的字眼，我馬上就會問：「西線是指哪
裡？」有的老兵說：「西線就是前線，前線就是正在發生戰鬥的戰
場。」也有老兵說，這要看哪一個時期而言：早期日本是準備侵略中
國沿海各省，斬斷中國外援補給線，因此當南京、廣州等城市陸續
受日本摧殘轟炸、百姓受燒殺擄掠時，那時百姓知道國民政府已經
西遷重慶，西方是安全的，百姓口頭語「西線無戰事」指應該往西
方跑，西方就是大後方；後來重慶也受大轟炸，西線的定義就變了。

好男愛國都當兵

　　蔣天機老先生的個人簡述文章〈非鐵非士遇亂流〉中，他提到
在前線時，定期得到父親從四川寄來的報紙，利用西線無戰事，珍
惜寸寸光陰樂讀書報。九十七歲蔣老先生的原文如下：

> 「民國二十八年（一九三九）分發53師159團，曾派合陽（舊
> 稱郃陽）水岸（黃河邊上），西線無戰事，樂得讀書報。軍

中無人讀書是一大缺點。我的報是父親每週預留學校（在四川教授）《中央》及《大公》兩報第一張，捲由軍郵局送前方，重點看中外戰況及社論。」

　　蔣老先生成長的時代背景，那時候老百姓常說的順口溜是：「好鐵不打釘，好男不當兵。」自古中國人就認為堂堂大男人，大材不願被小用，都認為去當兵的就是為混一口飯吃。直到一九三一年日本入侵東北，中國面臨民族存亡危機，中國青年的愛國意識被激發出來，許多志士青年紛紛放棄一切，加入國民革命軍參加抗日。蔣天機亦是如此，他十八歲時投筆從戎，於一九三七年十月，進入中央陸軍軍官學校；兩年後結業，分發去第九十軍五十三師（師長曹日暉）第一百五十九團第九連第一排當排長。

　　問蔣老先生：「影響您從軍的關鍵因素是什麼？」

　　蔣老先生回答我：「那時的老百姓都愛國啊！」

　　「收聽中央廣播電台，台號XGOA。」

　　「用的是自己組裝的礦石收音機。」

　　「聽到七七事變發生。」

　　「聽到蔣總統的廬山抗戰宣言，一股愛國的熱枕，一發不可收拾，十月就進軍校了。」

蔣天機老先生指出抗戰時期鎮守洛川及潼關

奔延安而去的紅色追夢人

　　除了從軍抗戰細節我記錄了很多，我另外記載下蔣老先生提到的軼聞逸事如下：蔣老先生提到一九四三年前後守黃河潼關、洛川時，看見許多軍用卡車載著從各地投奔去延安的學生。那些學生是受周恩來在重慶大學的演講所影響及號召，決心放棄學業去延安參加抗日。當時國軍都知道抗日前線並不在延安啊，把守關口的部隊也只能聽命行事讓學生通過，當時並不知道放行而過的學生後來變成國共內戰的反動勢力，及後來中共建政的重要樑骨。蔣老先生清楚地記得，抗戰期間，各個重要路口、渡口都有檢查崗哨，檢查那些學生所乘的軍用卡車、穿的學生制服、軍用物品及一切行軍糧食等，全部都有國民革命軍的徽章符號，也就是國民政府所供給負擔的。

　　蔣老先生提到在黃河潼關及洛川見證從重慶、西安及各地而來投奔延安的學生等相關的論述，我也曾在中共建國元老的回憶訪談錄像中看到相同的敘述，這部分在台灣的教育傳播反而是比較少被提及的。此外，一九四〇年前後，國際社會中也有一批人傾向支持中國共產黨，其中的美國記者埃德加·斯諾在一九三八年出版《紅星照耀中國》，在當時的世界造成轟動；中譯本書名為《西行漫記》，許多中共元老都會提到這本書對當代大學生的影響。然而，中共當局對於一九四二年延安整風的反省，或實際抗日的問題，卻是避而不談或未正面回答。

　　潼關是黃河南下轉而東流之地，是山西、陝西、河南三省的交界處，蔣天機於抗戰時期鎮守洛川及潼關，他在這兒看見追求紅色共產主義的學生奔去延安。如果站在大歷史的制高點來看，蔣老先生在抗日時期扮演的角色，他是盡到軍人抗日作戰、保家衛國的職責，但就他防守的地理位置是位於黃河南向轉東流的劇烈轉彎處，如果我們比喻中華民國的國運有如黃河在潼關的起伏

轉折，蔣老先生確實是站在見證中華民族進入另一動盪世代的轉捩點。

周賢君二〇一六年十月十一日

及二〇一六年十月十四日採訪，

二〇一七年二月一日完稿

八十
一生三次逃難的婆

沒來得及長大的小小舅

　　外婆原名劉徐容，為了逃難改名為李徐容。外婆一八九八年生，山東濟南人。

　　外公劉起，一九〇一年生，河北保定人。外公原在鐵路局工作，日本侵略中國，到處抓兵奴，外公突然失蹤。外婆苦等苦尋，尋不著，最後透過具有「陰陽眼」法力的師傅才得知，外公被日本人抓去當苦力挑夫，受困於無限深淵中逃不出來。外公失蹤後再也沒有回來過，外婆為此三十八歲就成了寡婦。

　　他們夫婦兩人育有四子四女，戰亂期間，外婆的幾個兒子都沒能存活下來。兩個大女兒早早安排婆家，日本人占據河北後，外婆帶著最小的三個孩子逃離家鄉，也就是我的二姨、我的母親以及從沒有機會長大的小小舅。

　　這兩年，我的母親又開始懷舊憶古了。有關於我的小小舅，母親叨唸著：「小弟的小名叫毛丫頭。逃難的路上，弟弟被埋了，我急得嘞……去扒土堆，想去把弟弟扒出來。」

　　那時媽媽年紀才五歲大，不懂得小弟弟已經沒氣了，荒郊野外的逃難路上，怎麼著小弟弟就在眼前埋進去一個深坑裡呢?!當時媽

媽小，媽媽不懂，吵著哭著，怎麼著也要去把弟弟抱出來。

　　男孩兒不好養呀，輩分「爾」字輩，外公幫媽媽取的名字就叫「爾弟」，「劉爾弟」。雖然外婆已經幫劉家生過三個小男孩，但他們都早早夭折，有了「爾弟」後，外婆真的就又懷了第八個孩子，是個很聽話不吵鬧的小男孩。外婆說：「男孩兒不好養呀，女孩兒最好養了。」最後的這個孩子小名就叫「毛丫頭」，穿著漂亮的娃兒服，留著長長的小髮辮，好去蒙騙陰曹地府的那些冒死鬼的，專抓小男孩的，就是要想盡辦法騙過去。外婆把小兒子小小舅當作女孩兒養，最後卻是在逃難期間的一場麻疹，小小舅硬是沒捱過去。母親每每訴及童年逃難的回憶，我們就自然而然地跟著她陷入去土坑扒出小小舅的想像畫面。

三次逃難：中國‧台灣‧丹麥

　　外婆第一次的逃難大約持續四五年，就外婆的話叫「逃日本反」。怎麼反日本人？反是什麼意思？這似乎不是現代人的口語嘛。我自己想的，應該就是逃日本人的燒殺擄掠吧。外婆帶著正值少女年齡進入發育階段的二姨及當時才僅有七歲的我的媽媽，母女三人往大西北逃難去，最遠甚至抵達甘肅、蘭州。因二姨長得漂亮，外婆把姨的胸部綁得死死扁扁的，身上、臉上弄得髒兮兮，頭髮剪的乞丐頭像是男孩兒，而且要求她少去危險的地方，到處都在抓「花姑娘」。大家都知道，亂世年代，抓姑娘當軍奴，當慰安婦，生不如死喲。反而是媽媽小，為了生計、為了母女三人的一口飯吃，在蘭州鐵路火車站拋頭露面賣香菸掙小錢。想像當時的時空背景，我就猜想啊，是不是因為外公原是在鐵路局上班，外婆有鐵路員工家眷證明文件什麼的，就這樣外婆利用內地鐵路大逃難？哪兒安全往哪兒逃！外婆應該是很能幹的，可惜外婆過世三十年有餘，這些問題就只能這樣推理了。

　　一九四四年抗戰還沒結束，外婆帶著兩個女兒這個時期苟活

在「貴陽」，媽媽上了蔣夫人辦的「中國
戰時兒童保育會」在貴陽的學校。照片
中，媽媽十一歲小小年紀穿著幼童軍裝。
媽媽說，她曾沒經過外婆同意，報名參加
前線抗日勞軍活動，被外婆追上來，大手
把媽媽從卡車上拎下來。媽媽說，當時中
國軍民、老百姓，不分年紀，愛國意識都
是很高昂的。看著這一張七十年前母親與
外婆的合照，母親一輩子回憶的畫面，就
是已經上了軍車，被外婆的大手拎下車的
記憶。

1944年劉爾弟在貴陽

　　一九四七年，已是二十三歲的二姨嫁給參加遠征軍從印度回到
貴陽的姨父李景輝先生，從此母女三人就跟著姨父過生活。姨父在
印度從軍時期學得開車技術，外婆透過各種關係幫姨父在鐵路局安
插工作開火車。因這一緣由，造就一九四九年外婆的第二次逃難去
台灣的機會。原來鐵路局階段性遷移台灣時，姨父李景輝屬於遷移
名單內，依照當時的規定，攜家帶眷去台灣限制近親親屬，因此外
婆從「劉徐容」改姓為「李徐容」，變成是姨父李景輝的親娘，這
是外婆第二次逃難的過程。

　　外婆的第一次逃難是發生在抗戰期間，就在內地隨著鐵路系統
遷移，躲避日本人，躲避戰亂。外婆說：「那些高麗棒子更壞。」
知道當時日本侵略朝鮮、侵略台灣，日本人抓很多的台灣與韓國人
充軍，而那些韓國人殺中國人手段更是狠毒。外婆說：「那些高麗
棒子亡國奴，欺負中國人洩恨。」外婆面容姣好、能力頗強，兩個
女兒亭亭玉立、楚楚可人，外婆想都不想，不敢找對象。外婆說：
「那些漢子打的算盤，娶了老娘不會想著小姑娘嗎？」因此，幾乎
可以說外婆是因為我的媽及我的姨而守了一輩子的寡。

　　外婆的第一次逃難發生在抗戰期間，外婆的第二次逃難去台灣
是沾著女婿的關係。外婆的第三次逃難卻是沾著第二個女婿移民來

丹麥的，這又是怎麼回事？

　　一九五四年，母親「劉爾弟」在台灣與同是在鐵路局材料組職員的父親「陸鳴謙」結婚。在一九六八年我們全家移民到丹麥前，父母已經是育有三女一男，孩子們讀小學、讀中學，住在台北市八德路鐵路局宿舍。

　　一九六八年，第一次石油危機，世界局勢很不穩定，那一個時期台灣島民深怕海峽兩岸又會發生大戰，整個台灣社會產生一片恐慌移民潮。父親申請鐵路局退休後，也是千方百計尋找移民管道。在沒有找到移民丹麥的機會前，父親也曾有移民巴西的機會，最後因為丹麥熟識的朋友說服父親，丹麥是一個很好的環境，而讓父親下了重大決定。那一年，父親帶領著我們全家及二姨家，當然包括我們的外婆，全部移民到丹麥。

外婆的小腳與米缸

　　我的外婆可算是綁過小腳的，一九七〇年代，哥本哈根的馬路上幾乎沒有黑頭髮的華人，更別談路上看得到神秘東方「扭腰擺臀」的小腳婆，外婆應該是丹麥社會中唯一綁過小腳的華人！丹麥的電視台就曾以「金蓮小腳」議題來採訪外婆，但外婆的小腳卻又是最大號的小腳：三十六號。為什麼呢？外婆的小腳在幼童時期綁了一年多，一方面受不了疼痛，再來民國政府鼓吹解放小腳運動，所以後來外婆自己就鬆掉纏腳布，讓她的變形腳掌順其自然慢慢生長了。在丹麥，外婆買的鞋就是買成人女鞋最小號三十六號，或是兒童鞋最大號三十四號。

　　一九七〇、八〇年代，另一梯次移民丹麥的華人多半是從香港、柬埔寨、越南等國家而來。我們家所在的小小公寓就像是國際難民營，住著來自不同國家地區的一二十位華人。外婆常常對我們說，她逃難一輩子而大難不死，就是因為祖先積德，還有中國人之間的互相幫助。想當初到丹麥時，甭提丹麥語言或是英文，就是

中國字也都不會寫，人生地不熟，仰賴依靠的就是海外華人朋友的互相幫忙，共渡難關。初來丹麥時，我們在別人家裡打地鋪，今天我們安家了，住的問題解決了，我們就應該主動接受華人朋友在我們家打地鋪。也因為外婆在華人圈內是出了名的

筆者周賢君與劉爾弟女士

好婆婆，我記得外婆去世時，做告別式的教堂內布置的鮮花無計其數，那一天全哥本哈根市的鮮花全被買光了，可見我外婆交了多少華人朋友啊。

　　至今我的媽媽還是奉行著外婆「不忘本」的生活態度，除了縮衣節食細節不須特別闡述外，比較特別的是，外婆交代客廳桌椅下的那一缸米要維持滿滿的，好讓在我們家客居的朋友們不用擔心餓肚子，可以說別人家的米缸是放在廚房內，而我們家的米缸是放在客廳的桌腳下，這是外婆的堅持。

外婆的孫女陸鴻與陸雁姊妹口述，周賢君整理

二〇一六年二月三日於哥本哈根

八十一
北伐與抗日老兵的清末民初中國電報事業發展雜談

衛叔叔，您哪裡人？

二〇一六年元月三十一日，在哥本哈根的華僑新春聚餐，衛志遠叔叔坐在我隔壁，我們聊了幾句，其中一句關鍵字「廣州電報學堂」，給了我寫這一篇短文的靈感。在收集相關資料時，意外發現到我的丹麥籍夫婿曾經服務的公司——丹麥大北電報公司，曾經涉入清末民初中國電報事業的發展。

移民來丹麥已是快二十個年頭，衛志遠叔叔在哥本哈根走街開立中國餐館，他的餐館常是僑胞聚會的指定場所，因為衛叔叔會慷慨大方地給我們加菜，而且他總是提供免費吃飯的彩票讓我們來抽獎。我也曾經目睹衛叔叔接濟流浪漢，施捨免費餐盒。然而，每次見到他總是在忙，再加上他的年紀不符合「一九四九台灣老兵」我重點關注的對象，因此，來丹麥多年，也去過衛叔叔的餐館多次，我對他如何移民來丹麥卻是沒有概念，我們僅有點頭之交。

華僑新春聚餐，衛志遠叔叔坐我隔壁，我們聊天的開場白從第一句話「衛叔叔，您哪裡人？」而開始了我的這一個短篇寫作的契機。

衛志遠，民國二十四年生，廣東廣州人。民國三十八年隨父母從深圳逃難走路進入香港，幾年後他的父親安排他前往台灣就讀陸軍官校第二十九期，後來轉讀淡江大學外文系，學成全家於一九六六年移民丹麥。

衛志遠的父親衛傑民先生，生辰不詳，早期就讀「廣州電報學堂」，曾隨蔣介石北伐、抗日，抗日戰爭爆發前已在南京成立家室。抗戰時期，南京政府遷都重慶，衛傑民先生時任國防部情報局，已經是官拜少將；他的直屬上司就是陳立夫、陳果夫先

生。一九四八年，情報局的一個科長被發現是共產黨員，外流很多情報資料，該科長直屬上司即為衛傑民先生。當時正是國共內戰打得火熱時期，國民黨內部對於潛伏的匪諜懲處極為嚴厲，連帶直屬上司下場也會性命不保。在共諜案曝光後，衛傑民先生為了活命，從重慶逃往南京，接走南京的家屬，攜家帶眷逃去香港。

衛志遠先生說了一句：「我父親是『廣州電報學堂』的，他參加過北伐及抗日，搞情報系統的。」

也就是「廣州電報學堂」這幾個關鍵字，引發我追源中國電報系統發展史，意外發現中國的電報發展卻是丹麥公司所創建。

丹麥大北電報公司在中國

一八四四年，電報機在美國問世，歐美先進國家競相架設地上線及海底銅線，即今日俗稱之電纜。一八七〇年，英國在七大洲海洋、五大洲陸地，已經完成鋪設電報線網。同時期，美國與俄羅斯帝國沙皇合作佈線，打通歐亞和美洲之間的連結，其關鍵樞紐是現今之海參崴，通過白令海峽進入阿拉斯加、進入美洲大陸。

一八六〇年的「北京條約」，俄羅斯帝國從清廷取得海參崴之使用權，作為俄國在遠東區的軍港，其歷史意義就是俄國對遠東區域的擴張及侵略的開始。

一八六九年成立的丹麥商大北電報公司取得俄國從瑞典至西伯

利亞的歐亞配線工程。

一八七〇年七月，丹麥
大北電報公司在上海成立遠
東公司和上海站。

一八七一年之前，亞洲
南方海底電纜佈線工程已由
英國的大東電報公司完成，
從英國通至印度，經由新加

（左圖）清末丹麥大北電報公司在上海
的電報房
（右圖）1901年2月大北公司在上海至
吳淞之布線工程

坡、香港抵達上海揚子江口。而亞洲北方則是由丹麥的大北公司從
西歐經西伯利亞抵達日本長崎及中國的上海揚子江口。

一八七〇年，清廷還明示不接受外國通訊電纜進入中國。一八
七一年四月，丹麥商大北公司根本不理會清廷法令，祕密將海底電纜
引出，沿著揚子江及黃浦江登陸上海，開始經營中國的電報業務。

一八七九年，中國與俄羅斯帝國的糾紛多、戰事頻起，為溝通
軍情，清廷終於接受西洋科技產品，李鴻章正式委任丹麥大北公司
在中國廣設電報學堂及訓練「管報生」，在天津成立電報學堂，授
權大北公司在中國之電報營運權。從此，中國正式進入電訊時代。
往後，丹麥大北電報公司繼續在中國內陸架設電纜四萬餘公里，電
報、電話雙線進行。

一八八一年，大北電報公司開始兼營上海市內電話業務。

藉由一八七〇年丹麥大北公
司在中國電報事業之發展，從所
收集資料中讀到很多早期英國及
俄國對東亞勢力開發的角力戰，
西歐各國逼迫清廷開放五大通商
口岸等過程，及丹、英、蘇、
美、日等多國對中國電報網佈線
的合作密約……。

大北電報公司大樓，上海市黃浦區
中山東一路7號

一九〇五年，中國進入無線電報時代，丹麥大北公司實際見證
清廷的滅亡，民國政府「黃金十年」的現代化建設，及中國電信事
業早期的發展。筆者發現，站在歷史宏觀角度，及今日各國政府公共
政策或國際企業的檔案公開，尚有諸多領域有待專業學者深入研究。

　　一九四九年十月，中華人民共和國建立，丹麥大北公司喪失半
個多世紀在中國的所有投資及經營權。

我與大北電報公司的情緣

　　一九八六年，筆者還是一個中興大學學生，
因家境清寒，在學期間常半工半讀，打工賺取學
費。那一年，從工作場合中認識了丹麥大北公司
特派遠東區採購經理，至今我還保有他給我的第
一張名片，名片上大北公司的公司商標GN看了
三十年，對我的意義卻不是很大。

早期大北公司
在中國發行之
電報票卷。

　　二〇〇〇年，我與認識十四年的先生在丹麥結
婚，此後每年的報稅季節，先生總是會向我彙報股
票的價值，我們在大北公司持有的股票已經累計多
少多少等。在完成這篇短文後，GN股票對我的意義，其實真正又多
加了清末民初中國電報事業發展史的歷史價值。

　　丹麥大北公司成立於一八六九年，至今仍是丹麥鼎鼎有名的大

1907年大北公司歐亞電纜佈線區域

1869年丹麥大北電報公司
The Great Northern Telegraph
Company

型企業。雖然該公司對日本及中國早期的投資受中日戰爭及國共內戰波及而虧損連連，一九五〇年因無法取得在中國的經營權，使得該公司在亞洲深耕八十個年頭的投資瞬間變成一場空而股票崩盤，幸而該公司歐洲區電報業務的蓬勃發展，支撐著這一家公司渡過一九四五至一九五〇年的危機，丹麥大北公司至今仍是丹麥二十大企業之一。

收集完丹麥大北公司相關資料後，某天喝咖啡時，問先生：「一九八六年，在大北公司服務時，受到中國文化的薰陶嗎？」

先生直率地回答：「丹麥公司怎麼會扯到中國文化?!」

我直覺地反應：「可見你的歷史知識很不及格！我們繼續喝咖啡吧。」

我打算改天把這一篇短文翻譯唸給先生聽，嚇一嚇他。

中華民族近百年在追求自由、民主、法治的進程走得跌撞踉蹌，二十世紀初雖擺脫千年帝制，但上半世紀還算是亂世，苦熬內戰結束後，中華民族卻又掉進另一場帶有實驗性質的專制統治，追本碩源，驚訝發現，北方的這個惡鄰居早在一八六〇年代就覬覦中國大地，算不算是中國災難的始作俑者？而一八六九年創立的丹麥大北電信公司涉及俄羅斯帝國對中國擴張的前置作業電信佈線工程，在今年二〇一九年已達該公司一百五十週年紀念之際，曾服務於這家公司的外子答應我，將與該公司聯絡，希望他們能接受我深挖該公司的歷史老檔，或許有甚麼相關歷史文件？或許也有中文文件。

本文及圖片參考索引：

1. History of the Atlantic Cable & Undersea Communications by Bill Glover http://atlantic-cable.com//CableCos/GreatNorthern/
2. 國立政治大學林於威先生之論文「閩台海底電線與中日交涉之研究1895-1904年）」http://nccur.lib.nccu.edu.tw/bitstream/140.119/49840/1/800101.pdf

後記
寫在付梓之前

　　一個白饅頭換得一些改朝換代的珍貴文件。

　　幾年前徐州哥哥來台探親及掃墓，他帶來家鄉味的白饅頭，那是真正黃河水蒸餾出的饃饃。我拿一個饃饃饅頭分享給大樓管理員，他是隨蔣來台的老兵。老兵有收集老檔資料的習慣，後來可能是老兵自知身體健康日趨衰落，來日不多了。老管理員嚴肅地移交給我一箱他保管多年的老文物，交代我妥善保存，信任我將來為那些價值不斐的老檔找到永續保存的博物館，那些檔包括日本侵華戰爭的海報宣傳品、台灣人面對惡性通貨膨脹的求救書信、國民政府遷台初期制度變異公告、一九四〇到一九八〇年左右大量國軍黑白照片書信等。

　　有關侵華戰爭日軍使用的日文宣傳品我都轉送給大陸某私人戰爭博物館收藏作為展覽用途，而其他經過整理的舊資料，我發現三套文件特別富有歷史意義：第一套檔，是屬於國有資產項目，國民政府接收日本時期的「南日本鹽業株式會社」，於一九四八年前後的名稱為「中國鹽業股份有限公司台灣分公司」，其意義就是中國鹽業股份有限公司總公司在大陸某地，而台灣這邊是分公司。光是「中國鹽業股份有限公司台灣分公司」這一個名詞本身，就代表著一個政權更替的歷史意義，它代表國民政府從日本殖民台灣五十年後，接收回台灣，但不幸卻又發生一場不應該發生的國共內戰，讓國民政府痛失大陸領土統治管轄權，「中國鹽業股份有限公司」不再隸屬中華民國政府的國有企業。

在中共一九四九年十月建政後，國民政府在台灣的鹽業台灣分公司勢必更換名稱，以脫離與大陸地區「中國鹽業股份有限公司」的臍帶關係，因此就有了後來的「台灣製鹽總廠」再轉型為現今的「臺鹽實業股份有限公司」。

　　第二份檔是私有經營契約檔，該文獻日期為昭和十七年（一九四二）十月三十一日，是三峽金敏子炭礦與金敏窯業所共同持有人林丕顯與林長壽先生的分家契約書，此契約書約定每月給付金壹百元，後世人都知道，日本侵華戰爭最終於一九四五年結束，台灣島歸還給中華民國，但因中國經歷八年抗戰後的經濟蕭條，接著國共內戰及諸多敵對勢力觸發產生的惡性通貨膨脹，讓當時老百姓一下回到以物易物的年代。雖然當時台灣省貨幣改革發行「新台幣」成功穩定金融秩序，結束惡性通貨膨脹亂象，但從這一份日據時期的契約書我們可以看到民間私契如何從日文轉換成中文契約來維持有效約定，但該契約雖於民國三十八年一月十五日從日文轉換成中文契約，奇怪的是中文契約內沒有從日據時期日本政府發行的「台灣銀圓卷」轉換成國民政府發行的「舊台幣」或「新台幣」為支付貨幣單位，取而代之的辦法，是以「台灣省公務人員待遇薦任五級所

支薪俸」為支付標準，可見當時立約人對於改朝換代後的惡性通貨膨脹「一麻袋的舊台幣買不起一斗米」的損失心悸猶存。

　　第三份文件是遷台流亡學生楊道淮先生的親筆文函「詠虹信箋」十冊，記錄他從安徽合肥一路往南逃亡，於民國三十九年從海南島抵達台灣後，楊道淮先生發出信件之親筆草稿，雖然這只是一個流亡學生的筆記，從這厚厚十冊將近千封的書信，後人可以清楚詳實的去還原遷台初期從大陸輾轉遷台流離失所的小民如何奮鬥及在台落地生根的窘況，十冊信函草稿最讓我印象深刻的有，這位二十初歲的年輕人寫信給同學要求經援，楊道淮急需要金錢買過冬用的棉被，當時他睡在政府辦公室的走廊上；楊道淮寫信要求小錢援助，他需要買「派克牌」墨水，因為這個品牌墨水質量好，經久不蛻色，可見他期待將來有一天後人會去翻閱查證這一份珍貴的大時代記錄；楊道淮寫信託人買牙膏，他特地叮嚀不要購買日本品牌，因為他的國仇家恨情節，日本侵華讓他家破人亡，他拒絕使用日本品牌牙膏，然當時台灣才剛光復不久，台灣人的生活物資卻又是方方面面多的是日本品牌商品。

　　中華民族近代史是一部悲慘多難的歷史，過去百姓子民受外患內亂戰爭影響，肚子難保不受飢餓之苦，吃了這一餐馬上要想辦法張羅下一頓，哪有能力去解讀當代史，而現代人也還受不同政治觀點的意識形態約束，及受限當局有意無意的掩藏部分史實，無法掩藏的史實也有可能人為扭曲歷史觀，因此，要得到正確歷史觀是需要有查證的動作的。雖然我們這個時代享有「知的權利」，真正的史實卻不會無空從天而降，網路上的虛假訊息又是滿天飛，不過，透過網際網路多方的資訊查詢，再加上國內、國外的重要歷史檔案陸續解密，讓我們有機會重新解讀及定義過去我們似懂非懂的中國近代史，「老文件」在佐證歷史的註釋上，就扮演舉足輕重的地位。

二〇一九年元月全文校正　哥本哈根

國家圖書館出版品預行編目

有兩個故鄉的人 / 周賢君著. -- 臺北市：致出
版, 2019.03
　　面；　公分
　ISBN 978-986-96827-8-7(平裝)

1.周賢君 2.回憶錄

783.3886　　　　　　　　　108002277

有兩個故鄉的人

作　　者／周賢君
出版策劃／致出版
製作銷售／秀威資訊科技股份有限公司
　　　　　114 台北市內湖區瑞光路76巷69號2樓
　　　　　電話：+886-2-2796-3638
　　　　　傳真：+886-2-2796-1377
網路訂購／秀威書店：https://store.showwe.tw
　　　　　博客來網路書店：http://www.books.com.tw
　　　　　三民網路書店：http://www.m.sanmin.com.tw
　　　　　金石堂網路書店：http://www.kingstone.com.tw
　　　　　讀冊生活：http://www.taaze.tw

出版日期／2019年3月　　定價／420元

致 出 版
　　　　　　　　　　　　　　　　向出版者致敬